Tjugo Psykoanalytiska/Psykodynamiska Uppsatser:

En 40-årig personlig yrkesresa från Freud till
Relationell Psykoanalys/Psykoterapi

TOMAS WÅNGE

Tjugo Psykoanalytiska/ Psykodynamiska Uppsatser

En 40-årig personlig yrkesresa från Freud till
Relationell Psykoanalys/Psykoterapi

© Tomas Wånge 2024

Förlag: BoD · Books on Demand, Stockholm, Sverige

Tryck: Libri Plureos GmbH, Hamburg, Tyskland

ISBN: 978-91-8097-685-5

Innehåll

Introduktion

Det finns ingen teori som kan jämföra sig med psykoanalysen eller Freuds inflytande inom psykologi och kulturliv. Internationellt sett har det skrivits massor om Freud och psykoanalysen. Allt från seriösa och genomarbetade biografier till stereotypier och dumheter – ofta från okunniga svenska journalister. Förlöjligande av psykoanalysen dyker ständigt upp och får lätt stort genomslag i massmedia. Till exempel avbildades Freud i två olika teckningar med bolmande cigarrer i öronen i DN (2022-08-17). I Ordfront Magasin (2000/7–8) tecknades Freud med en penis till näsa och kallades Kung Freudipus. Å andra sidan finns det mängder av idealiserande och okritiska beskrivningar av Freud och psykoanalysen där Freuds skrifter länge (fram till på 1990-talet) betraktades som en slags helig bibel, som bara fick citeras, knappt diskuteras och ännu mindre kritiserats. Det är verkligen inte enkelt att skaffa sig en nyanserad och realistisk bild av psykoanalysen.

Psykoanalysen är komplex och långt ifrån entydig och det finns många, även inom professionen som inte förstått dess särart och kunskapsteori. Det är inte frågan om en empirisk vetenskap där patientens faktiska historia skall verifieras. Det är inte heller en renodlad hermeneutisk disciplin (människan är en berättelse) där vilken sammanhållen historia som helst om patientens liv skulle kunna duga. Psykoanalysen är mer än så – samtidigt som den har drag både av naturvetenskap och hermeneutik. Filosofen Richard Bernstein (1983) avhandlar detta i sin bok »*Bortom objektivism och relativism*« vilket också är en diskussion som är tillämplig på psykoanalysen.

Vad är det som provocerar så mycket med psykoanalysen? Man kan förstås reta sig på dess företrädare när de uppträder omnipotent sprider myter och idealiserar Freud. Men i grunden tror jag att det är dess svårtillgänglighet som ställer till problem eftersom det kräver mycket arbete och lång tid att sätta sig in i det hela. Dessutom ger psykoanalysen inga beständiga enkla svar på hur vi fungerar eller på våra eviga existentiella frågor. Det skrämmer oss att vi inte själva kan kontrollera sanningen om vår tillvaro. Denna oro skulle både kunna förklara idealiseringen och nedsablingen av Freud. Psykoanalysen tvingar oss till att tänka, ta ansvar och ta ställning – det är det som provocerar allra mest!

Hindås i september 2024

Författarens bakgrund

»*Teorier hänger ihop med sin upphovsman och rådande tidsanda*« skrev jag i en artikel 2018. Detta gäller förstås även för alla slags projekt och så också för författaren till denna bok. Därför startar jag med min egen psykoanalytiska resa som utgångspunkt för boken.

Barndom & uppväxt

Jag är enda barnet och uppvuxen med en hemmavarande mamma. Min far dog i lymfcancer 51 år gammal, efter att ha inandats thinner som yrkesmålare i många år. Att förlora sin far utgör den viktigast händelsen och den värsta (poignant) förlusten i en mans liv, skrev Freud (Schur 1972 s. 108). Jag var elva år och min mor nästan femtio. Därefter levde vi på mammas änkepension. Den räckte till att bo kvar i huset som mamma och pappa hade skaffat sig. Vi hade en liten bil (en Morris Minor) och var väl varken fattigare eller rikare än mina andra arbetarklasskompisar.

Utåt sett var min mamma trygg, snäll, glad, smårolig och ibland smått sarkastisk. Hon klagade aldrig och var tämligen anspråkslös. I verkligheten var hon mera orolig och ledsen, rädd och osäker inför auktoriteter och myndigheter och väldigt lite självhävdande. Det kan inte ha varit så lätt för en enkel bondflicka att bli ensamstående förälder med ansvar för en pojke, ett hus och en bil. Hon hade många goda väninnor, sjöng i en kör, men träffade aldrig någon ny man.

Jag minns väldigt lite av min pappa, men har en positiv bild av honom. Jag fick höra att han var glad, rolig, utåtriktad, omtyckt av alla och mycket musikalisk. Som självlärd på piano var han ibland ute på lördagar och spelade på födelsedagskalas och bröllop, sjöng i manskören och i en dubbelkvartett. Musik har också varit en mycket viktig del av mitt liv – jag insåg tidigt att jag var musikalisk och det har betytt mycket för min självkänsla.

Studier – en typisk klassresa

Jag var ingen studiebegåvning, utan mer intresserad av aktiviteter utanför skoltiden. I hemmet inhystes akvariefiskar, burfåglar, marsvin och en ekorre. Senare kom jag att spela i ett popband. När man kommit upp i tonåren fanns det gott om sommarjobb till hjälp att bekosta fritidsaktiviteterna. Förutom avsaknaden av pappa och ibland av syskon, var min uppväxt ganska oproblematisk och harmonisk. Min bakgrund är alltså icke-akademisk. Min mor hade nog helst hoppats att hennes ende son hade stannat hemma i Halmstad och skaffat sig ett hyfsat tryggt och bra arbete där. Jag var den ende bland mina kusiner som tog studenten – med högst medelmåttiga betyg. Jag läste inte frivilligt någon bok före tjugoårsåldern.

Efter gymnasiet skrev jag in mig vid universitetet i Lund och flyttade till en studentbostad. Studierna gick inte bra på grund av stora koncentrationssvårigheter. Bokstäverna »hoppade« när jag försökte läsa och jag hade svårt att uppfatta innehållet. Jag hade säkerligen kvalificerat mig för en MBD-diagnos om man uppmärksammat mina problem då. Jag längtade efter att träffa en snäll och gullig tjej. Jag mådde inte bra och fick Sobril av studentpsykiatern. Jag var vilsen, hade dålig självkänsla och var orolig över hur mitt liv skulle bli. Tiden gick och jag försörjde mig på studielån och extraarbete. Efter några terminers misslyckade försök till högskolestudier utan målinriktning, lyckades jag komma in på psykologen vid Lunds universitet – en vårtermin när det inte fanns så många sökanden. Studierna började gå bättre, självförtroendet förbättrades, ämnet passade mig bra och jag bestämde mig för att försöka bli psykolog. Jag träffade min blivande fru Christina och flyttade till Göteborg.

Efter min psykologutbildning vikarierade jag på Terapiskolan i Kortedala. Där arbetade vi med låg- och mellanstadieundervisning för barn inom Barn- & Ungdomspsykiatrin, som inte klarade av en normal skolvistelse. Barn som idag hade fått en eller flera bokstavsdiagnoser. Som terapiskollärare hade vi ibland terapeutiska samtal med föräldrarna, tillsammans med BUP-psykologerna. Vi studerade och gick kurser i samtalsmetodik, familjeterapi och kroppsterapi. Jag började i gruppterapi och utbildade mig sedan själv till gruppterapeut. För att kunna bli legitimerad psykolog krävdes en vidareutbildning som man mer eller mindre fick stå i kö till. Jag antogs och påbörjade PEG-studier vid Göteborgs universitet som ledde till psykologexamen 1984. Psykoterapeutlegitimation infördes i Sverige 1985 och jag kunde senare så som så många andra i min psykologgeneration ekvivalera mig, efter ett antal kompletteringar 1987. Jag gick senare också en handledarutbildning psykoterapi.

Den psykoanalytiska resan

Min första bekantskap med psykoanalysen ägde rum 1976–1977 i Lund när jag gick en kvällskurs: *Psykoanalys med neuroslära* med Gunnar Windahl (1938–2023) som var lärare och drömforskare på psykologen i Lund och gick i psykoanalys i Köpenhamn. Senare under 1980-talet spottade bokförlaget Natur & Kultur formligen ut högklassig psykoanalytisk litteratur på svenska – i sin blåvita serie. Den brittiska objektrelationsteorin började etablera sig som den dominerande kanonen på de svenska psykoterapiutbildningarna. Min fascination av psykoanalysen var en gradvis process som eskalerade rejält med Donald Winnicott – en mycket originell och fantastisk teoretiker. Kanske fanns det också något av en identifikation med en frånvarande pappa med i spelet? I slutet på 1980-talet läste jag allt jag kunde hitta av hans skrifter. Därefter vidgades mitt intresse till den brittiska objektrelationsskolan: Harry Guntrip, Ronald Fairbairn, Melanie Klein och vidare till den internationella psykoanalytiska standardlitteraturen. I början av 1990-talet läste jag ett antal psykoanalytiska biografier, bland annat Peter Gays Freud biografi. Jag fascinerades av hur mycket våra teorier hänger ihop med sina upphovspersoner – den så kallade *personologin*. För att djupare förstå psykoanalysen började jag studera idé- & lärdomshistoria vid Göteborgs Universitet.

1991 grundades Linnéstadens Psykoterapiinstitut (LPI) vid Järntorget och jag flyttade in där från start efter att tidigare haft en liten egen privatpraktik i några år. Därefter har jag arbetat på LPI med terapier, handledning och undervisning fram till 2024, periodvis på heltid och periodvis på deltid, parallellt med annat psykoterapiarbete: för sexualbrottsdömda interner på

Skogomeanstalten (1995–2005) och på Göteborgs Kommunala Familje-rådgivning (2006–2016) som anställd.

Mötet med den relationella psykoanalysen

År 2007 kom jag i kontakt med den relationella psykoanalysen (International Association for Relational Psychoanalysis and Psychotherapy) och besökte min första IARPP-konferens i Aten samma år. Därefter har jag deltagit på ytterligare sju IARPP-konferenser och är i nuläget (dessvärre) den svensk som bevistat flest IARPP-konferenser. Jag har skrivit och presenterat två egna papers, till IARPP-konferenserna i Madrid 2011 och i New York 2012 (Wånge, 2011; 2012).

Den relationella psykoanalysen kan sägas vara en utvidgning av den traditionella psykoanalysen i främst två avseenden: individualpsykologi och driftsteori. Freuds terapeutiska skrifter baserar sig genomgående på individualpsykologi. Lika så de efterföljande psykoanalytiska teorierna åtminstone fram till och med Otto Kernbergs objektrelationsteori. I slutet av 1980-talet uppstod en relationell rörelse som från början var renodlat komparativ med syfte att försöka integrera de olika splittrade psykoanalytiska skolbildningarna: ego-psykologi, objektrelationsteori, kleiniansk teori, självpsykologi, etcetera. Den relationella psykoanalysen utvecklade därefter även egna kompletterande två-personsperspektiv utan att ta avstånd från den tidigare individualpsykologin. Gällande Freuds driftsteori så ansågs den som alltför ensidig och i behov av komplettering med flera andra motivationskrafter. Begreppet »genus« fanns inte på Freuds tid. Han skriver istället om könsidentitet, och hans idéer i ämnet är färgade av den syn som rådde i Wiens fin de siècle. Denna syn har länge varit förlegad och det är främst de amerikanska relationella feministiska psykoanalytikerna som från och med 1990-talet har gjort upp med dessa föreställningar.

Idag har den relationella psykoanalysen inom IARPP blivit alltmer politiskt polariserad – i en starkt polariserad omvärld. Mycket, kanske till och med det mesta handlar numera om rasism, utanförskap, genus, etcetera. De mera traditionella psykoanalytiska sätten att skriva, med teori och fallstudier, har minskat i proportion. Det är inget fel med politisk aktivism, men den skall inte blandas ihop med ett mera neutralt kunskapssökande – även om allt också går att betrakta ur ett politiskt perspektiv. Dessutom finns det allt färre relationella teoretiker som fortsätter att producera böcker. Flera av pionjärerna som startade den relationella psykoanalysen: Steven Mitchell, Philip Bromberg, Emmanuel Ghent, Lewis Aron, Muriel Dimen, Jeremy Safran, är avlidna. Det återstå att se om Jessica Benjamin, Donnel Stern och Joyce Slochower, eller de närstående intersubjektiva författarna Robert Stolorow och George Atwood, kommer att skriva så mycket mera?

Idag pågår det en generationsväxling inom IARRP. Det relationella språkröret *Psychoanalytic Dialogues* har fått en ny redaktion och en ny design. Den relationella rörelsen uppstod i en tämligen speciell kulturpolitisk situation på 1980-talet. Den långvariga striden om lekmannaanalysen i USA fick slutligen sin lösning och andra yrkesgrupper än läkare fick tillgång till psykoanalysen. Sjukdomsstämpeln på homosexualitet *inom* psykoanalysen avskaffades. Den intrapsykiska dominansen i den psykoanalytiska teorin förändrades i en riktning mot två- och flerpersonspsykologi. Den femtioåriga klyftan mellan den traditionella psykoanalysen och interpersonalisterna överbryggades. Det startades en ny relationell utbildningslinje vid NYU, etcetera. Situationen är annorlunda idag. I den kommande generationen finns ännu inte tillräckligt många nya teoretiker, enligt min mening. Dessutom skall det väldigt mycket till för att man skall kunna matcha vitaliteten och kreativiteten hos den första generationens banbrytande relationella psykoanalytiker.

Psykoanalysens framtid

Psykoanalysen har dödförklarats oräkneliga gånger. Men trots alla felaktigheter och brister utgör den psykoanalytiska kanonen likväl den mest kompletta och komplexa teorin om vårt psykologiska fungerande och får därmed betraktas som den i nuläget mest användbara. Som behandlingsmetod inom psykiatrin har psykoanalysen alltmer fått stå tillbaka för medicinska och kognitiva metoder under de senaste decennierna. Men psykiatrin är i kris och dess medicinska paradigm där patienterna betraktas som *objekt* är inte hållbart i längden. Inom psykoanalysen är patienten däremot ett *subjekt*, men denna aspekt är i behov av integration och utveckling tillsammans med spädbarnsforskning, affekt- och anknytningsteori. Även neuropsykoanalys av icke-reduktionistiskt slag (till exempel Allan Schore och Mark Solms) har redan börjat bidraga till starkare ställning för psykoanalysen. Psykoanalysen är också i fortsatt behov av minskad splittring och ökad integrering vad gäller de egna så kallade »skolbildningarna«: som post-freudiansk, post-kleiniansk, post-bionsk, post-kohutiansk, post-lacaniansk teori, etcetera. Den relationella psykoanalysen har med sin integrerande ambition varit noga med att inte kalla sig för »skolbildning« utan istället för »en tradition«. Även om den relationella psykoanalysen inte skulle visa sig utvecklas så mycket mera så utgör den redan idag ett av de bestående fundamenten för psykoanalysen

Mitt bidrag

Det blev inget av med doktorandstudier inom psykologi eller idé- & lärdomshistoria för min del. Inte heller någon psykoanalytikerutbildning under IPA:s överinseende. På ont och gott har jag kunnat behålla min identitet som »psykoanalytisk fritänkare« och inte behövt ta hänsyn till politiska eller institutionella intressen. Istället har mitt eget sökande och mina egna intressen fått styra mina psykoanalytiska studier och mitt skrivande.

Tillsammans med min första bok *Relationell Psykoterapi – introduktion & idéhistoria* från 2019 utgör denna bok förhoppningsvis ett bidrag till »fundamentet« för integration och vidareutveckling av svensk psykoanalys. Det är förstås samtidigt ett självförverkligandeprojekt – möjligen med en air av hybris?

En stor del av mina texter är presentationer av betydande psykoanalytiska teoretiker och deras arbeten. Personologerna Atwood & Stolorow (1979) och även Stephen Mitchell hävdar att analyser av någons skrivande eller arbetssätt måste göras av någon utomstående. Alla självanalyser innehåller blinda fläckar förutom att de är avgränsade efter författarens intresseområde. Det kan därför finnas högst relevanta faktorer till ett visst fenomen som inte alls avhandlats. Freud menade att biografiskrivande utgör en slags tillämpad psykoanalys som »kan bringa mycket i dagen som inte kan uppnås på andra vägar« (Freud 1930 s. 414). Det uttrycker också en längtan hos biografiförfattaren att bringa huvudpersonen närmare sig och göra denne mera mänsklig, menar han. Vad gäller min självanalys så tycker jag mig se några paralleller mellan mina skrivande- och yrkeslivsteman och min personliga bakgrund. Dessa har symboliskt sett handlat om att identifiera mig med min bakgrund och försöka förstå min mor och far, det vill säga ytterst sett frågan om och konstruktionen av vem jag själv är och vill vara – min identitet.

Shadow of a shadow

In the late summer he once laid down on the floor.
She told me later that he had pains in his chest.

Things went on as usual during the autumn.
I don´t know if I noticed how helpless she felt. I never saw her crying.

We went to the hospital. He had blue marks on his chest to direct the radiation canons.
It looked like the schemes you sometimes find in a butcher shop for carvers.

After New Year some dark, heavy, earnest men come to visit.
They closed the door behind them.
She told me later that they had been praying by his bed.

He passed away when spring was slowly coming.
A neighbor aunt friendly said: You don´t have to cry.

Ovan är en dikt som jag skrev som deltagare på en liten skrivarverkstad anordnad av IARPP år 2012. I efterhand kan jag fundera om jag omedvetet kan ha varit influerad av Donald Winnicotts dikt *The Tree* (1963) (i Rodman 2003 s. 289f) om sin relation till sin mor?

Bokens upplägg

Boken innehåller tjugo utvalda texter från mitt skrivande, varav de flesta är publicerade som artiklar i psykologiska tidskrifter: *Psykoterapi, Insikten, Psykologtidningen & Psykisk Hälsa*. Eftersom de tidigaste är från 1990-talet har jag gjort en efterskrift till varje artikel som belyser dess tillkomst och vid behov också ett försök till uppdatering till nutid. Artikeln om dissociation och bortträngning (Del II. kap. 15) har dessutom två efterskrifter: Efterskrift och Appendix, med några kompletterande förtydligande och väsentliga aspekter.

Jag har ordnat texterna under tre teman som funnits med mig under stora delar av mitt yrkesliv: I. *Psykoanalysens idéhistoria*, II. *Relationell psykoanalys/psykoterapi* och III. *Kunskapsteori*. Artiklarna presenteras i kronologisk ordning under respektive tema, utom i Del I. som först börjar med tre artiklar om Winnicott och därefter fyra artiklar om psykoanalysen som helhet.

Del IV. består av en opublicerad artikel om fallet Thomas Quick.

Del V. Bokens sista del består av litteraturreferenser under två huvudrubriker.

I. Psykoanalysens idéhistoria

Del I. består av tre artiklar om Donald Winnicott (1990; 1992; 2008) – en av de mest originella och kreativa psykoanalytiska författarna, enligt mitt förmenande. Hans begrepp om mellanområdet och idéen om användandet av objektet utgör än idag grundfundamentet för flera aktuella psykoanalytiska idéströmningar, till exempel Jessica Benjamins (2018) ömsesidiga bekräftelseteori. I artikeln från 1992 jämför jag de olika bakgrunderna under uppväxten hos Winnicott, Freud och Melanie Klein och ser några spår av dessa i deras teorier. En fjärde text är en recension av idéhistorikern Brett Kahrs senaste bok (2024) som innehåller en del nytt biografiskt material från den brittiska psykoanalysen.

Därefter följer fyra artiklar (1993; 2016; 2018; 2022) om den psykoanalytiska teorin och den psykoanalytiska rörelsens utveckling, förtjänster och brister. De fyra artiklarna i ämnet är en kombination av idéhistoria, personologi och begreppsutveckling om psykoanalysen.

II. Relationell psykoanalys/psykoterapi

Del II. avhandlar psykoanalytisk teori, speciellt med inriktning på utvecklingen av den relationella psykoanalysen och dess nya begrepp. Den består av sju artiklar varav de två sistnämnda ännu inte publicerats. Den inledande artikeln (2011) introducerar den relationella psykoanalysen och dess tillkomsthistoria. Den andra artikeln »Det beror på ...« (2020) handlar om den relationella psykoterapitekniken.

Därefter följer fyra artiklar om olika teoretiska och kliniska begrepp. I »Det omedvetna i relationell betydelse.« (2020) redogör jag för hur synen på psykoanalysens grundantagande om det omedvetna har utvecklats från Freud tills idag. *Sexuella trauman* har utgjort ett underteoretiserat område i den psykoanalytiska teorin efter att Freud övergav förförelseteorin i slutet på 1890-talet. Detta påpekades redan av Ferenczi, med flera på 1930-talet, men ämnet blev synnerligen infekterat i många år. Under de senaste decennierna har traumateorin inom psykoanalysen återupptagits och jag diskuterar nya begrepp och förhållningssätt. Den femte artikeln är min senast publicerade artikel (2024) som handlar om de mycket svårfångade begreppen: *jag, själv* och *identitet*. Begreppen är fundamentala inom psykoanalysen – men det råder föga konsensus om deras innehåll och definitioner.

Den sjätte artikel är opublicerad och handlar om *personologi* och Bernard Brandchafts begrepp *patologiska anpassningssystem*. Brandchaft är en av de fyra teoretikerna bakom den intersubjektiva systemteorin (IST) som ibland brukar medräknas till den relationella psykoterapin (se: Wånge 2019).

Den sista artikeln handlar om *dissociation* och *bortträngning* som kan sägas utgöra två olika slags psykiska skyddsfunktioner. Freud utvecklade aldrig begreppet dissociation. Han tog vårt medvetande för givet och utvecklade teorin om det omedvetna. Inom neuropsykoanalysen utgår man tvärtom från det omedvetna och frågar sig varför och hur vårt medvetande uppstår. Från dessa motstridande utgångspunkter diskuterar jag de olika begreppen och kommer fram till att dissociation och bortträngning utgör två olika kvaliteter i det omedvetna och visar på vilka konsekvenser detta har för den psykoanalytiska teorin och praktiken. Jag har inte sett att denna skillnad i utgångspunkter har diskuterats tidigare. Inom den relationella psykoanalysen menar man att dissociation skall tillmätas ett stort förklaringsvärde för vårt psykiska fungerande.

III. Kunskapsteori.

En viktig orsak till frågorna om psykoanalysens status handlar om oklarheter och problem vad gäller dess kunskapsteori. Ämnet är viktigt men har varit starkt eftersatt under hela min utbildningstid. Bokens del III. innehåller fyra artiklar i detta ämne. Den första artikeln är »Psykoanalys – vetenskap eller vad?« som var huvudartikel i *Psykologtidningen* 1995 nr 14. Jag skrev den efter tre terminers studie av idé- & lärdomshistoria. Artikeln är en idéhistorisk översikt av psykoanalysens utveckling och dåvarande status.

Den andra artikeln »Till psykoterapins vetenskapsteori« är den första av två artiklar publicerade 2006 och 2010 i *Psykisk Hälsa* om psykoanalysens epistemologi. Psykoanalysen har drag såväl av naturvetenskap som hermeneutik, men kan ändå inte sägas kunna falla under någon av dessa kategorier. I artikeln går jag igenom ett antal etablerade kunskapsteoretiska begrepp och diskuterar dessa visavi den psykoanalytiska teorin.

Den tredje artikeln: »Meningsfull psykologi« från 2017, är en kort essä om vikten av att få med meningsskapande och kontexten vid teori och praktik inom psykologin. Vad gäller terapi är den relationella psykoanalysen den som kommit längst i denna utveckling.

Den sista av de kunskapsteoretiska texterna är en debattartikel med titeln: »Skyll inte på Freud« som jag skrev efter en tidningsdebatt 2020 om stora kunskapsbrister inom psykiatrin.

IV. Fallet Thomas Quick.

Fallet Thomas Quick anses av många som en av våra största rättsskandaler. Han dömdes för åtta mord, vårdades därefter inom rättspsykiatrin på Säters sjukhus i flera år. Det gjordes resningsansökningar och han frigavs 2010. Medan polisutredningar och rättsprocesser pågick gick Quick i mångårig psykoterapi på Säter – en terapi som jag är starkt kritisk till och som kan ha påverkat rättsprocesserna. Morden är fortfarande ouppklarade!

V. Referenser.

Litteraturreferenser är viktigt! Jag har gjort två referenslistor. Den första är en lista över den biografiska och personologiska litteratur som jag själv har ägnat mig åt sorterad under tre rubriker: 1. *Biografier*, 2. *Personologi* och 3. *Credo – jag tror, jag tänker.*

Den andra referenslistan är en sammanslagning av bokens samtliga artikel- och efterskriftsreferenser, med undantag av referenserna till del IV. »Fallet Thomas Quick«, som finns redovisade i direkt anslutning till detta kapitel.

Del I.

PSYKOANALYSENS IDÉHISTORIA

1. Portalfigur inom psykoanalys: Donald Winnicott i våra hjärtan. (1990)

Psykologtidningen 1990:8 s. 12–15.

I *Donald Winnicotts* tänkande har modern (och i en analys terapeuten) ofta en mellanfunktion mellan barnet (patienten) och omgivningen. Modern skall presentera världen för barnet i lämpliga doser och överbrygga det som annars skulle bli svårhanterligt för barnet. Själv kan Donald Winnicott sägas ha utgjort en bräcklig, men viktig, bro mellan anhängare till å ena sidan Melanie Klein och å andra sidan Anna Freud, skriver Tomas Wånge.

I Stockholm förbinder man objektrelationsskolan främst med *Otto Kernbergs* arbeten, medan man i Göteborg mera förknippar objektrelationsskolan med företrädarna inom den brittiska psykoanalysen. Detta påpekade *Patricia Tudor-Sandahl* i ett föredrag om Donald Winnicotts teorier på ett Göteborgsseminarium, arrangerat av Göteborgs Psykoterapi Institut.

Som en god psykolog bör man naturligtvis inte betrakta detta förhållande som en ren tillfällighet. Den psykoterapeutiska kulturen i Stockholm har starkt dominerats av de två psykoanalytiska föreningarna där. Den institution som har haft motsvarande starka ställning i Göteborg under de senaste åren är Göteborgs Psykoterapi Institut.

Analytiker = läkare?

Vad kan då detta betyda? Det finns en intressant parallell i den psykoanalytiska historien som möjligen kan belysa detta fenomen. Det är frågan om »lay analysis«, det vill säga huruvida man måste vara läkare eller inte för att bedriva psykoanalys. Freud ansåg inte att psykoanalysen enbart var en angelägenhet för den medicinska disciplinen, vilket framför allt framgår av *The Question of Lay Analysis* (Frågan om lekmannaanalys) från 1926.

Inställningen i denna fråga skilde de brittiska psykoanalytikerna från deras amerikanska kollegor. Den brittiske analytikern Ernest Jones menade att det på 1920- och 30-talet fanns cirka 40 procent icke-läkare bland brittiska psykoanalytiker, medan de amerikanska psykoanalytikerna i stort sett enbart var läkare. Detta innebar enligt den brittiske analytikern Gregory Kohon att den brittiska psykoanalysen i större utsträckning än den amerikanska kom att påverkas av och integreras med andra discipliner, till exempel filosofi, antropologi, mytologi och sociologi. Vilket för övrigt också var Freuds viktigaste argument för att inte enbart läkare skulle utöva psykoanalys.

Frågan om »lay analysis« är i dag närmast den omvända: Kan man bedriva psykoterapi när man arbetar inom ramen för en medicinsk disciplin? Hur skall man hantera frågor om medicinskt ansvar, patientens ansvar, farmakologisk behandling, etcetera? Numera verkar det snarare vara en komplikation än en tillgång att vara läkare jämfört med till exempel att vara en privatpraktiserande psykoterapeut.

Omnipotent identitet

Hur som helst tror jag den psykoanalytiska kulturen i Stockholm i större utsträckning är läkarinfluerad än den psykoanalytiska kulturen i Göteborg, på ont och gott. Kernbergs arbeten är mycket i linje med den psykiatriska läkartraditionen, till exempel hans oerhörda betoning på differentialdiagnostik. Läsaren skall inte uppfatta det som att jag är alltigenom kritisk till Kernberg. Det är hans omnipotenta framställningssätt och hans mycket detaljerade diagnostik som jag finner motbjudande. Hans arbeten har i övrigt många goda kvaliteter. Framför allt de metapsykologiska resonemangen är briljanta till exempel kring driftsteorin och regression i organisation. Läkaridentiteten är betydligt mer omnipotent än psykologidentiteten och jag tror att det är en anledning till att läkare i högre grad än psykologer tilltalas av Kernberg.

Omvänt tror jag att den brittiska »oberoendegruppens« arbeten i höge grad tilltalar psykologer än läkare. Winnicott var visserligen själv läkare, men i sitt konsekventa hävdande av tilltro till den andre, till patienten eller modern, får han snarast benämnas antiexpert eller åtminstone företrädspråkare för en annorlunda läkarroll. Winnicott är en portalfigur i den psykoanalytiska historien. Han medräknas i vad man kallar den brittiska mellangruppen, senare den oberoendegruppen. Det är en grupp mellan de två mycket starkt rivaliserande grupperna i den brittiska psykoanalytiska föreningen: Kleinianerna kring Melanie Klein (A-gruppen) och Anna Freuds anhängare (B-gruppen). Många framstående namn finns bland dessa oberoende brittiska analytiker, till exempel Ernest Jones, Paula Heimann, Michael Balint, Sylvia Payne, Ronald Fairbairn, Margaret Little, Marion Milner, Charles Rycroft. Denna mellantillvaro av att inte låta sig dragas in men ändå inte vara utanför präglar mycket av Winnicotts tänkande och agerande.

»Mellanområde«

Termen »mellanområde« (intermediate area, transitional space, potential space) återkommer också på olika ställen och olika nivåer i hans arbeten. »Övergångsobjekt«, kanske Winnicotts viktigaste teoretiska begrepp, kan sägas ha denna mellankaraktär. Det står mellan det yttre och det inre, mellan det subjektiva och det objektiva, mellan fantasi och verklighet. I Winnicotts tänkande har modern (och terapeuten) ofta en slags mellanfunktion mellan barnet (patienten) och omgivningen. Modern skall till exempel presentera världen för barnet i lämpliga doser. Hennes funktion är att, i någon psykologisk och från början i rent fysisk bemärkelse, temporalt eller spatialt överbrygga något i barnets värld. Något som annars skulle bli svårhanterligt eller skadligt för barnet.

I Winnicotts korrespondens framgår tydligt hans starka oro över klyftan i den brittiska analytiska rörelsen. Han agerade därför ofta för en integrering och kan sägas ha utgjort en bräcklig, men sannolikt mycket viktig bro, mellan Kleinianerna och (Anna) Freudianerna. Hans betoning av integrering, sammanhållning och kontinuitet, såväl på individ- som på samhällsnivå, återkommer ständigt i hans arbeten. Ett exempel är hans holdingbegrepp som innebär att modern måste hjälpa till att hålla samman barnet, psykologiskt sett.

Oäkta mognad

Patricia Tudor-Sandahl nämnde »impingement« (intrång), ett annat av Winnicotts centrala begrepp. Modern skall vara tillgänglig för barnet och tillhandahålla det som barnet behöver. Hon skall svara på barnets spontana rörelser utåt mot omgivningen, men akta sig för att göra intrång i barnets värld genom att själv inducera något som påkallar barnets reaktion. Det kan i så fall leda till en för tidig, oäkta mognad av barnets psyke («false self«). Sandor Ferenczi beskriver ett snarlikt fenomen med sitt begrepp »progression«. Processen liknas vid den påtvingade mognaden hos en maskäten eller fågelbiten frukt.

Barnet lever alltid »inom ramen« för föräldrarnas personlighet («in the circle of the parents personality«) och det formas av deras föreställningar och patologi. Barnets öde är till stor del att försöka leva upp till föräldrarnas, framför allt outtalade förväntningar («the child becomes the mother's image«). Winnicotts speciella bidrag i detta sammanhang är hans betonande av hur svårt det är för barnet att hantera moderns depression. Patricia Tudor-Sandahl hänvisar till The Tree, en dikt som Winnicott själv har skrivit, som mycket kärnfullt fångar detta ur barnets perspektiv:

I learned to make her smile, to stem her tears, to undo her guilt,
to cure her inward death. To enliven her was my living.

Klinisk variant

Barnet tar på sig den hopplösa uppgiften att försöka bota moderns depression. När detta misslyckas känner barnet inte bara skuld utan också en djupare känsla av att inte duga, att vara värdelös eller att inte ha rätt att existera. En liknande klinisk variant av detta möter vi ofta i form av att patienten försöker anpassa sig till terapeutens förväntningar. Eftersom det är så svårt att vara till lags i en terapeutisk situation, just på grund av att det handlar om patienten själv, kommer detta reaktionssätt snabbt att aktiveras. (Fenomenet verkar visa sig i mera subtil form ju högre jagstyrka patienten har och ju mera patienten har läst om psykoterapi). Detta ger patienten och terapeuten en möjlighet att avslöja ett relationsmönster baserat på anpassning. Förhoppningsvis kan patient efter hand finna nya sätt att relatera till terapeuten.

Grundtanken hos Winnicott är att vi under gynnsamma omständigheter spontant utvecklas genom en naturligt (inifrån kommande) växt- eller mognadsprocess. För att denna potential skall förverkligas krävs en stödjande och beskyddande omgivning utan utifrånkommande intrång. En rad av hans begrepp beskriver detta synsätt: »facilitating environment«, »good-enough mothering«, »protective shield«, »impingement«, med mera. Winnicott anser att dessa begrepp i princip är relevanta för terapiprocessen, om än i mer eller mindre modifierad form.

Absolut beroende

Ett av Winnicotts mest kända uttalande är: »There's no such thing as an infant!« Med detta menade han att barnet från början är helt oskiljaktigt från modern (omgivningens första representant). Spädbarnets omogna psyke förmår inte att skilja på sig själv och omgivningen under den första tiden. Winnicott benämner denna tid »det absoluta beroende«. Detta förhållande, det vill säga hur omgivningen presenteras för barnet, måste beaktas i varje teori om barnets tidigare psyke, menade Winnicott. Men exempelvis Melanie Kleins begrepp »primitiv avund« (envy) tar inte hänsyn till detta.

Patricia Tudor-Sandahl nämnde tre områden som innehållsmässigt bör finnas i en terapi: 1. Hur har patienten blivit den som han/hon är? 2. Vad har uteblivit/saknas? Patienten måste i terapin få möjlighet att uppleva något annat. 3. Hur ser framtiden ut? Kardinalmetoden inom psykoanalysen har alltid varit tolkningen, vilken egentligen bara en lämplig teknik då det gäller den första punkten ovan. Tolkningen som enda förhållningssätt leder lätt till en överbetoning av verbal aktivitet. Följden kan bli en försvarssyftande intellektualisering hos patienten. Det är karaktäristiskt för den brittiska oberoendegruppen att man framhåller den språkliga begränsningen. En liten lättläst bok som tar upp denna problematik är Peter Lomas: »The Limits of Interpretation: What´s wrong with psychoanalysis?« från 1987, om man vill infria den andra punkten ovan så är tolkning inte tillräckligt.

Naturlig regression

Patricia Tudor-Sandahl menade att begreppet regression har en central betydelse i den brittiska objektrelationsskolan. I klassisk psykoanalytisk lära ser man regression som en patologisk tillbakagång till ett tidigare, mera primitiva psykologiskt funktionssätt – en defensiv manöver. Winnicott ser regressionen som »en naturlig väg«, ett återvändande till tidigare erfarenheter i syfte att reparera det ursprungliga (vanligen kumulativa) traumat. Det är ett sätt att återfinna något som man psykologiskt sett har »inom sig«, men har tvingats splittra bort och inte har kontakt med för att man inte kunnat hantera det. Denna splittring har tillkommit på grund av brister i omgivningen. Denna har av någon anledning inte förmått att skydda det omogna barnets psyke mot det ohanterliga.

Terapeuten kan behöva förmedla sin optimala närvaro till den regredierade patienten. Skillnaden mellan att känna sig övergiven eller att terapeuten tränger sig på kan vara knivskarp och ödesdiger sett utifrån patientens upplevelse. Winnicott skilde mellan »modern som objekt« (object mother) och »modern i bakgrunden« (environment mother). Det första begreppet använder han för att beskriva när modern relateras till direkt till exempel när barnet leker med henne. Begreppet »modern i bakgrunden« används för att beskriva en form av indirekt relaterande som är en mycket viktigt för barnets utveckling till en självständig person. Ett exempel på detta är när barnet leker för sig själv så länge modern finns närvarande i rummet.

Men går modern ut ur rummet kan barnet inte leka längre utan måste se efter vart hon tog vägen.

Ett gott ordbad

När patienten regredierar till grundbristnivån, vilket enligt min erfarenhet nästan alla patienter gör i någon omfattning under en terapi, blir det ofta tyst. Denna tystnad är vanligen mycket ångestladdad för patienten, men leder inte till någon konstruktiv produktion av material, just för att det som patienten vill förmedla inte kan förmedlas verbalt. Ett sätt för terapeuten att hantera detta är vad jag brukar kalla ett gott ordbad, det vill säga tala till patienten på ett sätt att talet inte gör intrång och att patienten själv kan avgöra vad han/hon vill ta åt sig.

Terapeuten kan med en varm och moderlig röst säga något i stil med: »Jag har lagt märke till att du ofta drar dig undan när … Jag undrar hur det kommer sig? Kanske var det så att du aldrig fick uppleva tillräckligt med intresse från din omgivning när du en gång i tiden …« Vad jag vill exemplifiera är en intervention sådan att, patienten kan men inte behöver bekräfta eller förneka det terapeuten säger. Men samtidigt har patienten svårt för att ignorera terapeuten. Detta ger i stället patienten en möjlighet att upptäcka något denna behöver i det som terapeuten säger.

Subtil inverkan

Min sexårige son brukar ibland säga så har nar han skall gå och lägga sig: »Ni kan väl lämna dörren öppen så att jag hör att ni sitter och pratar.« Han lyssnar inte på vad vi säger utan vill höra att vi pratar. När min andra son var mindre brukade vi »natta« honom genom att läsa en saga eller berättelse för honom. Därefter låg jag bredvid honom tills han somnade, samtidigt som jag läste något för egen del. Ibland ville han då att jag skulle läsa högt. »Men du förstår ju ändå inget, det är en vuxenbok«, invände jag. »Det spelar ingen roll, jag vill att du läser ändå!« I samtliga exempel är det centrala alltså något som förmedlas utöver ordens faktiska betydelse. Högläsning av berättelser eller sagor på till exempel dagavdelningar för psykospatienter utgör ett annat viktigt tillämpningsområde för ett gott ordbad.

Patricia Tudor-Sandahl sade att hon på resan till sin föreläsning hade funderat på om hon egentligen hade begripit vad Winnicott skrivit. Jag känner igen känslan och tror att det kan handla om den typ av kunskap som Winnicott försöker förmedla. Hans skrifter har en subtil inverkan på läsaren. Det är snarare hans sätt att tänka än själva innehållet som förmedlas. Min erfarenhet är att Winnicotts teorier har funnits där när jag behövt dem till exempel i en handledningssituation.

Flummigt?

Patricia Tudor-Sandahl var också mycket rädd för att framstå som en flumtant. Skillnaden mellan flum och inte flum handlar för mig om att våga ta även det banala på allvar. Winnicott har någonstans uttryckt: »Om något är värt att säga ... så är det också värt att säga det på ett enkelt sätt.« Winnicott menade också att en teori egentligen är ett mycket personligt instrument. Detta gäller i högsta grad Winnicotts egna teorier som har fördelen att snabbt bli läsarens egen tillämpade kunskap. Nackdelen är möjligen att man kan hitta lite vad man själv vill i Winnicotts skrifter. Men egentligen är jag högst osäker på om detta är en nackdel. Det som gör en skrift berikande är just att man kan hitta lite vad man själv vill i den. Vi kan jämföra Freuds skrifter som också har denna kvalitet, men i hans fall kanske mera på grund av att han faktiskt ändrade sin ståndpunkt gång efter annan och reviderade sina tankegångar. Winnicotts artiklar är konsekventa men ofta både suggestiva, mångtydiga och ibland förföriska. Detta låter kanske mer riskabelt än det i själva verket är. I Winnicotts tänkande har detta att finna det man själv behöver en mycket central betydelse, till exempel i hans begrepp »subjektivt objekt«, »illusionen om bröstet«, »överföringsobjektet«, och för övrigt i hel den terapeutiska situationen.

Föga kritiserad

Detta sätt att skriva gör det också svårt för läsaren att idealisera Winnicott. Efter som han uppmanar läsaren att själv observera och upptäcka blir det snarare en idealisering av det man själv har upptäckt, det vill säga en stolthet över det man själv skapat. Det är inte så ofta man träffar på kritik mot Winnicotts arbeten. Den jag har kommit i kontakt med har handlat om oklarheter eller flummighet. Hans teorier är mångtydiga och paradoxala precis som verkligheten. En del av denna sorts kritik tror jag handlar om en slags önskan hos kritikern att verkligheten skulle vara mindre komplex och mera lättgripbar. Men dessa läsare övergår troligen snarast till betydligt omnipotentare författare, som det sannerligen finns gott om. Winnicott har också kritiserats för att idealisera barn-moderrelationen, vilket kanske är mer värt att begrunda.

Den kritiska läsaren kopplar kanske denna relativa frånvaro av kritik till auktoritetsproblem, aggressionsrädsla och en önskan hos Winnicott att försök hålla sig väl med alla och inte stöta sig med någon. Det finns emellertid inget stöd för detta i hans skrifter. Tvärtom betonade han vikten av att kunna hata och låta sig hatas och av destruktion och förstörelse, till exempel *Hate in Countertransference* och artiklarna om *The Use of an Object*. Av hans korrespondens och recensioner till exempel av Melanie Kleins, Ronald Fairbairns och John Bowlbys böcker, framgår också att Winnicott kunde var mycket kompromisslös i sin kritik. Samtidigt kunde han visa sin uppskattning av de goda kvaliteterna i andras arbeten.

Positiv människosyn

Winnicotts skrifter är oftast inte av det argumenterande eller demagogiska slaget som talar om hur det är. Det finns snarare ett budskap till läsaren som uppmanar denne att ständigt söka, att lita på intuition etcetera. Winnicott varnade för dogmatism inte bara vad gällde Melanie Klein och Anna Freud utan även i förhållande till det han själv skrev.

Han skriver till exempel i artikeln *The Squiggle Game* att han tvekade inför att beskriva denna teknik. Dels för att det egentligen bara var en naturlig lek som vem som helst, när som helst, kan komma på att leka och ingen teknik. Dels för att han inte ville att någon skulle beskriva hans »squiggle lek« som en teknik med förutbestämda spel- eller tolkningsregler. Det skulle förstöra värdet av det hela. Meningen är just att den som utför leken uppträder autentisk och spontant med hela sin person och därigenom blir »inbjuden i den andres värld«. The Squiggle Game är ett sätt att kommunicera med barn med hjälp av teckningar. Winnicott började med att rita några streck, sedan fortsatte barnet att rita på samma teckning. Därefter fyllde Winnicott i bilden ytterligare och så vidare. Om det visade sig lämpligt använde Winnicott detta material i diagnostisk och konsultation.

Winnicotts teorier andas en i grunden mycket positiv människosyn – han trodde folk om att kunna. Winnicott använder ofta uttrycket »förmågan att« till exempel capacity ... to believe in, ... to be alone, ... to be angry, ... to feel guilt, ... to mourn, ... to give the baby the illusion, etcetera. Ett stort mått av tilltro till individen är nödvändigt i allt psykoterapeutiskt arbete. Terapeuten representerar för patienten en förhoppning om ett bättre öde här i livet.

Det är en investering som terapeuten till en början måste leva upp till för att därefter gradvis desillusionera patienten, precis som vi som goda föräldrar måste låta våra barn idealisera oss. Heinz Kohut tar för övrigt också upp detta med sitt begrepp »idealiserad överföring«.

Det egna tvivlet

Jeffrey Kotter & Diane Blau framlägger i sin bok *The Imperfect Therapist: learning from failure in Therapeutic Practice* att terapeuternas största hemlighet är det egna tvivlet på att kunna göra någon nytta. Vi måste också kunna arbeta trots våra tvivel menade Patricia Tudor-Sandahl. Winnicott uttrycker en liknande tankegång i ett av sina radioföredrag: »Vad vi behöver är mammor och pappor som har lärt sig tro på sig själva. Det är dessa mammor och deras män som skapar de bästa hemmen där små barn kan växa och utvecklas.«

Vår tillvaro präglas i mångt och mycket av en alldeles för hög grad av splittring. Vi behöver därför i dag samtliga integrerande och ihophållande krafter som kan uppbringas. Winnicotts arbeten är något av det bästa som psykologin kan bidraga med härvidlag. Donald Winnicott har skrivit närmare 400 artiklar, papers med mera. Det mesta finns i de cirka 15 böcker som går att få tag på av honom. Jag är glad så länge jag har något kvar att upptäcka.

Efterskrift

Winnicott är en av våra främsta psykoanalytiska författare. Det tyckte jag när jag skrev artikeln och det anser jag fortfarande trettiofem år senare. Jag minns inget av Patricia Tudor-Sandahls föreläsning som jag nämner i artikeln. Före skrivandet hade jag läst vad jag kommit över av Winnicotts skrifter. Jag kunde inte finna någon omfattande bibliografi över hans arbeten. Så likt en tonårsnörd konstruerade jag en egen lista på min dåvarande pc-dator – en bibliografi på över 400 artiklar. Jag har alltid tyckt om att göra upp listor (tvångsmässigt och analt – alltså!).

Artikeln ger en översikt över Winnicotts tänkande och en presentation av några centrala begrepp. Mellanområde/övergångsområde (transitional space, transitional object) är Winnicotts viktigaste begrepp – med Rolf Holmqvists träffsäkra uttryck »en speciell form av mellanmänsklighet« med »en öppning mot vårt inre och en annan mot yttervärlden« (2022 s. 47, min övers).

Winnicotts »*användande och utnyttjande*« av objektet är centrala, men komplicerade idéer om hur vår kontakt med yttervärlden etableras. De finns inte med i artikeln. Lika så saknas hans idéer om självet till exempel begreppen *sant* och *falsk själv*. De sistnämnda är fruktbara men de skall inte betraktas som distinkta antingen-eller-begrepp utan som en kontinuerlig dimension, enligt den relationella psykoanalysens syn på saken.

Idag finns det rikligt med Winnicott-litteratur. Det finns två introduktionsböcker till Winnicotts skrifter: »*Non-Complience in Winnicott´s Words* »(Newman 1995) och »*The Language of Winnicott: A Dictionary of Winnicott´s Use of Words* »(Abram 1996). En av de bästa bibliografierna finns i Robert Rodmans »*Winnicott. Life and Work*« (2003).

I kringlitteraturen finns en personlig jämförelse mellan Donald Winnicott och John Bowlby skriven av gemensamma handledningselever (Issroff 2005). I en antologi »*Donald Winnicott Today*« (Abram 2013) finns ett antal intressanta artiklar om Winnicotts arbeten av flera kända psykoanalytiker. I en nyligen utkommen bok av Brett Kahr: »*Hidden Stories of British Psychoanalysis. From Freuds´s Death Bed to Laing´s Missing Tooth*« (2024) finns en del nya intressanta biografiska data om Winnicott, Bowlby, Khan, med flera, baserade på en mycket stor mängd djupgående intervjuer med brittiska analytiker. Något längre fram, i Del I, kapitel 4, sid. 51 finns en opublicerad recension av denna bok som jag skrev när den publicerades.

2. Den gåtfulle D.W. Winnicott: en selektiv litteraturgenomgång och diskussion kring biografiska data. (1992)

Psykologtidningen 1992:4 s. 4–7.

Det är inte många psykologer som skulle bestrida Donald Winnicotts centrala inflytande i modern psykoanalytisk teori. Samtidigt tror jag få skulle kunna räkna upp mer än två eller tre av hans böcker eller svara på hur mycket Winnicott skrivit. Artikelförfattaren har roat sig med att systematisera och upprätta en bibliografi över Winnicotts hela produktion som är överraskande till sin omfattning, närmare 400 arbeten, de flesta papers. Omkring en fjärdedel av dessa är utgivna efter *Playing and Reality* (1971) som troligen är Winnicotts mest kända bok. Så sent som 1989 utgavs ett sextiotal, tidigare outgivna artiklar i boken *Psycho-Analytic Explorations*. Det är också spännande att notera den senare tidens stora svenska intresse kring Winnicott med fem nyöversatta arbeten: *Människans Natur* (1991), *Det är hemifrån man startar* (1991) och *Spädbarn och deras mödrar* (1991), samt Adam Phillips biografi: *Winnicott* (1991) och delar av Gregory Kohons (1986) antologi om den brittiska oberoendegruppen. Unga Klara-teatern har också dramatiserat och framfört fallbeskrivningen av den tvååriga flickan »Pyret«, som teaterföreställning.

Lite skrivet om Winnicott

Trots allt får man nog konstatera att förhållandevis lite skrivits om Winnicotts arbeten med två lysande undantag: Fromm & Smiths (eds) (1989) artiklar om klinisk tillämpning av Winnicotts teorier, samt Grolnick & Barkins (eds) (1978), artiklar om övergångsfenomen. Meta-psykologiska artiklar över Winnicotts teorier är mycket sällsynta. Det kan möjligen vara fruktbart att spekulera lite kring detta. Den i särklass vanligaste referensen till Winnicott enligt undertecknads erfarenhet, är till begreppen mellanområde och övergångsfenomen. Referens ges antingen till originalartikeln (1951) eller till hans bok *Playing and Reality* (1971) som också innehåller denna artikel. Oftast refereras allmänt och ospecifikt till Winnicotts arbeten.

Visst inbjuder flera av Winnicotts begrepp till ett ospecifikt användande till exempel kan de flesta objekt och beteenden användas som övergångsobjekt. Problemet med en alltför ospecifik hänvisning är förstås att man ingenting sagt och många gånger får man intrycket av att referenten själv är väldigt oklar över sitt användande av begreppet. En av svårigheterna med Winnicotts teorier är att de går tillbaka till individens utveckling från den allra tidigaste spädbarnsåldern och alltså skall beskriva en tid som är preverbal i individens historia (Davis & Wallbridge 1983 s.13). Thomas Ogden som är en av de främsta uttolkarna av Winnicotts arbeten hävdar att man många gånger finner det mycket svårt att uttrycka Winnicotts idéer med andra ord än hans egna. Enligt Ogden är det nödvändigt att man faktiskt återskapar (recreate) Winnicotts idéer i ett nytt språkbruk om man skall förstå hans begrepp. (Ogden 1986)

Dubbeltydig

Winnicotts skrifter är ofta dubbeltydiga. Å ena sidan tycks flera av hans begrepp ha en omedelbarhet som genast ger läsaren en slags »aha«-upplevelse, kanske mycket på grund av det vardagliga språkbruket. Å andra sidan kan texterna, efter en tids eftertanke, vara nog så svårtillgängliga. Plötsligt frågar man sig själv: förstod jag egentligen vad Winnicott menade? Detta beror nog främst på Winnicotts mycket personliga sätt att använda orden. Ett exempel är ordet »use« som inte är så lätt att förstå och som avhandlas i några av Winnicotts viktigare uppsatser under rubriken: *The Use of An Object*. (Winnicott 1989 s. 217ff). I förordet till Phillips biografi förs en liten diskussion kring »use« och översättningsalternativen: »utnyttja«, »använda« och »bruka«.

En annan faktor som gör Winnicott svår att förstå är hans likaledes okonventionella och mycket egensinniga användande av Freuds och Melanie

Kleins uppfattningar (Phillips, 1991 s. 59). Det sägs att Winnicott beundrade Klein mycket och man skönjer möjligen ett sting av bitterhet de gånger han nämner att Klein inte räknade honom som en anhängare, eller när han beklagar sig över att hon aldrig gav erkännande åt idéer hon hämtat från andra (underförstått från Winnicott). (Grosskurth 1986 s. 374). Klein hade mycket svårt att relatera till självständiga och oberoende personer, som Winnicott.

Winnicott låter ofta påskina att han delar Kleins eller Freuds uppfattning, samtidigt som han i praktiken ignorerar, omskapar eller förvränger innehållet i den ursprungliga uppfattningen till oigenkännlighet eller till och med dess motsats. (Phillips 1988 s. 69).

Inga referenser

Vad gäller underlåtenheten att mera systematiskt referera till andras arbeten är Winnicott en minst lika god kålsupare som Klein. Winnicotts skrifter är i stora drag befriade från referenser, något som han själv beklagade på äldre dagar. Han menade då att förutom att det är oartigt, har det bidragit till att hans arbete blivit isolerat och mera svårtillgängligt. Det hela är extra anmärkningsvärt sett mot bakgrund av att det faktiskt finns publicerat närmare 50-talet bokrecensioner skrivna av Winnicott.

Winnicott menade att det var omöjligt att tala om den mänskliga naturen utan att ens egen och läsarens livserfarenhet berördes. Han försökte därför aktivt att forma sitt sätt att skriva och tala så att åhörarna inbjöds att svara, inte bara med intellektet, utan med hela sin personliga erfarenhet, såväl det man kommer ihåg som det man glömt. (Davies & Wallbridge 1983 s.13) Detta bör kommas ihåg till nedanstående diskussion om värdet av biografier.

Få biografier

Vad gäller biografier över Winnicott är det mycket magert ställt. Den enda riktiga biografin om Winnicott är Adam Phillips (1988), som i och för sig är intressant men inte speciellt genomträngande. De två introduktionsböckerna om Winnicotts arbeten: Davis & Wallbridge (1983) och Clancier & Kalmanovitch (1987) innehåller biografiska data. Dessutom har det skrivits en del i form av bokintroduktioner och liknande av medarbetare & kolleger (Masud Khan & Marion Milner), analysander (Margaret Little) och hans andra hustru Clare Winnicott (Grolnick & Barkin eds. 1978). Biografiska data kan även fås från andras biografier t.ex över Melanie Klein (Grosskurth 1986) och Jaques Lacan (Roudinesco 1990), eller från beskriv-ningar av den brittiska psykoanalytiska rörelsens framväxt och historia (t.ex. Kohon 1986; Haynal 1988).

Vi kan naturligtvis fråga oss: Är biografier något utöver en sofistikerad variant av *Hänt i Veckan* eller möjligen god underhållning? Vad angår oss Freuds sexualliv, eller hurdan person Melanie Kleins mor var? Jag är i detta avseende överens med Lars Sjögren (1989) som i sin personliga och engagerande Freudbok tar upp denna fråga och generellt hävdar att en människas personliga erfarenhet inte är likgiltiga för vår förståelse av hennes teorier.

Omedvetna motiv

Tvärtom är vi troligen mycket betjänta av att känna till en hel del biografiska data kring våra teoretiker i synnerhet när det gäller psykoanalytisk teori som just fäster stort avseende vid omedvetna motiv och tidiga relationers betydelse. Men även för andra teorier kan detta varit av intresse. Det sägs till exempel att Bensen-ringens upptäckare Kekulé, inom kemin gjorde sin upptäckt på grund av att han drömde om en orm som bet sig i svansen.

Man kanske skulle kunna beskriva det som att det föreligger en ökad känslighet hos författaren för vissa faktorers eller förhållandes betydelse pga.

dennes personliga konflikter eller brister och som därför påverkar teoriskapandet. Kunskapsteoretiskt är detta såväl på ont som på gott, allt ifrån en sund intuition som gör att man ser saker som andra aldrig upptäckt, till neurotiska och irrelevanta förklaringar baserade på en försvarsmässig hållning till ämnesområdet ifråga. Det hela är förmodligen relaterat till hur god självkännedom personen uppnått.

Freud, Klein och Winnicott

Det är en slående skillnad mellan Freuds, Kleins & Winnicotts uppväxtförhållanden och livserfarenheter något som ibland har satt tydliga spår i deras teorier. Jag skall ge några exempel. Freud växte upp som den särbehandlade äldste sonen bland sju helsyskon, där han till exempel var den ende som fick ett eget rum för att kunna studera trots trångboddhet och familjens begränsade ekonomi. Freud hade en trygg men strikt inrutad tillvaro med mycket hård arbetsdisciplin och ett tryggt men tråkigt äktenskap. Dagligen ägnade han tolv timmar åt patientanalyser förutom sitt vetenskapliga skriftställarskap. (Chr. Braad Thomsen 1985).

Sjögren hävdar, att Freuds sexuella samliv sannolikt upphörde vid 40-års ålder, och argumenterar för att denna brist bidragit till den oerhörda betoningen av sexualiteten i Freuds teorier. Wilhelm Reich hävdar också att Freud var svulten på kärlek: »Freud was simply love-starved, like a steamengine before explosion.« (Sjögren 1989 s. 90) Freuds postulerande av Oidipuskomplexet har paralleller till detta temas aktualitet i Freuds privatliv. När Freuds far Jacob gifte sig med Freuds mor Amalia Nathanson var han fyrtio år, tjugo år äldre än sin brud. Peter Gay (1990) skriver i sin mycket mäktiga, men lite torra Freud-biografi:

» /Freuds/ vackra unga mor tycktes passa bättre ihop med hans halvbror Philipp än med hans far. /.../ År 1858, innan /Freud/ var två och ett halvt år, blev detta problem särskilt tillspetsat: Hans syster Anna föddes. /.../ Var det kanske Philipp som hade gett modern den här avsky-värda lilla rivalen? Alltsammans var mycket förvirrande, lika nödvändigt som farligt att forska i sådana gåtor

från barndomen lämnade spår som Freud trängde bort i många år och inte medvetandegjorde förrän genom drömmar och mödosam självanalys i slutet av 1890-talet. Hans psyke hade formats av dessa förhållanden. /.../ Freud kunde väva sina psykoanalytiska teoriers väv av sådana intima erfarenheter. De kom för honom när han behövde dem.« (Gay 1990 s. 23f).

Freuds oidipala krav

Freud hade också en barnflicka som han älskade mycket men som bryskt rycktes från honom när han var två och ett halvt år (Gay 1990). Dessa episoder sammanfaller med tiden för Oidipuskomplexet (enligt Melanie Kleins synsätt), vilket kan ha ökat Freuds känslighet på detta område. Freuds krav på sin hustru Martha var att hon skulle bryta med såväl sin bror som sin mor för hans skull. Ernest Jones påpekar att dessa barnsliga anspråk exakt svarar mot den oidipala situationen i barndomen. (Braad Thomsen 1985). Ett annat exempel i Freuds teorier är hans postulerande av dödsdriften som Wilhelm Reich kopplar till Freuds »låsta« livssituation bland annat hans muncancer i början av 1920-talet. (Reich 1967 s. 67ff och 72f).

Kleins otrygga tillvaro

Freuds levnadshistoria kontrasterar starkt med Melanie Kleins otrygga tillvaro. Familjen Reizies (Kleins flicknamn) och senare Melanie flyttade flera gånger. Kleins mor var en dominant kvinna som stenhårt styrde familjen med en blandning av kontroll och skuldbeläggande. När Melanie var fyra år dog hennes fyra år äldre syster Sidonie. Melanies fem år äldre bror Emanuel dog när Melanie var 20 år. Kleins egenterapi hos Karl Abraham fick avbrytas för att han dog 1925. Kleins son Hans dog under oklara omständigheter när han var 27 år gammal. Äktenskapet med Arthur Klein var länge dåligt och avslutades aldrig ordentligt, vilket kanske bidrog till att Melanie Klein aldrig gifte om sig. Melitta Schmideberg, Kleins dotter, tog avstånd från sin mor och utsatte henne för ständiga attacker i form av vetenskapliga ifrågasättande, samtidigt som de två inte ens hälsade på varandra på de regelbundet återkommande psykoanalytiska sammankomster de båda bevistade. (Grosskurth 1986).

Troligen kan vi koppla Kleins erfarenheter till hennes höga känslighet för omedvetna fantasier och hennes språkbruk som ofta har både primitiva och aggressiva laddningar. Hursomhelst torde Klein ha haft en mycket övertygande personlig erfarenhet av vad förluster, svek, attacker och utanförskap vill säga. Klein kom relativt sent in i yrkeslivet och brottades länge med att hävda sig och med en känsla av underlägsenhet. (Hinshelwood 1989 s.1) Dessutom fick hon aldrig den uppmärksamhet av Sigmund Freud som hon hoppades på (Igra & Sjögren 1988). Freud gör endast en referens till Klein där han skriver att Klein och andra brittiska författare starkt har betonat överjagets stränghet. (Freud 1930; Hinshelwood 1989 s. 99).

De första Kleinianerna utgjorde en stark och dogmatisk beroendegrupp stenhårt styrd av Melanie Klein. Detta kan jämföras med den oberoende mellangrupp som Winnicott tillhörde och som kunde vara väl så kleinianska i teorin, men med en stor grad av inbördes själv-ständighet och utan dogmatik. Kleins anhängare utsattes däremot för hennes depression på bekostnad av sina egna individuella möjligheter (Phillips 1988 s. 99).

Winnicott som person

Om vi slutligen övergår till Winnicott, så är han i detta biografiska sammanhang en irriterande figur. Biografierna ger inte klara besked om denna man. Winnicott föddes i Plymouth 1896. Vi vet att han kom från ett tryggt och borgerligt övre medelklasshem. Han hade två äldre systrar. Han var gift två gånger, det första var ett 26-årigt, länge olyckligt äktenskap. Winnicott hade åtminstone tre svårare hjärtattacker, den första när han var 52 år gammal. Han avled 1971 i London, där han bott i hela sitt verksamma liv. (Phillips 1991; Khan 1988).

Fakta av detta slag finns att hämta i Phillips biografi men orsakssammanhang och emotionella förklaringar lyser med sin frånvaro. Det är förvånande om man i en biografi över en central person lyckas undgå att kommentera om personen i fråga hade egna barn eller inte. Det är anmärkningsvärt om biografin gäller en psykoanalytiker. Om denne person dessutom är en av de mest inflytelserika psykoanalytikerna efter Freud, den förste barnläkare som blev analytiker, en av pionjärerna inom barnanalysen och dessutom en person vars teorier mestadels grundar sig på och handlar om relationer till barn, då är detta utelämnande synnerligen märkligt. Varken Phillips eller Clancier & Kalmanovitch vidrör detta medan det till exempel nämns att Winnicott inte hade några egna barn, i en artikel i *Göteborgs-Posten* i samband med uppsättningen av fallbeskrivningen »Pyret« som teaterföreställning. (GP 5/1 1992).

Orättvisa attityder

Inte ens i beskrivningar från Masud Khan som var Winnicotts medarbetare och som känt Winnicott i mer än trettio år, får man speciellt klara besked. Winnicott var en person som hade mycket svårt att ta emot hjälp från andra. Han tålde inte något slag av beroende, utom från sina två systrar. (Kahn 1988 s. 45) Få personer verkar ha kommit Winnicott in på livet. Kvarstår gör en bild av mycket svårgripbar och udda person. Problemet med detta är att det bidrar till spekulationer, mytbildning och idealisering. Jag tror Winnicott härigenom blivit såväl överskattad som underskattad. Margaret Little som först var analysand och senare kollega till Winnicott beskriver hur lätt det är att idealisera det Winnicott skrivit. Little skriver också hur hon ibland upplevt hur allt Winnicott företog sig: psykiatri, psykoanalys, pediatrik etcetera, blivit förhäxat (bedeviling). Båda dessa attityder gör honom en stor orättvisa. (Little 1986).

En annan försvårande faktor för förståelsen av framför allt Winnicotts arbetssätt, var att han endast officiellt ställde sig bakom de regler för klinisk praktik som brittiska psykoanalytiska föreningen ställt upp. Hans egen praktik höll sig inte alltid inom dessa ramar (Roudinesco 1990 s. 490). Dessutom arbetade Winnicott på flera olika sätt från enstaka samtal till långa psykoanalyser på 2500 sessioner. (Winnicott 1991 s. 9) Hans huvudsakliga arbetssätt var några gångers konsultationer.

Stor klinisk erfarenhet

Den oberoende mellangruppen (mellan Kleinianerna och Anna Freuds anhängare) som Winnicott räknas till var indirekt influerad av existentialismen (Phillips 1988 s. 26). Vidare karaktäriserades gruppen av en massiv praktisk klinisk erfarenhet. Winnicott själv, arbetade som barnläkare på Paddington Green Children's Hospital i fyrtio år. Här kom han i kontakt med uppskattningsvis 60 000 mödrar och barn och konsulterade mer än sju tusen barn (Phillips 1988 s. 9; Khan 1988 s. 48). Masud Khan, som redigerat de mesta som Winnicott skrivit, menar att Winnicott aldrig skrev ett rent teoretiskt paper. Till och med ett till synes mycket teoretiskt paper som *The Use of An Object* började utifrån ett kliniskt problem, något som inte framgår eftersom Winnicott var noga med att skydda sina klienters anonymitet. (Khan 1988 s. 27).

Vari består Winnicotts centrala bidrag? Harry Guntrip menar att de två största utvecklings-stegen i psykoanalysen efter Freud var W.R.D. Fairbairns revision av teorin och Winnicotts revision av den terapeutiska tekniken. Tilläggas bör väl att de båda utpekade också var Guntrips två analytiker, vilket möjligen gör honom jävig. (Guntrip 1975; Eigen 1981).

Originell tänkare

Enligt Clancier & Kalmanovitch (1987) lade Winnicott en ny dimension till psykoanalysen i tre avseenden. Han var den förste barnläkaren som blev psykoanalytiker, han hade en mycket ovanlig förmåga att kommunicera med arkaiska nivåer av personligheten och slutligen hans originella sätt att tänka.

Thomas Ogden (1987) skriver i sin viktiga bok om projektiv identifikation att den psykoanalytiska teorin lider brist på begrepp och språk med vars hjälp man kan beskriva samspelet mellan den intrapsykiska sfären och ytstervärlden. Den klassiska ståndpunkten, från Freud & Klein till Fairbairn, refererar endast till objektrepresentationen. Även en modern objektrelationsteoretiker som Otto Kernberg tillhör denna intrapsykiska tradition. Michael Balint och Winnicott är de första teoretikerna som konsekvent utvecklar en två-personspsykologi, genom att även ta hänsyn till det faktiska objektet (vanligtvis modern eller moderskapet). (Modell 1984; Gustafson 1987; Balint 1949). Enligt Little var det unika med Winnicott hans förmåga att stå ut med paradoxer och ambivalens. Winnicott insåg att livet innehöll motstridigheter och försökte varken förneka, förenkla eller undkomma dessa existentiella svårigheter. Han hade också en mycket speciell förmåga att komma i kontakt med den kreativa förmågan hos de människor han mötte och som finns hos oss alla. (Little 1986 s. 226)

»Det frånvarande«

I Freuds och efterkommande psykoanalytikers skrifter har »det omedvetna« alltid varit ett centralt övergripande tema. Hos Winnicott får detta tema alltmer ge vika för temat »det från-varande« samtidigt som han på intet sätt tar avstånd från »det omedvetna«. Personligen anser jag denna tyngdpunktsförskjutning vara ett av Winnicotts stora bidrag. Detta ger en psykologisk förståelse för fenomen på en »djupare« psykologisk nivå än det omedvetna. Denna djupare nivå låter sig inte heller dechiffreras utan måste tolkas på annat sätt, om det överhuvud taget skall tolkas. Winnicott, tillsammans med Balint (1968) har ju också fäst vår uppmärksamhet på att allting inte kan och inte bör kommuniceras verbalt.

Kanske gör vi bäst att acceptera att Winnicott har både en kommunicerande och en icke-kommunicerande sida, hur irriterande detta senare än må vara. Det finns en värdefull dialektik mellan dessa två sidor precis som till exempel mellan gestalt och bakgrund. För att förstå psykoanalys är det av värde att studera hela den omgivande kontexten vilket gör att jag likväl hoppas det kommer ut flera och mera djupgående biografier över Donald Winnicott. Och slutligen, vad vore dagen utan natten, eller närvaron utan frånvaron? Ofullständigheten behöver ju inte alltid vara av ondo utan kan till exempel fyllas ut av våra egna tankar. Utan frånvaron, i detta fall av biografiska data, hade aldrig denna artikel tillkommit.

Efterskrift

I denna artikel fortsätter jag att fundera över och spekulera om Winnicott. Jag skrev att det var lite skrivet om honom och hans arbeten. Jag vet inte hur sant detta var 1992, men idag finns det i alla fall desto mera. Jag nämnde lite av kringlitteraturen i den förra efterskriften. Det har bland annat publicerats nya Winnicott-biografier av Kahr (1996) och Rodman (2003). Jag hade också börjat fördjupa mig i andra biografier och kringlitteratur om Freud och Melanie Klein. Det som fascinerade mig var hur mycket teorierna var färgade av dess skapares personliga bakgrund. Men jag hade ännu inte kommit i kontakt med Atwood & Stolorows »*Faces in a Cloud*« (1997) – deras första bok om *personlogi*, som är ett ämne som senare har kommit att uppta mitt intresse en hel del. Det handlar inte så mycket om stora teoretiska felaktigheter utan snarare om blinda fläckar eller viktiga aspekter som saknas i teorierna, enligt min förståelse av psykoanalysen. I artikeln jämför jag Freuds, Melanie Kleins och Winnicotts bakgrund och uppväxtförhållanden.

Jag började också att upptäcka att i stort sett all psykoanalytisk teori bara var intrapsykisk och oftast bara tog hänsyn till de symboliska men inte de verkliga relationerna – ett perspektiv som vi kommer att återkomma till längre fram. Noteras skall också att artikeln är skriven innan anknytningsteorin och spädbarnsforskningen på allvar började introduceras och diskuteras i samband med psykoterapin, här i Sverige.

I artikeln skriver jag att Freud ägnade tolv timmar dagligen åt patientarbete, enligt Braad Thomsen (1985). Efter att jag senare har läst ytterligare en handfull Freudbiografier, måste sägas att denna siffra är i överkant. Det rör sig nog snarare om 7–9 patienter per dag. Freud hade en exceptionell arbetskapacitet och arbetsdisciplin. Förutom patientarbete sex dagar i veckan förde han en omfattande yrkesmässig korrespondens. Därutöver skapade han sitt gigantiska psykoanalytiska teoribygge *The Standard Edition* som finns i svensk översättning som *Samlade skrifter av Sigmund Freud* i tolv volymer.

3. Psykoterapeuter älskar att se upp till Donald Winnicott (essä) (2008)

Psykologtidningen 2008:1 s. 14–15.

»Psychotherapists love to love Winnicott!« Med dessa ord inledde Joyce Slochower sitt föredrag om »ömsesidig idealisering mellan patient och terapeut i Donald Winnicotts terapier«.

Föredraget hölls på den årliga konferensen för *The International Association for Relational Psychoanalysis and Psychotherapy* (IARPP) i Aten den 5–8 juli. 2007. Vi har tidigare hört talas om idealisering av föräldrafigurer, auktoriteter och terapeuter, men också patienten kan vara föremål för idealisering från terapeutens sida, menade Slochower.

I en nyutkommen bibliografi »*The False Self – the life of Masud Khan*« (2006) av *Linda Hopkins*, ges en annorlunda bild av Donald Winnicotts arbete, jämfört med Winnicotts egna fallbeskrivningar och med *Margaret Little* och *Harry Guntrips* beskrivningar av sina terapier hos DWW. Hopkins porträttering avviker också en del från *Roger Willoughbys* mera kritiska »*Masud Khan. The Myth and the Reality*« från 2005. Masud Khan var Winnicotts närmsta medarbetare i många år, och gick också i terapi hos honom. Khan upprättade den första bibliografin över DWWs arbete (i »*The Maturational Process and the Facilitating Environment*«, 1965). Hopkins hävdar att Khan också kan ha varit författare till en del av Winnicotts papers! Utan Khans hjälp skulle Winnicotts arbeten inte ha blivit kända! Otvivelaktigt är att Khan gjort ett ansenligt redaktionellt arbete med Winnicotts stora produktion av uppsatser (drygt 400).

Masud Khan föddes år 1924 i Punjab (samma område som *Wilfred Bion* f.1897), i nuvarande Pakistan. När hans far *Fazaladad Khan* dog 1943, ärvde Khan en så avsevärd förmögenhet att han blev ekonomiskt oberoende i resten av sitt liv. Men Khan hade stora personliga problem. Han började i terapi hos den ende psykoanalytikern i Pakistan, Dr. *Israil Latif*, som hade skaffat sig viss psykoanalytisk utbildning i London hos *Anna Freud*. Men detta hjälpte inte Khan tillräckligt. Han sökte sig, bland annat för att kunna få mera terapi, till London, dit han anlände på hösten 1946. Där fick han träffa *John Bowlby* för en klinisk intervju. Men på grund av ett misstag av Bowlby i samband med konflikter i den brittiska psyko-analytiska föreningen (kring *Melanie Kleins* teorier), mellan Bowlby och *Edward Glover*, blev Khan i stället antagen som kandidat till psykoana-lytikerutbildningen! Khan hade egentligen bara sökt terapi för egen del, hävdar Hopkins. Den, då 22-årige, excentriske Khan tackade och tog emot och blev så småningom både psykoanalytiker och handledare (training analyst). Han hade redaktionella uppdrag för bland annat *International Journal of Psycho-Analysis* (IJPA), *The Hogarth Press, Nouvelle Revue de Psychoanalyse* (NRP), *The Freud Copyrights* med mera och ansvarade också för slutförandet av *Collected Works of Sigmund Freud* efter *James Stracheys* död 1967.

Khan skrev själv fyra böcker och en mängd artiklar och bokrecensioner. Han var den som myntade begreppet *kumulativa traumat*. Khan var pro-duktiv, nyskapande och originell, men också en kontroversiell person som slutade sitt professionella liv på ett mycket tragiskt sätt, med alkoholism och urspårade terapier, där han inte längre upprätthöll gränser mellan te-rapierna och sitt privatliv. Men i det senare avseendet finns paralleller till Khans egen terapi hos Winnicott, om inte alls så iögonfallande och de-struktiva, som i Khans eget terapiarbete.

Khan och Winnicott verkar vara eniga om bristerna i Winnicott/Khan-te-rapin. De lyckades aldrig komma till *regression to dependence*. Samtidigt hade de ett synnerligen fruktsamt arbete tillsammans vad gäller deras teo-retiska och kliniska arbete, som främst finns materialiserat i Winnicotts omfattande skrifter. Khan beundrade Winnicott mycket och Winnicott beundrade den exotiske och intelligente Khan – *en ömsesidig idealisering* om vi får tro Hopkins och Slochower. Såväl Winnicott som Khan »mas-kerade« oftast sin radikala psykoterapiteknik genom att benämna sina terapier för »provterapier« (research analysis). Detta för att kunna slippa behöva hålla sig till det formella regelverket, i den brittiska psykoanalytiska föreningen.

Det är uppenbart att Winnicott och Khan inte tillräckligt lyckades jobba med Khans destruktivitet. Sannolikt berodde detta på en kombination av att Khan ville dölja sin destruktivitet, och av att Winnicott inte såg, eller inte orkade konfrontera Khan på detta område. Winnicott var både gammal och försvagad av hjärtattacker, i slutet av Khan-terapin. Men även i Guntrips terapier fanns brister. Varken i de 600–900 timmarna hos *Ronald Fairbairn* på 1950-talet, eller i de 150 timmarna hos DWW på 1960-talet, kunde Guntrips primära trauma nås. Det var först i samband med att han nåddes av beskedet att DWW hade dött 1971, som Guntrip kom i kontakt med och mindes hur hans lillebror Percy, 16 månader gammal, dog i knäet på mamma Harriet, medan han själv tittade på. Harry var då fyra år gammal. Det tog därefter mycket lång tid tills händelsen nämndes igen i Guntrips familj. Vad blir konklusionen? Ingen terapi blir någonsin fullständig och slutgiltig. I bästa fall lyckas vi belysa ett antal väsentliga aspekter i våra terapier. Såväl DWW som den nya relationspsykologin av idag, har lyckats både att bredda och fördjupa den psykodynamiska terapin med nya centrala infallsvinklar.

För 34 år sedan skrev jag i *Psykologtidningen* (nr 8, 1990) i en uppskattande artikel om Winnicott att det är »svårt /.../ att idealisera Winnicott«. Föga visste jag väl då att jag delvis själv skrev utifrån en något idealiserad position, kanske beroende på min längtan efter en trygg fadersfigur att luta sig mot i början av min psykoterapeutkarriär.

Relationspsykologin, i den nu avlidne *Stephen A. Mitchells* anda, med IARPP som sammanhållande förening innehåller en i högsta grad namnkunnig författarskara: *Lewis Aron, Emmanuel Berman, Jessica Benjamin, Margaret Black, Philip Bromberg, Muriel Dimen, Jay Greenberg, Adrienne Harris, Nancy McWilliams, Barbara & Stuart Pizer, Philip Ringstrom, Andrew Samuels, Joyce Slochower, Donnel Stern,* med flera. Deras arbeten utgör en av de mest vitala och produktiva psykoanalytiska rörelserna för kunskapsutveckling idag.

Det är synnerligen allvarligt att Högskoleverket, som till stor del kommer att kunna sätta den terapeutiska agendan här i Sverige, företräder en sådan trångsynt och förlegad syn på evidens och människokunskap, som man nyligen visat upp vid granskningen av psykoterapiutbildningarna. Enligt denna syn anses ovanstående författares arbeten sakna psykoterapeutisk relevans. I praktiken innebär Högskoleverkets hållning att man betraktar ovanstående psykoterapeutiska teoretiker som skönlitterära författare. Vart är vi på väg?

Efterskrift

Bakgrunden till artikeln är följande. Jag skrev den på en förmiddag liggandes på en strand på den grekiska ön Paros – exalterad efter att ha bevistat min första IARPP-konferens i Aten 2007. Jag hade också läst två nyutkomna biografier (Hopkins 2006; Willougby 2005) om Winnicotts medarbetare och före detta analysand Masud Khan. Biografierna gav olika bilder av Winnicott.

Den relationella psykoanalysen har haft en ambivalent hållning till den psykoanalytiska utvecklingspsykologin, mycket utifrån kollisionen med nya rön inom spädbarnsforskning, anknytnings- och affektregleringsteori och neuropsykoanalys. Man har talat om *den utvecklingspsykologiska slagsidan* (the development tilt). Det handlar om psykoanalysens (såväl den brittiska som den amerikanska jag-psykologins) tendens att *infantilisera* patienten och inte tillräckligt betrakta patienten som en vuxen, jämlik, ansvarstagande, sexuell varelse.

Den brittiska objektrelationsteorin talar hellre om »barnet inom oss« och negligerar till exempel sexualiteten och andra aspekter från aktuella eller tidigare vuxen-till-vuxen-relationer. Brittiska analytiker såg ofta relationella behov som infantila och regressiva, där patienten framstod som ett passivt offer för tidiga brister, med intrapsykiska skador som följd. Analytikern skulle bli motvikt mot detta – en slags leverantör (provider) av all-goda psykologiska »ting«. Som så ofta handlar det om att försöka balansera patientens historia, nuvarande situation och framtid. Ämnet har diskuterats väldigt mycket för-och-emot inom den relationella psykoanalysen (se: Mitchell 1988 s. 123–172; Orange 2018; Slochower 2018; Wånge 2019, s. 45–52, s. 295f, s. 315–320).

Joyce Slochower (f. 1951) är en relationell psykoanalytiker som integrerat Winnicotts arbeten med relationell psykoanalys. Begreppen *regression* och *holding* har fått utstå en del kritik från relationellt håll. Men Slochower menar att denna kritik har gått för långt och visar till exempel på vikten av holding och undvikande av överföringstolkningar för många patienter (1996; 2006; 2018).

Slochowers föredrag handlade om »ömsesidig idealisering« mellan patient och terapeut i Winnicotts terapier och handlade mest om hur uttolkarna uppfattat Winnicotts arbeten. I min text är snarare Khan huvudpersonen och jag gör en jämförelse med Harry Guntrips terapier. Guntrips upplevelser av terapierna hos Fairbairn och Winnicott finns dokumenterade i en postumt utgiven text (Guntrip 1975).

Masud Khan (1924–1989) är en viktig person i den psykoanalytiska historien. Han var bland annat redaktör för *The International Journal of Psychoanalysis* och en mängd psykoanalytiska böcker och skrev själv fyra egna böcker. Trots hans förtjänster och en mycket framgångsrik karriär fick Khans psykoanalytiska liv ett mycket destruktivt och tragiskt slut. Brett Kahr (2024) har nyligen redovisat en del nya biografiska uppgifter, bland annat baserat på litteraturstudier och intervjuer med ett drygt sextiotal kolleger, handledningskandidater och patienter. Jag har skrivit en recension av Kahrs bok i nästa kapitel.

4. Recension av Brett Kahr: »Hidden Stories of British Psychoanalysis. From Freud´s Death Bed to Laing´s Missing Tooth.« (2024) London, Karnac. (2023)

Opublicerat manus

Psykoterapeuten och psykoterapihistorikern Brett Kahr har skrivit många böcker och artiklar. Han är mest känd för sina skrifter om Donald Winnicott? Förutom en biografi (1995) har Kahr konstruerat en fiktiv intervju med Winnicott efter dennes död (2016). Trots det märkliga upplägget innehåller boken en innehållsrik bild av Winnicott och hans arbete. I *Hidden Stories* presenteras okända berättelser om Freud, Winnicott, John Bowlby, Marion Milner, Enid Balint och »the bad boys«: Masud Khan och Ronald Laing (s. 177). Samtliga berättelser är baserade på mångåriga studier och djupintervjuer. Den grundligaste researchen är om Winnicott, där Kahr har intervjuat närmare tusen personer och läst hundratusentals sidor av brev och dokument.

Vi får reda på att Freud dog på en speciell sjukhussäng (invalid couch [s. 9] death couch [s. xiv]), om detta kan vara av något intresse? Viktigare är kanske uppgiften om att Freud tog engelska lektioner för att kunna analysera ett antal sedermera inflytelserika amerikanska analysander, något som kan ha haft viss betydelse för förståelsen av psykoanalysen i USA.

Bokens andra del (kap 3 & 4) handlar om Donald Winnicott (1896–1971). Här ser Kahr tydliga samband mellan Winnicotts privatliv och hans arbete under sina två äktenskap. Det första, med Alice Taylor varade i tjugoåtta år och slutade med en smärtsam skilsmässa när Winnicott var i femtioårsåldern (s. 33). Under denna period skrev Winnicott till exempel om (omoget) partnerberoende, sadistisk vrede och utvecklade begreppen *sant* och *falskt själv* (s. 16), vilket Kahr kopplar till Winnicotts »falska äktenskap« (s. 42) som var olyckligt, barnlöst och i »avsaknad av sexualitet« (s. 24f). Makarna gled succesivt ifrån varandra emotionellt och började leva parallella liv, enligt Kahr (s. 29). Båda arbetade mycket och 1949 fick Winnicott en första allvarlig hjärtinfarkt med flera månaders konvalescens.

I mitten av 1920-talet brottades Winnicott med stora personliga problem, såväl privat som professionellt och sökte hjälp hos Ernest Jones. Denne remitterade honom till den nyutbildade psykoanalytikern James Strachey, som nyligen återvänt hem efter sin analys i Wien hos Freud. Winnicott påbörjade därefter en sex-dagar-i-veckan-analys med Strachey (s. 25).

Winnicott gick i en mycket lång och fruktbar analys hos Strachey – ungefär i tio år, sammanlagt c:a 2 500 timmar (s. 35). Men varför fortsatte Winnicott, under senare delen av 1930-talet med en flerårig analys hos den kleinianske analytikern Joan Riviere, som också analyserats av Freud (och Ernest Jones), frågar sig Kahr (s. 36f). Riviere brottades med egna sårbarheter och var känd för att vara skrämmande (terryfying), provocerande (vexing) och krävande. Kahr spekulerar i att Rivieres »hårdhet« hjälpte Winnicott att komma i kontakt med en hämmad aggression som han kunde använda för att genomföra separationen med Alice och att skapa en bra relation i sitt andra äktenskap med Clare Britton (s .39). Vi kan också konstatera att Winnicott vid denna tid skrev *Hate in the countertransference* (1947). Här finns alltså temat som han senare utvecklar i sina centrala begrepp om *objektrelaterande* och *användande av objektet* (1971).

I kapitel fyra (s. 45ff) beskriver Kahr omständigheterna kring Winnicotts berömda barnterapi bestående av sexton konsultationstillfällen mellan 1964–1966 med en från början tvåårig flicka. Fallet publicerades postumt 1977 med titeln *Pyret* (The Piggle). Winnicott var sextiosju år och hade sviktande hälsa efter svåra hjärtproblem (s. 53). Han plågades också av ett skadat öga efter att en arg autistisk patient hade stuckit honom med ett vasst föremål (s. 57). Winnicott var arbetsnarkoman och kraftigt överbelastad (s. 67). Förutom sin privatpraktik med flera krävande psykotiska patienter, var han konsult och hade flera styrelseuppdrag. bland annat var han president i den brittiska psykoanalytiska föreningen (1954–56 och 1963–65). Han föreläste, reste frekvent i Europa och var i USA flera gånger i mitten av 1960-talet (s. 55f, 79). Terapin ansågs kontroversiell eftersom

Winnicott bara träffade *Pyret* efter föräldrarnas behov («on demand«). Detta utmanade den ortodoxa klassiska psykoanalysen i en tid när standardramen för terapi var fem-gånger-i-veckan (s. 64, 78, 85).

Del III (kap 5 & 6) handlar om makarna Bowlby. John Bowlby (1907–1990) är idag vida känd som anknytningsteorins fader. Men Kahr menar att Bowlby gjort ett ännu större bidrag till den psykologiska forskningen i sina tidigare, tämligen så okända arbeten på 1930-talet (s. 94ff). Barnpsykiatri existerade inte som en egen disciplin och behandlingsmetoderna vid psykosomatiska symtom var brutala: medicinering med kaliumbromid och kloralhydrat, elchocker; barn som gick i sömnen bands vid sängen; sängvätare örfilades, etcetera (s. 97). Tillsammans med Winnicott och några andra kolleger skapade Bowlby ett kunskaps-och behandlingsfält för barnens psykiska hälsa för första gången i den brittiska historien (s. 101). Han medverkade i den första brittiska boken med *barnpsykiatri* i titeln. I kapitlet *Hysteria in Children* (1939) framförde Bowlby två nya »chockerande hypoteser« att hysteri hos barn hade psykogenetiska orsaker och att etiologiska orsaker generellt sett låg bakom många psykiska symtom. Därmed vidareutvecklade Bowlby Freuds tidigare upptäckter och presenterade för första gången *separation* som en ny nyckelfaktor vid psykisk ohälsa, skriver Kahr (s. 102f). Bowlby inriktade därefter sin forskning om effekterna av separation vilket blev en viktig del i anknytningsteorin.

»Bakom varje framgångsrik man står en (stark) kvinna«, säger ordspråket. Detta gällde såväl för Freud som för John Bowlbys med sin partner Ursula Longstaff Bowlby (1916–2000), menar Kahr. Men »Frau Professor Marta Freud« (s. 109) levde uteslutande för att stödja sin man, medan Ursula Bowlby, förutom att ge service åt sin man också noggrant dokumenterade hans arbeten (s. 118) och dessutom skrev ett bokmanus *Happy Infancy* som inte publicerades (s. 121ff). Texten handlade om spädbarnsvård, med en ny attityd där modern uppmuntrades att lita på sin intuition snarare än att lyssna på utomstående experter – en idé mycket lik Winnicotts.

Del IV har titeln: »Två anspråkslösa ikoner« och handlar om Marion Milner och Enid Eichholz Balint. 1985 träffade Kahr den då åttiofemårige Milner vid sin presentation för Cambridge psykoanalytiska förening (s. 127). Milner tillhörde den brittiska oberoendegruppen i den brittiska psykoanalytiska föreningen (Winnicott, Fairbairn, Balint, Bollas, Casement, med flera). Hennes arbete var inriktat på symbolism, kreativitet och konst. Milners mest kända bok är »*The Hands of the Living God*« (1969) där hon ger en detaljerad beskrivning av en tjugo år lång terapi med »Susan«. I boken finns 150 av Susans teckningar och boken är en av bildterapins klassiker. På svenska finns »*Om att inte kunna måla*« (1989), som handlar om hur vår kreativitet ibland hämmas.

Kahr beskriver omständigheterna runt Milners terapiarbete och vi får reda på att även Winnicott var inblandad och lät Susan bo hos honom. Kahr frågar Milner om Susan varit utsatt för sexuella övergrepp (s. 129 &139) vilket inte avhandlas i boken. När Milner senare läste i sina gamla kliniska anteckningar kunde hon bekräfta att det funnits sexuella övergrepp (s. 140). Här ser vi ett tydligt exempel på en blind fläck i den psykoanalytiska teorin, som jag påpekat i en tidigare artikel (Wånge 2022).

I kapitel åtta presenterar Kahr Enid Eichholz Balint (1903–1994) som den brittiska parterapins främste pionjär. Ett stort samhällsproblem uppstod när soldaterna återvände efter kriget. Många hade varit borta från sina familjer länge och dessa separationer skapade problem. Vad hade hänt under mellantiden och hur hade individerna och relationerna förändrats? Eichholz startade som socialarbetare (social worker) och var med om att organisera stödinsatser för äktenskapliga problem. De tidiga psykoanalytikerna hade vid några tillfällen blivit inblandade i äktenskapliga konflikter, med de träffade då bara partnerna individuellt *var för sig* (s. 156). Eichholz skapade en ny terapeutisk »spelplan« där paret *tillsammans* terapeuten kunde tala fritt, privat och bli lyssnade på i ett sekulärt, konfidentiellt sammanhang (s. 160). Vi kan här påminna oss om att man också idag som familjerådgivare inte får skriva journaler! Eichholz utbildade sig senare till psykoanalytiker. Hon inledde därefter ett livslångt professionellt samarbete med Michael Balint och de två gifte sig 1953.

Bokens sista två kapitel handlar om två »bad boys« i den brittiska psykoanalysen: Masud Khan och Ronald Laing, vilka båda gjorde kometkarriärer och blev betydande personer inom psykoterapiområdet men slutade sina professionella liv på tragiska sätt.

Masud Khan (1924–1989) föddes i en mycket välbärgad familj i Indien vilket innebar att han aldrig behövde arbeta för sin försörjning. Han kom som tjugotvååring till London. Khan hade skrivit till John Bowlby för att diskutera möjligheterna att börja i psykoanalys *som patient*. Men Bowlby som var sekreterare för psykoanalytikerutbildningen, missförstod situationen och trodde att Khan ansökte om att bli *utbildningskandidat*. Khan (som kom från det övre skiktet i det indiska klassamhället) förutsatte självklart att han var meriterad trots att han saknade utbildning i psykologi och medicin, men han hade däremot en stor passion för litteratur (Hopkins 2006 s 21f). I maktkampen och röran runt de kontroversiella diskussionerna blev Khan antagen som utbildningskandidat. Han kvalificerades som psykoanalytiker 1950. Khan skrev fyra egna böcker och introducerade till exempel begreppet *kumulativt* trauma. Han hade en enorm arbetskapacitet, var synnerligen beläst och gjorde sig oumbärlig inom den brittiska psykoanalytiska föreningen med sitt tålmodiga administrativa arbete bland annat som sekreterare, bibliotekarie och redaktör för *The International Journal of Psychoanalysis* och en mängd psykoanalytiska böcker (s. 186ff).

Kahr menar att Khan var engagerande, kunnig, fängslande och förförisk, men också den farligaste (dangerous) personen i hela den psykoanalytiska professionen (s. 179). Det har funnits många negativa rykten om Khan. Kahr har intervjuat sextiotre personer som kände Khan personligen och dessutom läst en mängd icke publicerad korrespondens mellan Khan och Winnicott (s. 182). Khans professionella yrkesutövande urartade succesivt och han blev till slut utesluten ur den brittiska psykoanalytiska föreningen 1988, efter att ha publicerat sin sista bok, den katastrofala: »*When Spring Comes: Awakenings in Clinical Psychoanalysis*« (s. 182ff). Uteslutningen hade förgåtts av en längre tids oetiskt beteende varav de ur professionell synvinkel grövsta var sexuella relationer med flera patienter. Kahr försöker förstå vad som hände med Khan och ser förklaringar i hans obearbetade traumatiska förluster: en älskad syster och sin far. Dessutom dog alla tre av Khans psykoanalytiker: Sharpe, Rickman och Winnicott – som gemensamt hade att de led av hjärtbesvär (s. 200ff). I efterhand kan vi ironiskt konstatera att Khans boktitlar: »*The Privacy of The Self*«; »*Alienation in Perversions*« och »*Hidden Selves*»tydligt anspelar på hans egen person.

Kahrs sista personporträtt är av Ronald D. Laing (1927–1989). Han är välkänd från anti-psykiatrin på 1960–70-talen och sitt »experiment» vid Kingsley Hall – ett terapeutiskt samhälle för psykotiska patienter. Laings mest kända bok är den epokgörande »*Det kluvna jaget*« (1959). Han visade att galenskap är förståelig och uppstår i kärnfamiljen, menar Kahr. Laing var kritisk till delar av psykoanalysen, men måste ändå fullt ut räknas till den psykodynamiska idétraditionen (s. 208f).

Kahr bjöd in Laing som föreläsare i november 1983 till ett psykoanalytiskt forum i Oxford (s. 208). När Laing kom till föreläsningen var han påverkad både av alkohol och marijuana. Han fick stora applåder vid sin entré, men var därefter helt tyst en längre (interminable) tid (s. 211). Så småningom började han tala nedsättande om kleinianerna och började mixtra (fiddle) med en tand som därefter lossnade. Föreläsningen avslutades snabbt och Laing ville inte svara på några frågor, vilket han också hade informerat Kahr om i förväg. Publiken reagerade förstås negativt. De kände sig lurade, var arga, tyckte det var lustigt och patologiserade (feelings of exploitation, aggression, humor, pathologisation, s. 213) över det som utspelades. Dessa fyra reaktioner är precis de som schizofrena patienter bruka väcka. Genom att i detalj studera bisarrt beteende kan man ibland spåra dess rötter till barndomen, menar Kahr (s. 214ff). Och mycket riktigt finner Kahr en upptagenhet med tandhygienstemat i flera dokument rörande Laings liv.

Slutligen, Brett Kahr är en av vår professions främsta företrädare av historiska studier. Freuds teorier har haft ett enormt inflytande. Det gäller också för det han inte avhandlade (till exempel dissociation och sexuella övergrepp) och hans blinda fläckar (till exempel fenomen som har sin grund hos relationen till modern)(Wånge 2018; 2022). Winnicott är enligt min mening en av våra absolut främsta teoretiker – speciellt hans senare arbeten där han utvecklar begreppet mellanområde som beskriver hur vår kontakt med yttervärlden etableras via en »speciell form av mellanmänsklighet« med »en öppning mot vårt inre och en annan mot yttervärlden« (Rolf Holmqvists uttryck, 2022 s. 47). Winnicott fick aldrig några egna biologiska barn men hade desto fler »psykoanalytiska barn«. Han hade en unik förmåga att kommunicera på icke-verbal nivå. Kanske bidrog hans barnlöshet paradoxalt nog till hans livslånga engagemang i barnets psykiska hälsa?

Atwood och Stolorow hävdar i sina så kallade personologiska studier att alla teoretiker har personliga incitament för sina teorier, som innebär att egna livserfarenheter har en tendens att generaliseras till naturlagar gällande hela mänskligheten (1979). I sammanfattningen av *Hidden Histories* argumenterar Kahr för att vi kan förbättra vår vårdpraktik genom att sätta oss in i våra företrädares arbeten och tillägger: »but, *only* if we study history very carefully.« (s. 226). Jag kan bara hålla med och uppmuntra till läsning av biografier och vår historia.

Efterskrift

Recensionen är inskickad till tidskriften *Psykoterapi*, som accepterat den för publicering och också medgivit att den finns med här (i något förändrat format).

Linda Hopkins & Steven Kuchuck håller på att publicera Masud Khans arbetsanteckningar i en serie böcker på bokförlaget Karnac, under titeln: »*Diary of a Fallen Psychoanalyst*« (2022).

5. All You Need Is Love:
Om Auktoritetsproblemet i psykoanalysen
och om framväxten av objektrelationsteorin
i spåren på Freud och Klein. (1993)

Psykologtidningen 1993:11 s. 4–9.

År 1967 sjöng The Beatles »All you need is love« så det ekade över stora delar av västvärlden. Denna till synes banala textrad innehåller betydligt mera livsvisdom än man kanske kan ana. Alldeles för många av oss har aldrig känt sig älskade tillräckligt och detta är något som otvetydigt sätter sina spår i vår person och skapar stora problem i vårt samhälle.

Spädbarnet föds som världens medelpunkt. Om omständigheterna är goda, kan det ta allt för givet och förhoppningsvis få vara obekymrat om omvärlden den första tiden. Under de nästkommande åren går det lilla barnet fortfarande omkring som världens medelpunkt men kommer successivt att upptäcka och acceptera andra personers behov. Förutsättningen för denna utveckling är att barnet känner sig älskat och får hjälp med att handskas med den frustration och kränkning det innebär att det måste ta hänsyn till andras behov. (Winnicott 1965). Den som inte får tillräckligt av denna hjälp stannar, i varierande grad kvar i sin *självupptagenhet*. Detta är på ont och gott, lite beroende på ur vilket perspektiv detta betraktas. Personen i fråga är naturligtvis ofta en plåga för den närmsta omgivningen men brukar kunna lösa detta genom att omge sig med undergivna personer som avstår från egna behov, samt genom att skapa ett eget revir som ser till att det inte finns någon mer av samma sort allt för nära.

Mäktig drivkraft

Narcissism är den psykoanalytiska benämningen på detta tema som är utförligt omskrivet, men den bästa belysningen av den narcissistiska dimensionen jag känner till, finns att hämta i Hjalmar Söderbergs roman »Doktor Glas« från 1905 där han skriver:

> *Man vill bli älskad, i brist därpå beundrad,*
> *i brist därpå fruktad,*
> *i brist därpå avskydd & föraktad.*
> *Man vill ingiva människorna någon slags känsla.*
> *Själen ryser för tomrummet och vill ha kontakt till vad pris som helst.*

Individens försök att komma till rätta med denna upplevda kärleksbrist utgör en av mänsklighetens mäktigaste drivkrafter och ligger ofta bakom den enskildes strävan efter berömmelse, makt och inflytande. Följaktligen finns det mängder av narcissister bland artister, skådespelare, professorer, politiker, företagsledare och andra framstående personer (Miller 1979).

I bästa fall lyckas personen i fråga »separera från sina internaliserade föräldragestalter« och »lösa sin narcissistiska problematik« genom att söka vuxenkärlek i stället för beundran och makt. Gradvis kommer han/hon då att upptäcka omgivningens behov och med åren utvecklas till exempel till en bra chef och en behaglig person att ha att göra med. (McClelland 1985) Narcissistens medspelare beundrar och ser upp till narcissisten, avstår behov men önskar nog innerst inne att han/hon egentligen var i narcissistens position, eller kanske hoppas på att komma dit en vacker dag. (Kernberg 1980).

»Vägrade gå i ledband«

Min tes i denna artikel är att den traditionella psykoanalysen i mångt och mycket utvecklats i kölvattnet på personer med denna traditionella drivkraft, men att den så kallade objektrelationsskolan utvecklats av personer som förhållit sig på ett speciellt sätt i denna auktoritetsordning. Objektrelationsskolan har ett speciellt intresse av dimensionerna kring *autonomi* och *separation-beroende*. Skolan uppstod kring personer som noga bevakade sin handlingsfrihet och »vägrade gå i ledband« hos kleinianer eller Anna Freuds anhängare. Detta är en stor skillnad jämfört med många andra psykoanalytiska skolbildningar som tvärtom uppstått ur en grupp personer kring en stor auktoritet.

»En mötesplats«

Vad är Objektrelationsteorin eller objektrelationsskolan? Det är egentligen ingen skolbildning. Patricia Tudor-Sandahl (1986) beskriver Objekt-relationsteorin som »ett slags mötesplats för många psykoanalytiker & psykoterapeuter som även vill framhäva begränsningarna i klassisk analytisk teori«. En gemensam nämnare är ifrågasättandet av driftsteorin som det yttersta motivet för människans agerande. Ett annat utmärkande drag är en tyngdpunktsförskjutning från det intrapsykiska till det interpersonella (Tudor-Sandahl 1992).

Enligt Gregory Kohon (1986) karaktäriseras den brittiska objektrelationsskolan av: utvecklandet av barnanalysen, intresset för motöverföringen och accepterandet av lekmannaanalysen (det vill säga att analytiker inte behöver vara läkare). I samspel med en specifik kulturell miljö, har den brittiska psykoanalysen i högre grad låtit sig influeras av källor *utanför* den medicinska akademiska kunskapstraditionen jämfört med förhållandena i USA där resten av den psykoanalytiska rörelsen fanns från 1930 till 1950-talet.

Patrick Casement (1990) framhäver en avgörande teknikskillnad mellan å ena sidan Freudianer & Kleinianer och å andra sidan den oberoende gruppen, företrädarna för objektrelationsskolan. De förstnämnda tenderar att försöka kontrollera, medan de sistnämnda mera försöker att följa den psykoterapeutiska processen. Simon Grolnick (1990) visar på likheten med systemteorins begrepp och karaktäriserar, i detta fall, Winnicotts teorier som ett öppet system, kontra den klassiska teorin som ses som ett slutet system. Grolnick tar också upp en skillnad i hur man använder leken i terapi. Klein och Anna Freud betraktade leken som ett medel, eller ett redskap att nå omedvetna derivat, medan Winnicott betraktade leken oskiljaktig från ett utvecklingsperspektiv, det vill säga leken som en terapi i sig.

Att söka »luckor«

Själv vill jag framhålla några andra viktiga aspekter som utmärker objekt-relationsskolan. En »objektrelationsterapi« innehåller förhoppningsvis en grundlig analys av de schizoida dragen eller fenomen, som finns i större eller mindre utsträckning hos oss alla. Dessa kan sägas bestå av ibland mycket väl maskerade »luckor« i en för övrigt, utåt sett välfungerande person. Det handlar oftast om att söka identifiera ett mera subtilt försvars-mässigt undandragande i närrelationer, eller vissa aspekter av närrelatio-ner, som hindrar personen att uttrycka (och därmed tillfredsställa) en del djupare psykologiska behov och fullt ut relatera till andra.

I terapin tar sig dessa (grund-)brister (Balint 1968) till exempel uttryck som passivitet och tystnad eller rapporterade tomhetskänslor eller käns-lolöshet. Ett annan uttryck kan vara att visst material eller vissa aspekter starkt »lyser« med sin frånvaro i terapin. De schizoida fenomenen har från början, psykogenetiskt sett, utgjort reaktioner på hot mot personens autonomi eller kontinuitet. Detta handlar alltså om *psykologiska brister* härstammande från *hela* samspelet med omgivningen, snarare än om in-trapsykiska driftskonflikter, som med detta synsätt får sägas utgöra ett pri-vilegium för den välintegrerade neurotikern, om denne nu överhuvud taget existerar. Teoretiskt andas objektrelationsskolan till exempel Winnicott och Guntrip också en terapeutisk optimism i motsats till den pessimism som ibland finns Freuds i skrifter. Denna pessimism får väl bland annat ses som en konsekvens av en instinktsbaserad driftsteori.

Namnet »Objektrelationsteori«, är troligen hämtat från Fairbairns (1952; 1954) enda bok, vars amerikanska titel tidigare var: »*An Object Relations Theory of the Personality*«. Men även detta namn utgör en reminiscens från driftsteorin.

Rekonstrurerar sin historia

Objektrelationsteorin har hitintills varit en ganska fristående och ointegrerad aspekt av den psykoanalytiska teorin, och är nu i stort behov av att försöka rekonstruera sin historia och en gång för alla införlivas med psykoanalysen. Ett tydligt tecken på detta är den stora mängd nya böcker som avhandlar den psykoanalytiska utvecklingen den första tiden efter Freud, kanske speciellt i det teoretiska fältet mellan Anna Freud och Melanie Klein. Hösten 1992 hölls också en konferens i London på temat 50 år efter de kontroversiella diskussionerna. Från denna tid finns flera ouppklarade frågetecken. Kleins teorier utgjorde den första verkliga utmaningen mot den klassiska psykoanalysen. Detta ledde till de Kontroversiella Diskussionerna 1941–45, i den brittiska psykoanalytiska föreningen, dit de flesta Wienanalytikerna samlats på grund av kriget.

Det nya i situationen verkar vara att det idag blivit mera accepterat att kritisera och metabolisera Freuds arbeten. Tidigare var det snarare frågan om att svälja eller spotta ut. Så sent som 1984 gick Jefferey Massons arbete »*The Assault on Thruth*« ett liknande öde till mötes som Otto Ranks »*The Trauma of Birth*«, på 1920-talet. Ödet bestod i att det i större utsträckning blev deras person som granskades, än deras idéer. (Grosskurth 1986 s. 167f)

Nästan alltid ligger det väl något i en teori. För varje teori, måste man försöka fastställa dess tillämpningsområde men också ständigt vara öppen för att förändra detta. Till exempel *ersattes* inte Newtons teori i fysiken av Einsteins. Den klassiska mekanikens modell är bara giltig för föremål som består av ett stort antal atomer, och bara för hastigheter som är små jämfört med ljuset. När det första villkoret inte uppfylls gäller kvantteorin, när det andra inte uppfylls gäller relativitetsteorin (Capra 1975). Newtons gäller alltså fortfarande, fast förklarar en mindre del av sanningen. Äpplen och päron kan fortfarande fås i huvudet, om man ligger under ett träd. Analogt, vad gäller psykoanalysen, förklarar sannolikt driftsteorin mänskligt beteende, endast under vissa omständigheter. På liknande sätt utgör Oidipuskomplexet bara ett (eller egentligen några: det positiva & negativa, pojkens & flickans) av en närmast oändlig mängd olika interpersonella familjemönster.

Freud och hans kollegor

Två av böckerna, Grosskurths (1991) och Hughes (1989) börjar med att avhandla »The Secret Committé«, som kan sägas varit en grupp »livvakter« kring Sigmund Freud och psykoanalysen, med en tydlig censurerande effekt på närmsta omgivningen.

Phyllis Grosskurths (1991) nya bok handlar om Freud, hans närmsta medarbetare och psykoanalysens »politik«, och bygger på en lusläsning av deras korrespondens. Hon ger ett mycket levande porträtt av relationerna mellan Freud och hans kolleger, en kanske mindre idealiserad bild av Freud än vad som annars är vanligt i biografierna. De flesta biografier över Freud bygger mer eller mindre på Ernest Jones: »*The Life and Work of Sigmund Freud*« (1964). Jones egen relation till Freud gör honom naturligtvis mycket partisk med avseenden på den närmsta kollegiala kretsen runt Freud.

På våren 1912 samlade Freud, sina närmsta medarbetare, Ferenczi, Abraham, Rank, Sachs & Jones. Enligt Hughes (1989) var det Ernest Jones, som efter diskussion med Ferenczi, själv påtog sig en mission att skydda psykoanalysen och föreslog därför en liten grupp med pålitliga analytiker runt Freud. Freud tilltalades av de romantiska draget i denna hemliga klubb och gav därför medlemmarna varsin fingerring som en symbol, för deras medlemskap i »The Secret Committé'« och för deras lojalitet gentemot denna grupp. Själv hade Freud en liknande fast något större ring, en tydlig markering av vem som var ledare. Kommitténs huvuduppgift var att bevara och bevaka psykoanalysens renlärighet. Kommittén upplöstes successivt i slutet av 1920-talet på grund av inre spänningar, som kulminerade efter vetskapen om Freuds cancer, Ranks publicering av »*The Trauma of Birth*« och Karl Abrahams död 1925.

Ambivalenta relationer

Kommittémedlemmarnas relationer till Freud var till och från synner-ligen ambivalenta (Rudnytsky 1991 s. 40). Lärjungarna projicerade den negativa komponenten av sin ambivalens mot Freud, på opponenterna till psykoanalysen och på varandra. Samtliga bevakade noga, att inga avsteg gjordes från vad man trodde var den rätta läran, själva styrda av inbördes rivalitet, avundsjuka och hoppet om ledarens gunst. Flera av lärjungarna invaggandes samtidigt av Freud i att de var hans favoriter och efterträdare: Ferenczi, Abraham, Jones. Enligt Grosskurth hölls de på halster av Freud, som indirekt styrde och ställde med välkänd metod – the withholding parent. Kanske var kritiken som senare kom att riktas mot Anna Freud, egentligen avsedd för hennes far. Detta var en tanke som Sigmund Freud själv förde fram. (Hughes 1989 s. 22) Anna reagerade också som om kritik mot psykoanalysen var en personlig attack mot hennes far.

Peter Rudnytsky nämner att Freuds karriär kan delas upp i tre stadier, vart och ett karaktäriserat av en smärtsam personkonflikt: med Wilhelm Fliess i slutet av 1890-talet, när psykoanalysen skapades, med Carl Jung (i hälarna på Alfred Adler & Wilhelm Stekel) när den psykoanalytiska rörelsen nådde sin mognad, samt med Otto Rank i mitten på 1920-talet, i slutet av Freuds liv. I fallet Fliess och Jung var det fråga om en tydlig brytning där man mer eller mindre sade upp bekantskapen. Brytningen mellan Freud och Rank är mera komplicerad. Processen som var utdragen och smärtsam verkar synnerligen ambivalent från både Freuds och Ranks sida. Det intressanta är att det verkar framför allt vara andra omständigheter än själva den teo-retiska dispyten som orsakat Freuds gradvisa helomsvängning.

Obalans i Freuds liv

1923 var ett mycket svårt år för, den då 67-årige Freud. Han genomgick ett antal operationer i munnen som kraftigt försämrade hans hörsel på ena örat och en mindre operation i testiklarna. Caecilie Graf, en systerdotter till Freud tog livet av sig. Hans fyraårige dotterson Heinele dog på sommaren, och detta var en mycket svår förlust för Freud. Då grät till och med Sigmund Freud – »mannen utan tårar« (Gay 1988). Freuds husläkare Felix Deutsch visste sedan våren 1923 att Freud hade en elakartad utväxt i gommen, men vågade inte säga sanningen till Freud. Anledningen till utväxten var troligen Freuds omåttliga rökande, tjugo cigarrer per dag i genomsnitt, enligt Jones. Deutsch anförtrodde sig till Rank och därefter till kommittén som inte heller talade om den rätta diagnosen för Freud. När Freud senare upptäckte deras, i och för sig välmenta bedrägeri blev han rasande. »Med vilken rätt?«, utbrast han till Jones. Ingen hade väl rätt att ljuga för honom!

Obalansen i Freuds liv spred sig tydligt i närmsta omgivningen. Kommittén höll ett krisartat möte med aggressiv och orolig stämning, utan Freud, i San Cristoforo i Italien i augusti 1923. Alla var chockade över Freuds cancer och ångestnivån var härav mycket hög. Till exempel fick Rank ett hysteriskt skrattanfall när Freuds eventuella död kom på tal (Grosskurth 1986 s. 131ff). Sigmund Freud var sårbar och dödlig som alla andra och skulle inte leva för evigt! Kanske kom kommittémedlemmarna i kontakt med hur oerhört sårbara de var av att vara så starkt upphängda på Freud. Detta gällde i synnerhet Rank som var mer beroende av Freud än de övriga eftersom Rank också fick sina patienter via Freud. Hotet om att den person man var mycket beroende av skulle komma att dö, kan mycket väl utgjort startskottet för självständig-hetssträvandena hos Rank och Ferenczi.

Rank i onåd

Rank gav manuskriptet till »The Trauma of Birth« till Freud som födelsedagspresent 1923 och i ett brev den 1 december, 1923 tackade Freud hjärtligt för Ranks dedikation. (Rudnytsky 1991 s. 41) Från början var Freud tämligen positiv till Ranks idéer, men successivt förändrade Freud sin attityd till Rank, som slutligen hamnade i onåd först hos lärjungarna och därefter också hos mästaren. (Grosskurth 1988).

Freud hade inte mycket till övers för Amerika och amerikanerna, och omnämner dessa i sin korrespondens till exempel som: »/America/... a totally illiberal society, which is really interested only in the pursuit of the dollar«, »This damned America!«, »Damned Country«, »/The americans/... rather worthless«, »The country of the dollar barbarians« (Grosskurth 1988 s. 105, 181,191,173, 182). På våren 1924 åkte Rank till USA och höll välbesökta föreläsningar i New York. Otvivelaktigt var Freud paranoid på vilken effekt Amerika hade på sina kolleger, och Ferenczi förbjöds mer eller mindre av Freud att åka till USA, hävdar Grosskurth. Det hela blev inte bättre av att Freud, under sin semester i Rom, fick läsa ett tidningsurklipp från en tidning i Chicago som skrev att Freud var döende och därför överförde sina elever till Rank.

Etableras internationellt

Tillbaka efter besöket i USA formligen »kröp« Rank »till korset«. I ett mycket undergivet cirkulationsbrev till kommittén, förklarade han sig tidigare tillfälligt sinnesförvirrad och bad samtliga om ursäkt. Han menade att han nu, efter samtal med professorn (Freud), förstod att han på ett neurotiskt sätt hade agerat ut sitt broderskomplex. Brevet hjälpte emellertid föga. Ranks »skepp var brända« och det hela slutade med att Rank blev paria. Ferenczi vägrade till och med att tala med Rank när, de 1926 stötte på varandra på Pennsylvania Station. Jones spred illasinnade rykten via sina kontakter och Rank fråntogs 1930 slutligen sitt medlemskap i Amerikanska Psykoanalytiska Föreningen, dit han flyttat efter allt som hänt. Melanie Klein, som också sökte Freuds gunst, slutade referera till Rank efter hans »*The Trauma of Birth*«. (Rudnutsky 1991 s. 59)

Historiskt sett får man nog trots allt, konstatera att kommittén, oavsett all inre turbulens, lyckats mycket bra med att etablera psykoanalysen internationellt. Men nu idag ställs det andra krav för att den psykoanalytiska kunskapen skall kunna utvecklas och göra sig trovärdig. Till saken hör att psykoanalysen varken kan inordnas under naturvetenskapen eller under hermeneutiken utan kräver att en egen unik vetenskapsteori utvecklas, vilket försvårar en etablering. Efter kommitténs gradvisa upplösning agerade Ernest Jones själv, för att fortsätta missionen att utveckla psykoanalysen på det rätta sättet. Hughes nämner två viktiga steg. Han påbörjade 1913 en läroanalys och blev därmed den första analytikern som gick i egenterapi. Jones andra steg var att etablera den psykoanalytiska föreningen i London 1913, vilket blev lite av ett hastverk. Bland de femton ursprungliga medlemmarna, levde fem utanför England och endast fyra, inklusive Jones själv, var praktiserande. De övriga hade ett mera akademiskt intresse av psykoanalysen. Men Jones kämpade hårt för att etablera och kontrollera rörelsen och behöll själv föreningens ordförandeskap i 35 (!) år.

Anna Freud tog vid

Parallellt fortsatte också Anna Freud den hemliga kommitténs mission, efter att ha flyttat till London i slutet av 1930-talet. Guntrip (1975) citerar Anna Freud: »... since Freuds monographs of the 1920-ies it has no longer been psychoanalyticly unorthodox to discuss the ego«. »Ortodox« betyder enligt den svenska akademins ordlista: »renlärig, rättrogen, bekännelsetrogen«(1986). Guntrip menar att detta är ett chockerande uttryckssätt eftersom benämningen »ortodox« är fullständigt oförenligt med ett vetenskapligt tankesätt. I vetenskapliga sammanhang måste naturligtvis alla frågeställningar ständigt vara öppna för prövning. Det hela visar dessvärre, menar Guntrip, hur många grupper av analytiker för hållit sig ända sedan Freuds och den hemliga kommitténs tid.

I den svenska upplagan av Anna Freuds »Jaget och dess försvarsmekanismer« från 1969 heter det: »*En vändning av arbetsriktningen* i Freuds skrifter, inledd av 'Group Psychology ...' och 'Beyond the Pleasure Principle' har senare *befriat* sysslandet med jaget *från dess icke-analytiska* prägel ... /.../Sedan dess täcker ... /.../ Numera använder vi ...« (A. Freud 1969 s 14. min kursivering). Tydligen har ledaren, blott genom att förskjuta sitt eget intresse, därmed också givit sin tillåtelse åt andra att utforska detta område. Men vi vet också, historiskt sett, hur det gått för de stackare som försökt beträda områden där ledaren inte först själv satt sin fot. Författaren, Anna Freud, anser sig inte heller behöva lämna någon förklaring eller motivering till Freuds »vändning« eller hur nämnda »befriande« gått till. Det hela är uppenbarligen ren retorik – inte vetenskap!

Maktuppdelning

King & Steiner's bok »*The Freud/Klein Controversies 1941–1945*« (1991) utgör ett omfattande tidsdokument som bland annat innehåller protokoll från brittisk psykoanalytiska föreningens möten och diskussioner samt några av de kontroversiella Kleinianska artiklarna. Hinshelwoods (1989) utmärkta »*A Dictionary of Kleinian Thought*« innehåller också en hel del historia. Han hävdar att man gjorde en maktuppdelning så att diskussionerna avtog, men att de egentliga motsättningarna mellan klassisk och Kleiniansk teori aldrig löstes. (Hinshelwood 1989; Grosskurth 1986).

Det som kallades »a gentlemen's agreement« mellan de ledande kvinnorna (!), var i verkligheten ingen kompromiss utan ett dödläge. Detta var en maktuppdelning som fick till effekt att man upprätthöll så vattentäta skott som möjligt, i stället för att samarbeta och försöka integrera de båda teorierna. I detta fält mellan Klein och Freud uppstod »mellangruppen«, senare »oberoendegruppen« och det är framför allt dessa som förknippats med framväxten av objektrelationsskolan. Uppdelningen innefattade också den formella psykoanalytiska träningsproceduren vilket snarare verkat ha försenat än påskyndat framväxten av objektrelationsskolan. Visserligen innehöll utbildningen att man formellt också var tvungen att välja en handledare utanför den egna gruppen, men den grundläggande splittringen bestod trots detta. En annan effekt var att det inte blev något officiellt yttre erkännande av det paradigmskifte inom psykoanalysen, som redan hade påbörjats. Psykoanalysen har i detta avseende levt med en i högsta grad förvirrande »dubbelmoral« sedan dess, enligt mitt förmenande.

Donald Winnicott kämpade en hel del för att få till stånd ett samarbete mellan kleinianer och freudianer, men var dessvärre inte särskilt framgångsrik (Rodman 1987). Grolnick ger ett exempel på hur låst situationen var och hur »lågt till tak« det var under denna period. Han menar att Winnicott uteslöts från den Kleinianska antologin: »Developments in Psychoanalysis« på grund av en kritisk fotnot mot kleinianerna i sin artikel »Transitional Objects« (Grolnick 1990 s. 19).

»Fördröjd lydnad mot Freud«

Sylvia Payne beskrev situationen som att det fanns en kollektiv tendens till »regression« i hela den brittisk psykoanalytiska föreningen och att man egentligen kämpade efter makt under en täckmantel av vetenskapliga meningsskiljaktigheter (King & Steiner 1991 s. 109). Edward Glover menade att en objektiv iakttagare i föreningen, inte med bästa vilja i världen, skulle kunnat undgå att lägga märke till ofriheten i diskussionsinläggen. Särskilt kleinianerna var ju kända för att hålla sig för sig själva och noga bevaka sitt revir. Glover benämnde detta fenomen »postponed obedience«. Hughes (1989 s. 8) utvidgar detta resonemang och menar att det rått »en fördröjd lydnad mot Freud«, som inskränkt hela den psykoanalytiska världen i flera årtionden. Det är detta vi nu kan hoppas äntligen börjar släppa.

Nu är det väl orimligt att skylla denna renlärighetssträvan på några få enskilda personer. Jag hävdar alltså inte att Freud var en diktator, utan troligen tvärtom, ett offer för en process han själv hade mindre inflytande över. Freud var mindre freudian än sina lärjungar, som gärna gömde sig bakom dogmer och blev rädda så fort någon av dem gav sig ut på okända vägar. (Braad-Thomsen 1984 s. 84) Det hela är väl snarare att betrakta som ett regressivt gruppfenomen utlöst av en successivt försvagad gruppledare. Den maktkamp som följde involverade inte Freud själv i någon större grad, utan stod mellan hans efterföljare.

Maktsträvanden

Efter hand gjorde dessa maktsträvanden också nedslag i psykoanalytiska föreningar och organisationer och när de väl en gång fått fotfäste till exempel via stadgar och regler, blev de allt svårare att utrota. Den psykoanalytiska historien är full av exempel på försök till makt-utövande och misstro, allt från »the question of lay analysis« till krångliga intagningsprinciper till olika psykoanalytiska grupper och utbildningar. Inom få yrkesdiscipliner har det väl diskuterats lika mycket om vad som är rätt och fel, som inom psykoterapi och dess angränsande ämnesområden.

Om vi ser på den svenska debatten så åter kommer ständigt diskussioner om till exempel den rätta vägen till Freud även här. Senast gällde det om den nödvändigtvis måste gå via Stockholm eller ej (Göteborgs Posten 22.12.1992 & 10.01.1993). En annan variant av maktutövande är bevakandet och kontrollerandet av brev och källmaterial. Freudarkivet i New York, tidigare under ledning av Kurt Eissler, verkar vara värst i detta hänseende. (Malcolm 1983) Såväl King & Steiner som Peter Gay beklagar att man inte fått tillgång till arkivets material. Den hemliga kommitténs ursprungliga mission att bevara blev här ytterligare ett snäpp värre, att bevaka och undanhålla.

Auktoritetsproblem

Människans stora problem är separation. En variant av detta problem är våra auktoritets-problem. Jag glömmer aldrig Stanley Milgrams socialpsykologiska lydnadsexperiment från 1960-talet där en ansenlig del helt vanliga personer gav livsfarliga elstötar på sina försöks-personer. Den psykoanalytiska såväl som den allmänna historien påvisar våra auktoritets-problem med stor tydlighet. Det värsta verkar dessvärre vara som W.R. Bion någonstans uttryckt det: »Vad vi kan lära oss från historien är att vi inte lär oss av historien!« Den psykoanalytiska historien verkar vara full av personer med faders- och auktoritets-komplex till exempel Freud själv (Hughes 1989 s.1), Jones, Rank, Ferenczi. Naturligtvis dras många osjälvständiga och osäkra personer just till karismatiska personer som Freud och till »starka« idésystem som till exempel psykoanalysen och marxismen. Det är väldigt svårt att »hålla sig nykter« vid påverkan av starka idéer och starka personligheter. Men idéer kan ju också presenteras på olika sätt, som om de vore sanningen eller på andra mindre auktoritära sätt.

Oberoendegruppens skrifter har en utpräglad icke-auktoritär stil, som kan jämföras med sin andra ytterlighet i till exempel den amerikanske objektrelationsteoretikern Otto Kernberg, som nästan alltid verkar veta hur det ligger till och vad som skall göras. Guntrip däremot betonade att han alltid gav tolkningar i form av hypoteser eller förslag av typen: »Kanske är det så att Du ... Om, inte ... så glöm vad jag sagt ... kanske kan det vara till hjälp vid ett annat tillfälle.«

Oberoende

Patrick Casement (1990 s. 14) beskriver svårigheterna med att bli respekterad av omgivningen, som oberoende. Han har själv blivit kallad »Winnicotts lärjunge«, »elev till Bion«, »huvudsakligen i skuld till Langs« och så vidare. Han betonar också att oberoende inte är en psykoanalytisk skola *mot* någon annan. Harry Guntrip utgör ett lysande exempel på en psykoanalytiker som lyckats mycket bra med att bevara sitt oberoende. Rudnytsky tar upp den intressanta kopplingen mellan ens person och förhållandet till psykoanalysen. Guntrip hade till exempel i sin personliga historia en erfarenhet att »stå emot« påverkan från sin moder. Oberoendegruppens skrifter är avgjort mindre auktoritära än traditionella skolbildningar och utövar sannolikt en annan dragningskraft, kanske så att mera *självständiga* personer dras till den brittiska objektrelations«skolan« och att mera *oseparerade* personer dras till starkare traditionella psykoanalytiska skolbildningar.

Självständighet kan ha såväl positiva som defensiva sidor. För att upprätthålla en självständighet behövs kanske en viss schizoid läggning. Om denna är för markant kan personen sägas vara avskärmad i förhållande till sin omgivning. Schizoida drag, i varierande grad, finns omvittnade hos flera av objektrelationsskolans föregångare. Donald Winnicott hade också vissa schizoida drag. Enligt Masud Khan (1988), en av Winnicotts närmsta medarbetare, hade han till exempel svårt att ta emot hjälp från andra. Enligt Clancier & Kalmanovitch (1984) valde Winnicott att bli läkare bland annat för att slippa bli beroende av någon när han själv blev sjuk. Men att en person har schizoida drag behöver ju inte utesluta att det samtidigt finns andra sidor, till exempel att också kunna vara mycket *närvarande*, något som är mycket väl omvittnat hos Winnicott. Min uppfattning är att de båda förmågorna i hög grad hör ihop och utgör en förutsättning för varandra.

Freud väcker starka känslor

Grosskurth väcker också två intressanta frågor; Hur kommer det sig att intresset för Sigmund Freuds arbete och liv fortsätter med oförminskat intresse mer än femtio år efter hans död? Hur kommer det sig att människor fortsätter att reagera så starkt emotionellt på Freuds idéer? En förklaring är psykoanalysens karaktär. Med postulerandet av det omedvetna följer *en kränkning av den rationella bilden av människan* som annars brukar förutsättas i de flesta teorier om människan till exempel den ekonomiska. Kanske gör detta att psykoanalysen har en tendens att »krypa under skinnet« och väcka starka känslor som gör att man antingen blir starkt attraherad eller tar häftigt avstånd. Imre Szecsödy (1992) uttrycker den senare, för honom välkända attityden, i en debattartikel om psykiatrin som att man önskar »portförbjuda det omedvetna från institutioner och vårdorganisationer«.

En persons egna erfarenheter från terapi kan i högsta grad ha ett mycket avgörande inflytande på personens attityd till psykoanalysen möjligheter. Den som i sin terapi har känt sig förstådd, fått insikt eller blivit hjälp får svårt att ta avstånd från psykoanalys. Och omvänt den som har dåliga erfarenheter av egenterapi har nog det betydligt svårare att själv »tro« på möjligheterna med terapi. Bland psykoanalysens rabiata motståndare finner vi säkerligen flera med en dålig direkt eller indirekt erfarenhet av terapi.

Otillräcklig egenterapi

Ett exempel kan fås från Rudnytsky som parafraserar Schneiderman. Denne hänför Jaques Lacans ilska mot den amerikanska jagpsykologin till hans känsla av svek från sin tidigare analytiker Rudolph Loewenstein som åkte till USA utan att göra en riktig avslutning av terapin med Lacan.

Pionjärerna inom psykoanalysen hade, av naturliga skäl själva otillräcklig egenterapi. Abraham blev aldrig analyserad. Rank gick aldrig själv i terapi, med undantag av att Freud »analyserade« Rank i samband med dennes icke-renläriga tankar. Det var väl i detta fall snarare fråga om upprättelse eller bestraffning än om egenterapi. Den negativa synen på psykoterapins möjligheter hos Freud och Rank tror jag delvis kan hänföras till dessa omständigheter.

Försvarade lekmannaanalysen

Psykoanalysens karaktär gör den svår: dess motvilja mot att förenkla eller att bortse från komplexiteten. Psykoanalysen handlar ju om mänskligt samspel där också högst subjektiva element måste beaktas och omfattas av teorin. Av naturliga skäl är ju teorier som förenklar betydligt lättare att etablera. Ett exempel är den kognitiva psykologin vars förenkling består i att helt och hållet bortse från (åtminstone) hälften av verkligheten – den emotionella sidan.

Hur skall vi då svara på frågan: Vad är psykoanalys? I uppsatsen »Bidrag till den psykoanalytiska rörelsens historia« skriver Freud: »Varje forskningsinriktning som räknar med dessa båda [överföring och motstånd] faktiska företeelser och tar dem till utgångspunkt för sitt arbete har rätt att kalla sig psykoanalys, *även om de kommer till andra resultat än dem som jag har nått.*« (1914 s. 456, min kursivering). Av detta får man ett tydligt intryck av att Freud gärna vill »ge psykoanalysen åt folket.« Här nämns alltså inget om att utövaren till exempel måste vara läkare eller tillhöra någon speciell psykoanalytisk förening. Freud (1926) försvarade ju även lekmannaanalysen. Men historien visar dessvärre att den efterföljande traditionella psykoanalytiska rörelsen, hitintills har haft mycket svårt att leva upp till denna oförbehållsamma inställning. Tvärtom har många psykoanalytiska grupper gjort starka revirmarkeringar, omgärdat sig med höga murar och krångliga ritualer.

Driftsteorin granskades

Objektrelationsskolan kan teoretiskt sett sägas ha uppstått i och med granskandet och ifrågasättandet av driftsteorin. Melanie Kleins pionjärarbete på området är omskrivet. Några av objektrelationsteoretikerna till exempel Michael Balint, Donald Winnicott och Harry Guntrip har alla skrivit flera böcker och är också välkända. Jag vill bara nämna att Winnicott inte förkastade driftsteorin helt utan reviderade den.

Ronald Fairbairns nytänkande har i flera avseenden lagt grunden för ett objektrelationstänkande. Hans skrifter är inte så välkända och jag skall därför försöka presentera några av hans tankar. Fairbairn var en tidig kritiker av driftsteorin och hävdade att impulser *inte* kan sägas existera i avsaknad av jagstrukturer, vilket i så fall innebär att det inte går att upprätthålla någon psykologisk distinktion mellan jaget och detet i Freuds strukturella modell. Men Fairbairn menade inte att kroppen och själen levde två separata liv, utan tvärtom att de motivationella krafterna uppstår såväl ur neuropsykologiska tillstånd, som ur obalans mellan de olika dynamiska strukturerna i hans personlighetsmodell. Han betonade till exempel att sexualisering mera sällan är ett resultat av impulsgenombrott än ett desperat försök att nå närhet med och intimitet till någon annan.

Lust eller objekt

Fairbairn menade också att det primärt sett inte är *lusten* barnet söker, utan den *person* (eller relation) som ger lustkänslor eller tillfredsställelse. Han kom fram till att det inte är driftsimpulser som är bortträngda utan dåliga objekt(relationer). Fairbairn var en kritiker till *atomismen* inom psykologin. I stället för att, som Freud och Klein, resonera utifrån delaspekter som sätts samman till en teori, tog Fairbairn sin utgångspunkt från helheten. I enlighet med biologin, menade han att jaget från början var en integrerad struktur, om än med en begränsad förmåga till differentiering. Fairbairn gjorde också pionjärinsatser vad gäller uppkomsten av den *schizoida* personligheten och framförde idén att denne blivit rädd för kärlek efter att ha känt sig avvisad.

Fairbairns skrifter består av drygt tjugotalet uppsatser, var av de viktigaste har samlats i hans enda bok. (Fairbairn 1952) Den intellektuella och teoretiska briljansen gör Fairbairns resonemang stundtals komprimerat och svårtillgängligt.

Psykoanalysens status

Slutligen vill jag nämna något om psykoanalysens status. Psykoanalysen anklagas till och från för att vara ovetenskaplig jämfört med till exempel medicin eller akademisk psykologi. Men man kan mycket väl vända på resonemanget. Hur vetenskaplig är en disciplin om människan som inte också beaktar individens subjektiva värld? Fairbairn kritiserade den akademiska psykologin för att vara ovetenskaplig just på dessa grunder. Det samma kan väl idag sägas till exempel om den kognitiva psykologin. Det är viktigt att man har en vetenskaplig strävan. Svein Haugsgjerd (1986 s.68) nämner »kravet på en rigorös mekanistisk vetenskaplighet« som en avgörande faktor bakom Freuds storhet som teoriskapare. Men om psykoanalysen skall göra sig trovärdig utanför de egna institutionerna tror jag det krävs en omfattande attitydförändring i det psykoanalytiska etablissemanget. Den auktoritetsutövning som den psykoanalytiska historien hitintills kunnat uppvisa måste upphöra. Psykoanalytikerna måste sluta att gå i historiens ledband, inta en större öppenhet och i högre utsträckning börja reflektera över *sig själva*.

Vetenskapliga ambitioner

Den psykoanalytiska historien visar med tydlighet hur mycket som formas av *personliga motiv*, och det måste naturligtvis vara så. Men om man gör vetenskapliga anspråk, så måste dessa motiv också kunna redovisas, granskas och analyseras gentemot teorin. En vetenskaplig ambition innebär att man på ett mera öppet sätt måste betrakta olika bidrag och höja sig över dogmatik och lärjungenivån. Omgivningen skall inte ges anledning att betrakta psykoanalysen som en religion. Psykoanalysen kan inte heller förlita sig på befintliga vetenskapsteoretiska modeller utan måste skapa sin egen. Man får vare sig hemfalla åt en ensidig naturvetenskap/tekniksyn eller en ensidig hermeneutik/konstsyn på psykoanalysen, vilket kan vara en svår balansgång. Kanske har även arkeologin eller historievetenskapen något att lära psykoanalysen. Vetenskapliga ambitioner inom psykoanalysen kanske måste vara av ett annat slag än till exempel naturvetenskapens experiment.

Egenterapi och handledning kan ses som försök att objektivisera och uttrycker en tydlig vetenskaplig ambition inom psykoanalysen. Tanken är ju att detta skall utföras av en *neutral* person i relation till individens övriga liv, vilket ger ett unikt perspektiv – ett *neutralt* reflektionsutrymme. Denna strävan rimmar mycket illa med budskapet från dogmatiska skolbildningar som samtidigt sprider misstro och försöker styra och kontrollera, utifrån de egna leden. Den brittiska objektrelationsteorin har i detta avseende uppstått ur en helt annan tradition än den traditionella auktoritära psykoanalysen. I mångt och mycket använder man sig av samma teorier och begrepp som tidigare, och avhandlar samma kunskapsområde. Men attityderna är olika – en liten skillnad som ibland är mycket, mycket stor.

Efterskrift

Artikeln försöker greppa över många viktiga teman i den psykoanalytiska idéhistorien. Den beskriver processer och persongalleriet runt den brittiska objektrelationsskolans (ORT) uppkomst med tillhörande konflikter, maktkamper, revirmarkeringar, idealiseringar och auktoritetsproblem.

Jag tycker nu, trettio år senare att min artikel var ganska så spretig och ointegrerad och har därför plockat bort några mindre textavsnitt som jag inte tyckte höll måttet. När jag skrev artikeln i början av 1990-talet var den brittiska objektrelationsteorin (ORT) på väg att etablera sig internationellt sett, men betraktades fortfarande som kontroversiell av det konservativa ledande skiktet inom IPA.

I USA dominerade fortfarande jagpsykologin från den tidigare så kallade Hartmann-eran. Kampen om det medicinska monopolet på psykoanalysen i USA var i full gång. Man menade att detta stred mot konkurrenslagstiftningen från 1890 mot monopolism – The Sherman Act. Striden kulminerade med en stämningsansökan den 1 mars 1985 bland annat mot IPA och the New York Psychoanalytic Institute av fyra företrädare (Bryant Welch, Toni Bernay, Arnold Schneider & Helen Desmond) för de amerikanska psykologerna organiserade i »Division 39«. Den stundtals destruktiva och bittra striden avslutades formellt sett med en överenskommelse 1989 där man tvingades att öppna psykoanalytikerutbildningen som tidigare varit stängd för icke-läkare i drygt femtio år (Lane & Meisels 1994; Wallerstein 1998). I de efterföljande decennierna påbörjades en långsam och bökig uppbyggnadsfas av den amerikanska psykoanalysen där den medicinska dominansen gradvis minskade. Den förändrades också från att vara en mansdominerad till att bli en alltmer kvinnodominerad yrkesdisciplin. Jag återkommer till maktkampen om psykoanalysen i följande kapitel 6 och dess efterskrift.

En omständighet som kan ha varit försvårande för ORT:s etablerande i USA var att man det inom det Brittiska Psykoanalytiska Sällskapet, redan sedan Ernest Jones tid på 1920-talet varit den psykoanalytiska förening som var den förening som varit mest tillmötesgående gentemot lekmanna-analysen. Då utgjordes 40 procent av dess medlemmar av icke-medicinskt utbildade (Kohon 1986 s. 30).

Winnicotts artikel om övergångsobjekt fick ett stort genomslag i USA under 1950-talet. Men hans senare och mycket svårare artikel om användande av objektet fick ett betydligt kyligare mottagande när Winnicott presenterade den för the New York Psychoanalytic Society i november 1968. Diskutanterna var tre inflytelserika psykoanalytiker: Edith Jacobson, Samuel Ritvo och Bernard Fine, som läste artikeln främst ur en klassisk synvinkel (a »classical« point of view) (Thompson 2013).

Här i Sverige var Patricia Tudor-Sandahl en av pionjärerna för introduktionen av ORT. Hon beskrev den som: »en mötesplats för /de/ som vill framhäva begränsningarna i klassisk analytisk teori« och att det innebar »en tyngdpunktsförskjutning från det intrapsykiska till det interpersonella«. Hon menade också att det egentligen inte är »en skolbildning«. Denna beskrivning är nästan exakt densamma som den relationella psyko-analytiska rörelsen kom att använda sig av ett decennium senare (Mitchell & Aron 1999; Wånge 2019). En annan likhet är att de båda traditionerna har uppstått i ett kollektivt samarbete och inte som de flesta andra, som skolbildningar runt en enskild upphöjd ledargestalt som Sigmund Freud,

Melanie Klein, Jaques Lacan eller Heinz Kohut. Men trots stora likheter i ambitioner och uppkomst finns det ändå avgörande teoretiska och praktiska skillnader i de båda terapeutiska arbetssätten.

I artikeln konstaterar jag också att psykoanalysen varken kan inordnas under naturvetenskapen eller under hermeneutiken utan kräver att en egen unik vetenskapsteori utvecklas. Detta är ett tema som sysselsatt mig mycket och ofta återkommit i mitt skrivande. Det kommer också mer av detta längre fram i bokens Del III.

6. Psykoanalysen har många ansikten (2016)

Psykoterapi 2016:3 s. 6–13.

Ingen psykologisk teori har så många ansikten som psykoanalysen. Detta beror både på teorins rikedom, mångsidighet, komplexitet och på hur man betraktar dess mål och användbarhet.

Den psykoanalytiska historien

Den brittiska utvecklingen med de kontroversiella diskussionerna mellan Anna Freud och Melanie Klein och utvecklingen av objektrelationsskolan kring Donald Winnicott är tämligen bekanta för svenskutbildade psykoterapeuter. Kanske också den franska psykoanalysen och turbulensen kring Jaques Lacan. Trots att många amerikanska teoretiker är kända och översatta till svenska (framförallt Heinz Kohut och Otto Kernberg) finns det stor okunskap om den amerikanska psykoanalytiska historien och dess avgörande påverkan på den psykoanalytiska teorin i sin helhet. Artikeln handlar därför om den utveckling i USA som lagt grunden till den så kallade *relationella* vändningen från och med 1980-talet och till där psykoanalysen står idag.

Psykoanalysens utvecklingshistoria är kantad av många inre kriser och häftiga maktkamper. Freud skapade psykoanalysen och hade i stora drag (och med all rätt) ensam monopol såväl på dess innehåll, som på dess utövare. Efter Freuds död, var psykoanalysen tvingad att släppa på monopolismen om den skulle ha någon chans att bli en accepterad kunskapsdisciplin – vilket har inneburit en lång och smärtsam process som ännu idag, hundra år senare inte är helt avslutad. Efter Freud vidtog utvecklingen av ett antal olika psykoanalytiska skolbildningar som i värsta fall varit i öppen konflikt och sällan i någon dialog med varandra, i alla fall i inte särskilt konstruktivt.

Psykoanalysen kommer till USA: 1909–1940

1909 besökte Freud USA tillsammans med Carl Gustav Jung och Sandor Ferenczi. När sällskapet besökte Harvardprofessorn i neurologi James Putnam vajade den tyska flaggan stolt – obeaktat att Freud var från Österrike, Ferenczi från Ungern och Jung från Schweiz! Freud var glad över det vänliga mottagandet i USA men behöll likväl sin negativa attityd till den amerikanska kulturen vilket framgår av citatet: »Amerika är ett stort misstag ...« (Jones s. 348). Efter besöket uppstod en psykoanalytisk rörelse i USA. Freud och Jung avbröt sitt samarbete, Freud och Putnam blev oense och Ferenczi blev senare förklarad otillräknelig av Freud.

Redan före immigrationen av psykoanalytiker till USA hade psykoanalysen anammats där av Adolf Meyer och William Alanson White, som arbetade inom mentalvården med att humanisera den stundtals mycket brutala amerikanska behandlingen av psykiskt sjuka. Några amerikaner for till Wien för att låta sig analyseras av Freud. När de europeiska analytikerna senare tvingades fly från nazisterna slog sig många ner i USA. Frågan blev vilka delar av den rika och komplexa psykoanalytiska teorin som man tog med sig och på vilket sätt den presenterades och tillämpades i USA. Naturligtvis anpassades psykoanalysen på olika sätt för att kunna inlemmas i den amerikanska kulturen. Bruno Bettelheim är en av de som beskrivit hur mycket av den europeiska själen i psykoanalysen som gick förlorad när Freuds samlade tyska verk senare översattes till *Standard Edition*. Freuds metaforrika språk förvandlades till ett tekniskt-mekaniskt naturvetenskapligt språk, till exempel blev *avvärjande* (abwehr) till *försvarsmekanism* (Bettelheim 1982 s. 91). Att det handlade om en anpassning framgår också av Freuds replik till Ernest Jones: »det är bättre att ha en god vän än en god översättare« (Jones 1961 s. 335), som ett svar på kritiken av Abraham Brills undermåliga översättningar.

En stor tvistefråga blev frågan om lekmannaanalys, det vill säga om man måste vara läkare för att kunna bli psykoanalytiker. Frågeställningen hade gamla rötter. I Wiens och Europas högkulturella atmosfär befann sig psykoanalysen i ett betydligt vidare sammanhang än bara det medicinska.

Flera av de tidiga psykoanalytikerna kom från utommedicinska discipliner som litteratur, filosofi, juridik etcetera I USA var förhållandet annorlunda. Här mottogs och utvecklades psykoanalysen exklusivt av läkare.

En annan fråga gällde tillämpningen. Till en början tillämpades psyko-analysen i USA främst på psykotiska patienter inlagda på mentalsjukhus, tvärtemot rekommendationerna från Europa som menade att man inte kunde behandla psykotiker. Brill följde Wien-linjen och accepterade bara cirka var tionde av de patienter som refererats till hans praktik. Han kom därmed att inrikta sig på samma socioekonomiskt privilegierade patientka-tegori som Freud i Wien till skillnad från Meyer och White vars patienter fanns inom mentalvården. Senare under psykoanalysens guldålder, då pri-vatpraktiserande psykoanalytiker kunde »skära guld med täljkniv«, blev skyddandet av detta förhållande ett starkt argument för att hålla vattentäta skott till övrig psykoterapeutisk verksamhet.

Brill grundade 1911 den psykoanalytiska föreningen i New York och blev dess första ordförande. Han hade besökt Freud och Jung i Europa 1907 och fått de fullständiga rättigheterna till att översätta Freuds verk till eng-elska. Psykoanalysen skulle aldrig kunna bli accepterad i USA om dess utövande inte begränsades till läkare, menade Brill. Franz Alexander som nu fanns i Boston protesterade: »psykoanalysen behöver medicinen betyd-ligt mindre än vad medicinen behöver psykoanalysen.« (Schwartz 1999 s. 175). Freud och Ferenczi argumenterade också emot men gav senare sitt (passiva) stöd åt Brill-falangen. Bakom eftergiften skymtade Freuds »vetenskapskomplex« och hans längtan efter erkännande. Han ville inte heller bli förknippad med de judiska läkare som med diverse metoder och apparater hjälpte de wienska överklassdamerna med sin frustrerade sex-ualitet. Brill stod på sig, föreningen var bara till för läkare, och så blev det fram till slutet av 1980-talet. Konsekvensen var att man begränsade den sociala och intellektuella basen för psykoanalysen till en medicinsk sfär.

En konkurrerande psykoanalytisk förening bildades av White 1914: *Washington-* eller *den interpersonella skolan*, vars medlemskap inte var begränsat till läkare. Meyer, White och sedermera Harry Stack Sullivan lät sig varken styras av Brill-falangen eller av »påven i Wien« (Schwartz 1999 s.159), utan tog till sig andra delar av den psykoanalytiska teorin som stämde bättre med den amerikanska pragmatismen i spåren av William James och C.S. Pierce. I motsats till Brill försökte White att förankra och bredda såväl tillämpningen av, som utbildningen i psykoanalys.

I frågan om psykosernas behandlingsbarhet låg Europa femton år efter USA, mycket beroende på allt fokus på dispyterna mellan Anna Freud och Melanie Klein, bland annat om barnanalys. En huvudfigur blev Sullivan – som senare kom att kallas den »ledande och mest inflytelserika psykiatern i USA« (Wånge 2015; 2016). På sex år etablerade han *William Alanson White Foundation, Washington School of Psychiatry* och en ny tidskrift *Psychiatry*, som var ägnad åt studiet av relationella och sociala perspektiv på mänsklig utveckling. Det berömda mentalsjukhuset *Chestnut Lodge*, som öppnades 1910 blev det ledande centret för behandling av schizofreni, enligt Sullivans principer, ett arbete som fullföljdes av Frieda Fromm-Reichmann och senare Harold Searles.

I N.Y. etablerade Brill psykoanalysen som en exklusiv medicinsk specialitet och i Washington applicerade man psykoanalysen på psykoser på mentalsjukhus. Båda blev framgångsrika var för sig, men med olika (kunskaps-) teoretiska synsätt och olika patientkategorier vidgades och befästes klyftan dem emellan. Brill-falangen i N.Y. skaffade sig kontroll över den internationella psykoanalytiska föreningen efter en hel del bittra stridigheter och uteslutningar.

50 år av splittring: 1940–1990

Det hela slutade med en djup och för psykoanalysen tragisk splittring som började på 1940-talet och varade ända fram till 1990-talet. Den dominerande inriktningen inom amerikansk psykoanalys blev klassisk freudiansk driftsteori som i den kommande generationen kompletterades med en ny teoretisk innovation *jagpsykologin* förknippad med Heinz Hartmann, Ernst Kris, Rudolf Loewenstein och David Rappaport.

Det nuvarande *William Alanson White Institutet* i N.Y. bildades 1946 av en grupp bestående av Sullivan, Clara Thompson. Erich Fromm, Frieda Fromm-Reichmann och Janet & David Rioch, ursprungligen som en N.Y. gren av Washingtonutbildningen. White blev det ledande institutet för utvecklingen av *den interpersonella psykoanalysen.*

Psykoanalysen hade sin guldålder under några decennier efter Andra Världskrigets slut i N.Y.-området. Den blev en exklusiv medicinsk specialitet som definierade sig via sin motsats till psykoterapin. Man markerade skillnaderna på olika sätt: vilka patienter man behandlade, antal sessioner per vecka, liggande patienter, och andra sätt som man kunde komma på. Man fann stöd hos Freud som hade talat om »*analysens rena guld*« till skillnad från andra behandlingar som »*koppar*« (1919, s.221). Generösa försäkringar betalade 80 procent av behandlingen – patienten betalade för en session i veckan och kunde gå fem. Analyserna pågick i årtal. Här stod det livsavgörande värden spel. Förhållandet måste skyddas – vilket förutsatte att psykoanalysens renhet bevarades. Frågan om hur öppen eller sluten psykoanalysen skulle vara kom att bli parallell med frågan om en psykoanalys för folket eller en psykoanalys för eliten.

De immigrerade psykoanalytikerna var sårbara men kunde samtidigt leva högt på sin forna identitet. De hade ju träffat eller kanske till och med blivit analyserade av professorn själv vilket gav dem exklusiv access till den rätta, renläriga psykoanalysen. De fick snabbt ett stort inflytande och en stark status inom den unga amerikanska psykoanalysen. Det uppstod en växande ortodoxi kring Brill och det har ofta hetat att lärjungarna var mera freudianskt strikta än Freud själv. Det skulle ta ytterligare ett halvsekel innan Freud förändrades »från en gud/demon till en anfader«, med Stephen Mitchells (2000) uttryck – en förändring från att endast citera Freud till att kunna diskutera, eller kanske till och med kritisera hans arbeten.

En makthierarki skapades inom den internationella psykoanalytikerut-bildningen, som inte tillät mycket av självständigt tänkande. Istället reste de psykoanalytiska instituten höga intagningsmurar mot yttervärlden och skapade en strikt successionsordning på insidan. Man inrättade en pre-stigefull position: *utbildningsanalytiker*. Utbildningsanalyser och hand-ledning kunde nu användas för kontroll mot oliktänkande och man hade sina egna publikationer. Psykoanalytikern framställdes som en problemfri, genomanalyserad, insiktsfull övermänniska utan några psykiska defekter som till exempel homosexualitet. Vi andra var mer eller mindre neurotiska. Föreställningen gick hand i hand med det objektivistiska kunskapsanta-gandet där analytikern sågs som ett utifrån kommande neutralt objektivt instrument. Avståndet till omgivande konkurrenter måste upprätthållas. De freudianska psykoanalytiker som refererade till den interpersonella skolan kunde få utstå massiv kritik. Jürgen Reeder har så sent som 2001 skildrat denna repressiva atmosfär av kontroll och rädsla i en märklig liten bok. Boken ger associationer till hovnarren som kunde säga »sanningar« som ingen annan vågade, utan att bli halshuggen. Reeder talar om ett psy-koanalytiskt överjagskomplex. När han skickade ut en enkät om detta be-grepp till 20 psykoanalytiker, vågade (?) endast 3 svara.

På grund av stridigheterna mellan skolbildningarna kom polariseringen ofta att bli större än vad som var befogat på rent (kunskaps-)teoretiska grunder. Många av motsättningarna handlade mera om makt och politik än om teori, precis som här i Europa.

Den relationella vändningen: 1990- tills idag

På 1970-talet började man i USA att intressera sig för *objektrelationsteorin*: Guntrip, Fairbairn, Winnicott och i viss mån även Klein och Bowlby. Ko-huts arbeten kring narcissism lade grunden till en egen utbrytning från den amerikanska jagpsykologin – *självpsykologin*. Merton Gills och Heinrich Rackers arbete om överföring och översättningen av Ferenczis *Clinical Diary* 1988, var andra bidrag till ett relationellt tänkande.

På 1970–80-talet uppstod en amerikansk, psykoanalytisk *feminism* med fo-kus på könsidentitetsfrågor. Pionjärerna var Dorothy Dinnerstein, Nancy Chodorow och senare Jessica Benjamin, Viginia Goldner, Adrienne Harris och Muriel Dimen. En från början helt mansdominerad profession blev så småningom istället kvinnodominerad.

Man ifrågasatte det ensidiga rationalistiska och objektivistiska sättet att betrakta verkligheten och diskuterade en breddad syn på kunskap och sanning som har kommit att kallas för konstruktivism och modernism. Detta är långt ifrån enhetliga begrepp men avspeglar ändå en tydlig trend eller diskurs inom (human-)vetenskapen, där man kunde diskutera kulturens och den omgivande kontextens inflytande på nya sätt. Det brukade till exempel heta: »Freud upptäckte det omedvetna« – en metafor för finnandet av ett slags beständigt objekt. Med ett konstruktivistiskt perspektiv heter det: »Freud konstruerade ett begrepp, det omedvetna, som kan användas för att diskutera vissa psykologiska fenomen utanför vårt medvetande.« Det senare ger oss bättre möjligheter att diskutera fenomenet ifråga, från olika kontextuella perspektiv. Freuds starka bundenhet till naturvetenskap och determinism lämnade inget större utrymme för mänsklig påverkan (human agency) i den psykoanalytiska metapsykologin.

De traditionella psykoanalytiska begreppen – Freuds, Kleins, jagpsykologins till och med Kernbergs är i stort sett uteslutande en-persons eller intrapsykiska begrepp. Även det kleinianska begreppet projektiv identifikation är intrapsykiskt när det används på en person. Det relationella tänkandet handlar istället om fältpsykologi. Sullivan var med sin syn på analytikern som en deltagande observatör den förste fältpsykologen. En fältpsykologi har senare utvecklades från post-kleinianskt håll av Madeleine och Willy Baranger, men det relationistiska fältbegreppet är det bredare av de två (Stern 2015).

På 1970-talet fanns på NYU två konkurrerande utbildningslinjer: den freudianska och den interpersonella-humanistiska. Den brittiska objektrelationsskolan ansågs som »oren« av båda sidor. Flera studenter ville inte välja. Några ville studera både det interpersonella och brittisk objektrelationsteori. Det bildades då en ny utbildningslinje, sedermera *relationslinjen* (the relational track) vid NYU. Namnet hämtades från Greenberg & Mitchells bok: »*Object Relations in Psychoanalytic Theory*« (1983). Här försökte man förstå de olika psykoanalytiska skolorna från ett övergripande kontext och man ifrågasatte driftsteorin. Begreppet relationell, innefattande den terapeutiska relationen, betraktades som en minsta gemensam nämnare för de olika skolbildningarna. Det var ingen ny teori utan snarare nya och kompletterande perspektiv. Man menade att det fanns två olika oförenliga paradigm: driftspsykologi *eller* relationspsykologi. Relationell var ett bredare begrepp än interpersonell. De senare lade för lite vikt vid intrapsykologin – det gällde att balansera individual-, två- och flerpersons-psykologin.

Det första numret av den relationella psykologins språkrör *Psychoanalytic Dialogues: The International Journal of Relational Perspectives*, utgavs 1991 med Stephen Mitchell som chefredaktör. De övriga var Lewis Aron, Neil Altman, Anthony Bass, Jessica Benjamin, Philip Bromberg, Jody Davies, Muriel Dimen, Emmanuel Ghent & Adrienne Harris. Den relationella psykologin är en komparativ teori, som är mer intresserad av vad som förenar än skiljer de olika psykoanalytiska skolorna och begreppen från varandra. Många artiklar är skrivna av psykoanalytiker utanför den relationella rörelsen.

År 2000 avled den relationella frontfiguren Stephen Mitchell, oväntat 54 år gammal. Dessförinnan hade han varit en av grundarna av IARPP – *the International Association for Relational Psychotherapy and Psychoanalysis*, och dess förste president. IARPP skulle vara ett platt nätverk, öppet för alla, för utvecklande av det relationella perspektivet. Man skulle motverka ortodoxin och patriarkala strukturer inom psykoanalysen, bland annat genom årliga konferenser och diskussioner över internet. Idén var ett nätverk med en helt annan icke-hierarkisk attityd till psykoanalysen än de psykoanalytiska institutens, enligt Mitchells uttryck: goda idéer kommer inte bara från de redan välkända rösterna. Trots, eller kanske tack vare Mitchells bortgång, ökade hans kolleger sina ansträngningar att genomföra IARPP-visionen och höll en första konferens i januari 2002 i New York. 2012 hölls den tionde konferensen, till Mitchells ära, med underrubriken: »Arvet efter Stephen Mitchell«. På denna väg har det fortsatt och majoriteten av grundarna av IARPP deltager fortfarande på varje konferens. I Routledgeförlagets serie: Relational Perspectives Book Series finns de flesta av grundarna representerade och man har under perioden 1992–2015 givit ut 72 volymer.

I en översiktsartikel över den relationella traditionen skriver Adrienne Harris (2011) att den tidigare situationen med distinkta skolbildningar inom psykoanalysen: objektrelationistisk, självpsykologi, modern Freudiansk, Kleiniansk, relationell, etcetera är idag förändrad. Det som historiskt sett var avgörande skillnader ses idag mer som subtila. Som den relationella psykologins ingredienser (hallmarks) nämner Harris: socialkonstruktivism, två-personspsykologi, multipla självtillstånd, social reglering & konstruktion av könsidentitet och en ny klinisk teori under utveckling.

Det som möjliggjort den relationella vändningen är både individuella brobyggare och insatser från utominstitutionella grupper, som så småningom ledde till en relationell rörelse, tidskriften *Psychoanalytic Dialogues* och nätverket IARPP. Mycket nära (även som medlemmar) finns den *interpersonella*, den *intersubjektiva* och *cykliska psykologin*. Den interpersonella inriktningen utgår framförallt från *Whiteinstitutet* och dess tidskrift *Contemporary Psychoanalysis*. I en generation efter grundarna finns Edgar Levenson, Darlene Ehrenberg, Jay Greenberg, Donnel Stern, med flera. Den intersubjektiva är en vidareutveckling av Kohuts självpsykologi, med en uttalad filosofinära, fenomenologisk kunskapssyn. Denna inriktning har företrätts av Bernard Brandchaft, Robert Stolorow, George Atwood och Donna Orange. Som namnet antyder betonar man det subjektiva och analyserar noga hur det följer med in i terapirummet och i teorierna. Den cykliska psykologin är ett integrativt försök att förena psykoanalysen också med utomdynamiska teorier (läs kognitiva). Företrädaren heter Paul Wachtel. Här betonas förutom, här-&-nu och där-&-då, det som dagligen händer i patientens liv utanför terapin. Wachtel har också bidragit med en kritik av den traditionella arkeologiska modellen och det man kallar *standardinramningen* (the default position) av en terapi. Även en del »fritänkare« som Thomas Ogden och Michael Eigen har betytt mycket för den relationella psykologin. Spädbarns- och anknytningsforskning har varit viktiga (institutionella) influenser, och på senare tid även affektteori och neuropsykoanalys.

Vad står psykoanalysen idag?

Dagens psykoanalys skiljer sig från den ursprungliga, som i efterkrigstiden lanserades av Freuds arvtagare i USA och England. Oavsett skolbildning inom psykoanalysen är de flesta idag överens om att det skett en s.k. *relationell vändning* inom psykoanalysen. Fokus på processen har ökat samtidigt som fokus på innehållet har minskat. Detta har inneburit ett ökat intresse för relationen mellan terapeut och patient. Terapeutens roll har ändrats från att tänka *åt* patienten, till att tänka tillsammans *med* patienten. Men ungefär där slutar enigheten och man frågar sig eller tycker olika om vad detta innebär för kunskapsteorin, de teoretiska begreppen, praktiken, utbildningen och teorin i sin helhet. Begreppsutvecklingen från en- till två- och flerpersonspsykologin har företrädelsevis skett inom den relationella psykologin. Många andra håller fortfarande kvar vid sin gamla kliniska teknik, även om man för övrigt tagit starka intryck av den relationella vändningen.

Den relationella psykologin har hitintills lyckats bevara den psykoanalytiska teorins komplexitet, paradoxalitet och motsägelsefullhet. Man är ständigt på jakt efter dekonstruktionen av binära antingen-eller-resonemang som så ofta karaktäriserat psykoanalysen: inre/yttre, här-&-nu/där-&-då, beroende/självständighet, anknytning/ separation, tålamod/påtryckning, etcetera, något som resulterat i utvecklandet av idén om »det tredje« i lite olika varianter (Aron 2006; Benjamin 2004; Ogden 1994). Man gör ingen distinkt skillnad mellan psykoanalys och psykoterapi – det finns bara ett kontinuum av olika arbetssätt. Det finns inte heller tekniska rekommendationer av det slag som förekommit i traditionell psykoanalys. Istället ser den relationella psykoanalytikern det som att »metoden« måste konstruerats på ett nytt unikt sätt för varje psykoterapi. Patienten kan till viss del vara delaktig i denna process utan att man därför suddar ut den nödvändiga asymmetri som måste finnas mellan terapeut och patient (Aron 1996). Philip Ringstrom har liknat terapiprocessen vid att reda ut en härva på en fiskelina – man får börja dra lite slumpmässigt i olika tåtar för att successivt lösa upp den. Inom den relationella psykologin brukar man tala om *holding theory light,* dvs. man håller teorin »lite i bakhuvudet«

och accepterar viss diskrepans mellan teori och praktik. Man har beskrivit den relationella psykologin som *ett stort tält* (the big tent) som inrymmer pluralistiska perspektiv på psykoanalysen med en stor spännvidd. Hitintills har man varit förskonade från de makt- och prestigekamper som så ofta kännetecknat psykoanalysen.

Är psykoanalysen i kris?

Är psykoanalysen i kris? Det finns flera perspektiv på denna fråga. Från omgivningen har psykoanalysen har alltid mötts med skepsis och dödförklarats i flera omgångar. Psykoanalysen kommer nog aldrig att helt dö ut, men det finns risk för utarmning och ytterligare fragmentisering. Trots domedagsprofetior är psykoanalysen vitalare än någonsin på sina ställen – i alla fall vad gäller den relationella psykologin. Psykoanalysen är en levande teori utan någon skönjbar slutpunkt, till skillnad från en del naturvetenskapliga teorier vars slutpunkt är att förklara ett speciellt fenomen, exempelvis cancerns »gåta«. Psykoanalysen kan i sina bästa stunder fungera som en kritisk teori, en civilisations- eller kulturkritik, även om vi inte har sett så mycket av detta på senare tid. Lewis Aron menar att den bästa positionen för psykoanalysen är en gränsposition som *optimalt marginaliserad* (optimally marginal). Med detta avses en mellanställning: »både på insidan och på utsidan – varken innanför eller utanför« (Aron & Starr 2013 s.380) i olika sammanhang. Detta överensstämmer med den relationella psykoanalysens starka patos för ett ständig motverkande av binärt tänkande och ett försök att finna *en tredje* position, såväl i terapirummet som i ett större kontext.

Vilket är då psykoanalysens kunskapsområde? En modernistisk definition skulle kunna vara: *Psykoanalysen handlar om de sätt varpå vi organiserar våra erfarenheter och hur vi skapar mening.*

Vad bör göras?

Det är bedrövligt att den svenska psykoanalytikerutbildningen inte är legitimationsgrundande för psykoterapeutyrket. Men detta säger mera om omgivningen än om psykoanalysen. Det är både hedrande och klokt att de svenska psykoanalytikerna inte fallit undan för Högskoleverkets ökade krav för att utbildningen ska kunna få legitimation från Socialstyrelsen, något som annars starkt skull begränsa kunskapsbasen för psykoanalysen. Detta var ju precis det som Brill gjorde för ett decennium sedan när han inskränkte psykoanalysen till en medicinsk specialitet. Här har de svenska psykoanalytikerna faktiskt (men sannolikt ovetande) valt samma sida som Meyer, White och Sullivan gjorde en gång i tiden. Men samtidigt måste de svenska psykoanalytikerna ta på sig ett ansvar för att i viss mån ha bidragit till att skapa bilder av psykoanalysen som självupptagen, självgod, arrogant, omnipotent, etcetera. Speciellt gäller detta hur man agerat i den största splittringsskapande faktorn – frågan om psykoanalysens renhet och ortodoxi. Man har naturligtvis varit starkt beroende av sitt medlemskap i den internationella föreningen (IPA), men detta borde inte utgjort ett hinder för ett intresse och dialog med den alternativa psykoanalysen, framför allt de företrädare för denna som möjliggjort den relationella vändningen: från Adler, Rank, Ferenczi, Alexander, Sullivan till Steven Mitchell och till den relationella rörelsen idag.

I arvet från Freud speglas en individualistisk kultur – idealet om en mans verk, det upphöjda geniet som förstår mer än alla andra. Uppbyggnaden av personkulter kring enskilda terapeuter eller teoretiker är på det hela taget destruktivt och försvårar oftast förståelsen för den psykoanalytiska teorin i sin helhet. Detta är en tendens som man ständigt måste vara vaksam på.

Ett svårt kapitel handlar om psykoanalysens relation till akademin. Klyftan mellan klinisk och akademisk psykologi har varit större i Sverige än i USA där psykoanalytiker och beteendevetare mera respektfullt verkar arbeta sida vid sida. Kanske hänger detta ihop med att Sverige är ett av världens mest sekulariserade samhälle och att USA varit en mångkulturell nation från början. Tomrummet efter religionen har i Sverige fyllts av en kolossal övertro på naturvetenskapen – *scientism*, enligt Georg Henrik von

Wrights terminologi. Vi får kanske ändå försöka vara optimister i likhet med George Atwood (2012) som tror att mentalvården på sikt kommer att tvingas lämna den naturvetenskapliga sjukdomssynen. Receptet är att riva murar och bygga broar för att bredda den nuvarande ytterst smalspåriga kunskapssynen bakom psykoterapi och psykisk ohälsa.

Efterskrift

De svenska terapeututbildningarna i min generation dominerades av brittisk objektrelationsteori. Även om det funnits en hel del annan internationell litteratur, så har den amerikanska psykoanalytiska (idé-)historien inte varit så känd här i Sverige. Till exempel tror jag inte så många terapeuter har känt till konsekvenserna av den avgrundsdjupa femtioåriga splittringen som funnits mellan den konservativa amerikanska jag-psykoanalysen och övrig psykoanalytisk teoribildning. Inte heller hur mycket den fleråriga och energikrävande politiska och juridiska striden runt lekmannaanalysen har hämmat integrationen och utvecklingen av psykoanalysen. Som påpekats ovan slutade det med att medicinarna, efter en överenskommelse 1989, tvingades ge upp sitt monopol på psykoanalysen. Därmed öppnades långsamt och mödosamt helt nya möjligheter för utveckling av psykoanalysen som bland annat lagt grunden till *den relationella vändningen* inom psykoanalysen som vi upplevt under de senaste decennierna.

Min artikel ger en komprimerad översikt över den psykoanalytiska (idé-) historien som till stor del kontrollerats från IPA i USA under större delen av nittonhundratalet. Min uppfattning om den destruktiva effekten av den amerikanska kampen om lekmannaanalysen har bara ytterligare stärkts efter att jag läst in mig lite mer på området i samband med att jag skrev min relationella introduktionsbok 2019 (se till exempel: Bergmann 2004; Lane & Meisels 1994; Steiner 2000; Wallerstein 1998; 1992; Wånge 2019).

Kampen om vem som skulle bestämma över psykoanalysen blev alltså synnerligen utdragen och smärtsam. På den femtonde IPA-kongressen i Paris 1938 (den sista före Andra Världskriget) bestämdes ett traktat, *the*

1938 rule som gav APsaA (The American Psychoanalytic Association) rätten till »exclusive franchise« och »total internal autonomy«, det vill säga fullständig självständig kontroll över utbildningen till och utövande av psykoanalys. Man deklarerade också att utbildning *endast* skulle ges till läkare. Senare under rättsprocesserna på 1980-talet argumenterade APsaA och IPA för att detta bara skulle kunna ändras via en stadgeförändring (Lane & Meisels 1994 s 313ff).

Men frågan om utbildning för icke-läkare försvann aldrig helt från agendan i APsaA. 1957 gjorde man undantag och lät några forskningspsykologer utbilda sig till psykoanalytiker mot att de förband sig att inte utöva klinisk psykoanalys. Psykologernas missnöje med att vara utestängda från psyko-analytikerutbildning ökade succesivt. 1979 bildades *Division 39* – psyko-analyssektionen i det amerikanska psykologförbundet APA (American Psychological Association). Några år senare började man förbereda för och samla in pengar till en stämningsansökan om diskrimineringen av psyko-loger till analytikerutbildningen mot APsaA, the New York Psychoanalytic Institute, the Columbia University Center for Psychoanalytic Training and Research och IPA. (Lane & Meisels 1994 s 3ff). Den 1 mars 1985 lämnade slutligen fyra representanter för psykologerna, Bryant Welch, Toni Bernay, Arnold Schnider och Helen Desmond in en civil stämningsansökan efter flera år av fruktlösa förhandlingsförsök med APsaA och IPA. Med »pisto-len mot tinningen« gick man slutligen med på en överenskommelse där man öppnade psykoanalysutbildningen för icke-läkare. I avtalet fanns en skrivning om att ersättningen från svarandesidan på 650,000 dollar till kärandesidan inte skulle kallas för skadestånd vilket troligen hade varit det »moraliskt-juridiska« mera korrekta.

Man får ganska så olika bilder av denna kamp om man jämför den dåva-rande IPA-presidenten Robert Wallersteins berättelse i »*Lay Analysis. Life inside the controversy*« (1989) med kärandesidan, Division 39-psykologerna Robert Lane, Murray Meisels »*A History of the Division of Psychoanalysis of the American Psychological Association*« (1994). Enligt min läsning är Wallersteins beskrivning delvis urskuldande och överslätande – kanske för att rädda sin egen och IPA:s heder. Det visade sig efter uppgörelsen att det tog många år och mycket möda att genomföra förändringarna i stark motvind från det mångåriga rigida och konservativa amerikanska psyko-analytiska etablissemanget.

Robert Wallenstein (1921–2014) var en av sin generations psykoanalytiska giganter. Hans psykoanalytiska karriär startade 1949. Han gick i läroana-lys hos Robert Jokl, som varit i Freuds krets i Wien. Jokl var analyserad av Freud vilket gjorde Wallerstein till »a grandson« till Freud, som han uttrycker det i sitt credo (Wallerstein 2015 s 540). Han utbildades under det han beskriver som »the age of certainty in (American) psychoanaly-sis« – en tid då psykoanalysen agerade fullständigt omnipotent. Man bar på »oantastliga psykoanalytiska sanningar och övertygelser som startade med Freuds ursprungliga insikter och som var trofast förmedlade till oss som eviga sanningar«, skriver Wallenstein (s 538 & 541). Även om han själv inte tillhörde de mest fundamentalistiska anhängarna så var det inte läge för att utmana den auktoritära traditionen som han blivit fostrad i.

Som IPA-president drev Wallerstein frågan om ett gemensamt fundament för de olika skolbildningar som hade börjat göra sig märkbara i USA under 1970-talet, bland annat efter att Heinz Kohut introducerade självpsykologin. Wallerstein var president på två IPA-kongresser, i Montreal 1987 och Rom 1989 där frågorna om den psykoanalytiska pluralismen diskuterades (Wal-lerstein 1992, Wånge 2019). Men den stora vändpunkten, när man insåg att psykoanalysen var något mer än bara den egna versionen (Hartmann-eran) kom år 1983 med Greenberg & Mitchells bok »*Object Relations in Psychoana-lytic Theory*«, som skapade chockvågor i den amerikanska psykoanalytiska världen, och senare banade vägen för en »två-persons-psykologi«och den relationella vändningen, menar Wallenstein (1992 s 547ff).

Vad gäller den nästan sekellånga kampen i USA och inom IPA motsätter sig Wallerstein (1998) uppfattningen att denna skulle handla om ekonomi, som ju var det juridiska skälet (Sherman antitrust law) i stämningsansö-kan. I stället menar han att det handlade om psykoanalysens *identitet*. Han vill benämna psykoanalysen som en *disciplin* (bortom naturvetenskap, psykiatri och medicin) eftersom den är en helt unik verksamhet, distinkt från alla övriga intellektuella discipliner. Psykoanalysen är en speciell slags psykologi, skriver Wallenstein (s 452f). Sett mot detta blir det ju underligt att placera den under medicinen. Även om Wallenstein tog en del initiativ till förhandlingar och möten så är mitt intryck att han agerade tämligen så passivt under de juridiska processerna. Och som dåvarande IPA-president representerade han ju faktiskt svarandeparten som agerade allt vad de kunde för att inte släppa ifrån sig sitt monopol på psykoanalysen.

Vad gäller Wallersteins syn på sakfrågan – huruvida man behöver vara läkare för att bli psykoanalytiker – så uppfattar jag det som att han blev positiv till lekmannaanalysen, när han så småningom blev mer eller mindre tvungen att ta personlig ställning – när frågan började komma i centrum någonstans på 1970–80-talet. I sitt credo bekänner Wallerstein sorgset (ruefully) att hans egna mera öppna inställning till en bredare psykoanalytisk värld infann sig alldeles för sakta (all too slowly)(2015 s 549).

I antologin »*Decentering Relational Theory: A Comparative Critique*« (Aron, Grand & Slochower 2018 b) diskuterar Donnel Stern kritiken mot den relationella psykoanalysen. Den relationella psykoanalysen och ännu mera den interpersonella psykoterapin/psykoanalysen har länge varit föremål för ett utanförskap (otherness) från det psykoanalytiska etablissemanget. Under flera generationer har analytikerna i APsaA utestängt interpersonalisterna på alla möjliga sätt (Stern 2018 s 34). Inget är lättare än att hänvisa till »vi och dom« (us & them) för att slippa att begrunda mera komplexa problem. Trots alla skillnader har de psykoanalytiska/psykodynamiska »skolorna« ändå mer gemensamt än andra psykoterapier, menar Stern (s 29).

Den relationella psykoterapin har anklagats för att inte utgöra psykoanalys (properly psychoanalytic)(s 41). Men den relationella psykoanalysen står inte längre från Freud än till exempel Hans Loewald, Jean Laplanche eller Jaques Lacan. En skillnad skulle möjligen vara »kvaliteten« i relationen till Freud. Den relationella psykoanalysen har influerats av amerikansk pragmatism och empiriska observationer. Detta har medfört en större självständighet jämfört med de europeiska och sydamerikanska analytikerna vars förhållande till Freud har varit mera faderslik, menar Stern (s 39).

Vad gäller självständighet-auktoritetsberoende finns motstridande föreställningar. Som tidigare avhandlats så har de amerikanska medicinska psykoanalytikerna varit allt annat än självständiga och istället dominerats av konservatism, fundamentalism och en sträng hierarki. Hur mycket detta egentligen handlar om relationen till Freuds skrifter kan diskuteras. Det finns ingen som kan göra anspråk på en entydig korrekt tolkning. Lacans stridsrop (cry) »return to Freud«, jagpsykologernas »conflict-free sphere of the ego« eller deklarationer för eller emot dödsdriften, utgör olika läsningar av Freud med olika kliniska och teoretiska konsekvenser. Men äkthet och renhetsargument används inte sällan som redskap där de egentliga avsikterna handlar om makt och ekonomi. Det var en stor och mäktig grupp som var starkt gynnade av det amerikanska medicinska monopolet på psykoanalysen.

Stern måste sannolikt ha syftat på självständigheten hos de interpersonella och relationella psykoanalytikernas *utanför* APsA och IPA. Och på utvecklingen *efter* uppgörelsen om lekmannaanalysen. Vi kan ju påminna oss om att John Bowlby blev utesluten ur den brittiska psykoanalytiska föreningen på 1960-talet när han försökte introducera anknytningsteorin som senare anammades i USA. På liknande sätt var det i USA som man inom psykoanalysen började intressera sig för spädbarnsforskningen exempelvis för Daniel Stern och BCPSG (Boston Change Process Study Group 2010) Beatrice Beebe & Frank Lachmanns arbeten. Man verkar också varit mera öppen för neuropsykoanalysens företrädare som Gerald Edelman, Allan Schore, Arnold Modell, med flera.

Attityden har förändrats sedan 1980-talet och idag ser man tydligt influenserna från interpersonell och relationell psykoanalys i tidskrifterna *JAPA* och *Psychoanalytic Quarterly*. Det största utbildningsinstitutet för den Interpersonella psykoanalysen, WAW-institutet (William Alanson White) är sedan några år tillbaka medlemmar i APsaA, vilket är något som skulle varit helt omöjligt för tjugo år sedan, skriver Stern (s 35). Stern konstaterar också att han aldrig själv blivit citerad »utifrån« under sitt över trettioåriga skrivande!

7. Vad står den psykoanalytiska/ psykodynamiska teorin idag?
Del 1. Freuds blinda fläckar
Teorier hänger ihop med sin upphovsman och rådande tidsanda (2018)

Psykoterapi 2018:3 s. 24–35.

Inom naturvetenskaperna går det att upprätthålla en någorlunda tydlig skillnad mellan förklaringssystemet och de materiella fenomen man studerar på empirisk väg. Men en sådan skillnad går inte att göra när ämnet handlar om vårt psyke, eftersom detta forskningsobjekt i högsta grad också gäller oss själva. Speciellt psykologiska teorier har en stark förteoretisk, oftast omedveten subjektiv vision eller diskurs, med starka rötter i upphovsmannens personliga livserfarenheter. Detta skiljer psykoterapin från andra vetenskaper och är något som motiverar analys av och biografier över teoretikernas personliga liv.

Atwood och Stolorow (1979) menar att alla teoretiker har personliga incitament för sina teorier, som innebär att egna livserfarenheter har en tendens att generaliseras till naturlagar gällande hela mänskligheten. Förhållande kan inte sägas vara felaktigt, utan snarare oundvikligt. Men det krävs en analys för att man skall kunna lokalisera begränsningar i tillämpningen av teorin – precis som man måste analysera överförings-motöverförings-dimensionen i en terapi. Denna granskning – en slags psykoanalys av själva teorin, måste dessutom göras av någon utomstående, hävdar Atwood & Stolorow som själva har levererat biografiska studier av flera teoretiker bland annat Sigmund Freud, Carl Gustav Jung, Wilhelm Reich, Otto Rank (Atwood & Stolorow 1979), Jean Paul Sartre (Atwood 1994) och Descartes (Orange, Atwood & Stolorow 1997).

De har stöd för sin idé av Freud som i sina uppmaningar till analytikern skriver att otillräcklig egenterapi kan medföra att man inte lär sig något av patienten och dessutom kan bli en fara för andra:

»[Analytikern] blir lätt utsatt för frestelsen att såsom en allmängiltig teori projicera ut i vetenskapen sådant som han i dunkel själviakttagelse blir varse om sina personliga egenheter, han kommer att misskreditera den psykoanalytiska metoden och leda oerfarna på villovägar« (Freud 1912 s. 147).

Översättningen är kanske inte den mest tillgängliga, men enkelt uttryckt menar Freud att de egna blinda fläckarna lätt gör att man försöker upphöja sina egna idéer till allmängiltiga teorier. Med formuleringen verkar Freud åsyfta någon slags medvetenhet om det hela, men risken ökar sannolikt ytterligare när det rör sig om mera omedvetna processer.

Freud kritiserade Alfred Adler för att göra anspråk på en generell teori om psyket och skrev att psykoanalysen aldrig har gjort anspråk på att vara en fullständig teori om det mänskliga själslivet (Freud 1914 s. 487). Men detta, att förvandla psykoanalysen till en generell psykologi, var något som Freud själv ibland gjorde och som Hartmann och hans medarbetare därefter försökte göra (Bergmann 2004 s.13). I ett senare sammanhang (om kastrationshot och onaniförbud) skriver Freud att hans framställning där kanske gör ett förvirrat och motsägelsefullt intryck och tillägger att i själva verket är en allmängiltig framställning knappast möjlig. Hos olika individer finner man de mest olika reaktioner, hos samma individer existerar de motsatta inställningarna bredvid varandra (1931 s. 297). Detta tillsammans med hans tes om att neurotiska symtom är multideterminerade visar på ett komplext tankesätt hos Freud som är mer åt det emergenta och socialkonstruktivistiska hållet än det naturvetenskapliga letandet efter generella lagbundenheter som oftast karaktäriserar hans arbeten annars.

Så frågan är vilka blinda fläckar hade Freud? Även om hans intellekt och psykiska kapacitet sannolikt var exceptionella så är likväl ingen människa förmögen att se helheten runt sig själv. Elisabeth Roudinesco är inne på liknande tankar när hon skriver att ingen teori, oavsett hur rationell och logisk den än förefaller, kan i varje stycke undkomma den irrationalism som den försöker undvika (2014 s. 63). Dessutom var Freud ett barn av sin tid precis som alla andra. Vi skall därför påminna om att han levde i en tid där synen på vetenskapliga sanningar vilade på en strikt kausal determinism. Det var före upptäckten av osäkerhetsprincipen som postulerade att ingen observation kan vara kontextfri och därmed helt objektiv (Bergmann 2004).

Det finns också en hel del myter kring Freud som kan ha bidragit till att framställa honom som en udda person. En ovanligt seglivad sådan är uppgiften om hans varma rekommendation av Gestapo, när han tvingades intyga att han blev väl behandlad, vid flykten till London 1938. Uppgiften finns i välrenommerade biografier – för svensk del i Lars Sjögrens Freudbiografi och i en artikel i denna tidskrift förra året. Den berättades också i radioprogrammet Bildningsbyrån i Sveriges Radio P1, senast hösten 2017. Originaldokumentet från Freud har återfunnits och det finns ingen sådan rekommendation där (Breger 2000; Ferris 1998; Roudinesco 2014). Det hade varit mycket dumdristigt av Freud att provocera i denna allvarets stund. Detta är ett exempel på en kanske tämligen så harmlös myt utan någon direkt konsekvens för den psykoanalytiska teorins tillämpbarhet. Samtidigt tror jag att myter generellt sett oftast motverkar förståelsen för och acceptansen av den redan så komplexa psykoanalytiska teorin.

Svårigheten att studera den psykoanalytiska teorin

Det finns element i den psykoanalytiska teorin som gör den svårvärderad. En del av psykoanalysens antagande är av sådant slag att de troligen varken går att verifiera eller vederlägga, till exempel: Är mänskan i grunden lustsökande, trygghetssökande eller kontaktsökande? Finns det en dödsinstinkt eller är aggression en respons på frustration? Hur skall man bedöma hänvisningar till spädbarnets erfarenheter och upplevelser, med mera. (Bergmann 2004). Det finns också begrepp som har en självbekräftande karaktär. Om man ifrågasätter antagandet om oidipuskomplexets allmänna giltighet så riskerar den som kritiserar att få till svar att kritiken just är ett uttryck för det egna oidipuskomplexet. Detsamma gäller för driftsteorin, där kritikerns ifrågasättande skulle kunna betraktas som ett försvar mot eller hämning av de egna sexuella eller aggressiva impulserna – cirkelbevis som blir till självuppfyllande profetior.

En annan svårighet handlar om att det varit synnerligen känsligt att kritisera Freud. Så länge han levde var det i stort sett omöjligt. Det är bättre att ha en god vän än en god översättare, svarade Freud sin medarbetare Ernest Jones, när denne ifrågasatte Abraham Brills undermåliga översättningar av Freuds verk till engelska (Jones 1961 s. 335). Lojalitet och samsyn var viktigare än att diskutera nya idéer eller att ta ifrågasättande och kritik på allvar. Detta visade sig senare som ett genomgående drag i Freuds hållning under hela hans professionella liv som var kantat av uppslitande uppbrott, oftast i form av uteslutningar av en lång rad dissidenter, f.d. nära medarbetare, eller sannare elever: Breuer, Fliess, Adler, Jung, Rank och Ferenczi (Breger 2000). Freud såg sig som den ensamme upphöjde ledaren och det är uppenbart att han inte kunde hantera mera jämlika relationer. En känd episod är Freuds eget uttalande att han inte kunde riskera sin auktoritet genom att berätta mera detaljer om sitt privatliv för Jung när de analyserade varandras drömmar på båtresan till USA 1909.

Denna lojalitets- eller lydnadskultur levde kvar efter Freuds död och vi kan fortfarande se spår av denna inom en del psykoanalytiska utbildningsinstitut. Bristande demokrati och insyn har hindrat eller försvårat integrationen av den psykoanalytiska kunskapen med närstående discipliner. Framstående psykoanalytiker har vittnat om närmast traumatiska förhållanden när de själva utbildades till psykoanalytiker. Även i de mest etablerade instituten har det framkommit maffialiknande påverkansmetoder. Otto Kernberg blev mer eller mindre hotad av Psykoanalytiska föreningen i NYC för att avstå från att hålla ett hyllningstal till Edith Jacobson på hennes 80-årsdag! I Martins Bergmanns (2004) bok om oenigheter och kontroverser inom psykoanalysen berättar bland annat Kernberg, André Green och Jill Savege Scharff om sina egna utbildningserfarenheter. Här i Sverige har Jürgen Reeder (2001) skrivit en märklig liten bok som ger en bild av det repressiva psykoanalytiska utbildningsklimatet. Inom den relationella psykoanalysen menar man att den traditionella psykoanalysen behöver göra en transformation av relationen till Freud (och Ferenczi, med flera) *from Ghosts to Ancestors* – från en gud/demon/spöke till en anfader, med Stephen Mitchells (2000) ord.

En avgörande anledning som gjort det svårt för många (inklusive undertecknad) att närma sig psykoanalysen har varit de sektliknande konstellationer kring olika psykoanalytiska skolbildningar där företrädare uppträtt likt överstepräster och ibland helt okritiskt har idealiserat Freud, Klein, Lacan eller någon annan framstående teoretiker. Detta har i sin tur fått till följd att den som försvarar psykoanalytiska idéer ofta själv blir tillskriven ett slags fundamentalism. Denna mycket speciella situation gör det nästan omöjligt att förhålla sig på ett nyanserat sätt till psykoanalysen. Flera relationella författare har visat att bristerna på nyanserade förhållningssätt till psykoanalysen och dess grundare är ett mycket sorgligt kapitel eftersom den så starkt skadat uppfattningen om psykoanalysens stora reella meriter och potential (Aron & Starr 2013; Stern 2015). Sådant påverkar också den allmänna attityden till dynamisk psykoterapi, inklusive det svenska Högskoleverkets agerande och de oklarheter och olösta konflikter som därefter uppstått kring den framtida utbildningen till psykoterapeut i Sverige. Men det är naturligtvis svårt att verifiera idéhistoriska hypoteser och analyser, speciellt när de ligger nära i tiden.

Ingen människa kan se helheten runt sig själv

Åter till frågan om Freuds blinda fläckar och det måste rimligen finnas en del. En av dessa som påverkat metapsykologin och speciellt synen på könsidentitet och på kvinnan, verkar härstamma från hans bristande insyn i sin relation till sin egen mor. Freud som lade så stor vikt vid barndomen var inte speciellt öppenhjärtig om sin egen uppväxt. I Peter Gays (1988) biografi avhandlas Freuds arton första år endast på tjugosex av de 651 sidorna. Det är också märkligt att Freud gör så få hänvisningar till sin egen familj i sin teori som handlar så mycket om kärnfamiljen. Under de år då Freud skrev sina viktigaste arbeten blev han far till sex barn. Adam

Phillips (2014) noterar att det finns väldigt lite skrivet om Amalia Nathanson, Freuds mor – en person med avgörande betydelse för varje individ. Freud som annars skärskådar det mesta undviker noga att undersöka sin kraftfulla mors makt över honom (s. 27). Enligt Freuds son Martin hade fadern även i vuxen ålder en väldig respekt för sin mor, som var arrogant (imperious) och auktoritär (Roudinesco 2014 s. 13). Han hade ständigt ont i magen inför de obligatoriska söndagsmiddagarna hos Amalia, och han sade aldrig emot sin mor, till och med när han blivit framgångsrik och berömd (Breger 2000 s. 290f).

Freud som föddes 1856 fick sju småsyskon mellan 1857–1866, det vill säga tills han själv blev 10 år. Även om han var moderns favoritbarn fanns det många rivaler om moderns gunst och uppmärksamhet. Atwood och Stolorow (1979) ger många exempel på hur Freud trängt undan och förskjutit såväl längtan som negativa känslor kring sin mor och sina småsyskon. Hans ett år yngre bror Julius dog när Freud var 19 månader gammal och Freud minns i sin självanalys, sin svartsjuka och sina olycksönskningar gentemot lillebrodern – som alltså gick i uppfyllelse och resulterade i självförebråelser (Freud–Fliess 1887–1904, i brev 3 okt 1897). En annan avgörande (objekts-)förlust för Freud var hans barnsköterska Monika Zajíc (eller Resi Wittek). Hon försvann plötsligt ur Freuds liv när han var tre år gammal, och fängslades efter att ha blivit påkommen med att stjäla från familjen. Det var dessutom samtidigt som hans mamma var upptagen med den nära förestående förlossningen av lillasystern Anna.

Undvikandet av modersrelationen i den psykoanalytiska teorin

Undvikande och projektion av alla negativa känslor gentemot modern Amalia går som en röd tråd genom Freuds teorier. Atwood och Stolorow (1979) vidareutvecklade affektteoretikern Silvan Tomkins analys som kom fram till att Freuds omedvetna fientlighet och andra negativa känslor i relation till sin mor inte fanns i pojkens utvecklingspsykologi, utan i Freuds beskrivning av flickans psykosexuella utveckling (s 55).

Men Freud framställer alltså relationen till sin mor Amalia som mer eller mindre perfekt. Han upphöjer dessutom det hela till ett generellt förhållande när han skriver att en moders relation till sin son är överhuvudtaget den fullkomligaste, mest ambivalensfria av alla mänskliga relationer (!)(1932 s. 544f). I själva verket närmade sig Freud aldrig relationen till sin mor i sina analyser. De negativa känslor gentemot modern som han trängt bort och projicerat finns istället att hämta på flera sätt i hans teorier framförallt i Freuds förringande eller ibland till och med nedvärderande attityd gentemot kvinnor i allmänhet. I tonåren var han mycket begeistrad i sin ungdomskamrat Emil Fluss mor Eleonora, som var raka motsatsen till Amalia: modern, liberal, kultiverad och fri från den forna skuggan av det judiska ghetto där de alla kom ifrån (Roudinesco 2014).

Elisabeth Young-Bruehl (2004) menar att det finns ett antifeministiskt inslag som tagit sig uttryck på flera olika ställen i Freuds arbeten. Hon menar att det finns en ouppmärksamhet på modern och kärlek, en koncentration på fadern och sexualitet som lett till en socialteori som betraktar individens övervinnande av sexualitet och egoism som nyckeln till socialisering av individen – en överbetoning på sexualiteten på bekostnad av en underbetoning av kärlek och närhet. Freuds privatliv, hans arbeten och därefter psykoanalysen som helhet har dominerats av ett ömhets- och känslosamhetstabu (taboo on tenderness), hävdar Young-Bruehl. Hon hänvisar bland annat till den relativt okände brittiska psykoanalytikern Ian Suttie (1898–1935) och till Ferenczi som påpekat detta. Suttie menade att Freuds teori är ett arbete av ett omintetgjort (thwarted) barn som hämnas på sin mamma. Sullivan (1953) talade också om ett generellt behov hos barnet av att få, och hos modern av att få ge, ömhet.

Det finns andra aspekter i den psykoanalytiska teorin som kan kopplas till Freuds undvikande av relationen till sin mor och i dess förlängning – med hans egna uttryck: »avvisade kvinnligheten« (1937 s. 351) Aron & Starr exemplifierar med driftsteorin, Oidipuskomplexet, kvinnosynen och könsidentiteten (2013). I en av sina sista skrifter ger Freud ett exempel på en konstruktion av en fiktiv patients glömda förhistoria:

»Tills ni var [x år] gammal såg ni det som att ni ensam och oinskränkt rådde om er mor, sedan kom ett andra barn och med det en svår besvikelse. Er mor övergav er för en tid och har inte heller senare ägnat sig uteslutande åt er. Era känslor för er mor blev ambivalenta ...« (1937b s. 361).

Talar Freud möjligen om sin egen historia?

Libidoteorin och Freuds syn på sexualiteten

Freuds syn på sexualitet och könsidentitet och är minst sagt komplicerad och konfliktfylld. Den psykoanalytiska teorin har oftast betraktas mot bakgrund av en restriktiv viktoriansk sexualmoral i Wiens fin de siécle-miljö. Men denna föreställning om sexualiteten var bara en av flera samtidigt rådande. Det fanns även en mycket liberal sexualmoral, speciellt för unga män som till exempel kunde besöka prostituerade, bordeller eller ha sexuella förbindelser med gifta kvinnor i monotona äktenskap (Roudinesco 2014).

Freud hade som oss alla, en personlig moralistisk värdegrund med egna frågeställningar och konflikter. Bland annat värderande han abstinens högt vad gäller sexualitet, men inte när det gällde droger. Han använde själv kokain under en period, och rökte flertalet cigarrer varje dag under hela sitt vuxenliv (Roudinesco 2014). Abstinens återkom senare i den psykoanalytiska terapin som en teknisk parameter – en av de tre grundpelarna.

För Freud personligen var sexualiteten ett stort hot och ett konfliktområde. Han hade en mycket ambivalent attityd till den. Redan som ung man var Freud, en ytterlighet vad gäller moral, sexuell och emotionell kontroll, till och med jämfört med den viktorianska eran, skriver Breger (2000 s. 331). Han var pryd och talade med sina vänner om farorna med föräktenskaplig sexualitet och kärleksaffärer. Freud hade själv mycket lite kontakt med kvinnor utanför familjen tills han träffade Martha, sin blivande hustru. Han kunde inta en mycket moralistisk attityd kring sexualitet såväl emot sig själv, som sina systrar och sitt (enda, kvinnliga, vuxna) kärleksobjekt

Martha. Freud var däremot inte moralistisk gentemot sina patienter (Breger 2000; Roudinesco 2014). Men man får likväl ett bestående intryck av att han ansåg att vår främsta drift kunde användas till bättre saker (kreativt skapande, kunskapssökande, nyfikenhet), snarare än att bara slösas bort på ren njutning och sexuella aktiviteter i sig själv. Enligt Roudinesco avstod Freud för egen del från intimt samliv efter att hans yngsta dotter Anna blivit till av misstag. Han var vid den tiden inte fyllda fyrtio år. Den stora ironin är att sexlivet för den främste moderna teoretikern om sexualiteten alltså antagligen varade i nio år!

Driftteorin är delvis en projektion av Freuds personliga abstinensideal (cult of abstinence) vad gäller sexualitet, menar Roudinesco. Det visade sig bland annat i Freuds analys av Leonardo da Vinci, som han beundrade stort. Det var Freud och inte da Vinci som hade konverterat sin sexualitet till kreativt skapande. Det är högst osannolikt att da Vinci var sexuellt inaktiv, som Freud antog för att exemplifiera sin teori om infantil sexualitet. Istället visar da Vinci-biografierna att denne var en homosexuell man med unga älskare och ett väl så aktivt sexualliv, hävdar Roudinesco (2014).

I sin libidoteori såg Freud sexualiteten som vår främsta motivationskraft samtidigt som han betraktade den som en motkraft till vår civilisation, om den inte kunde tämjas eller sublimeras. Om man som den intersubjektiva systemteorin, antar att teorier börjar i teoretikerns egna erfarenheter så är Freuds val av sexualiteten som drivkraft helt förståelig (Atwood & Stolorow 1979). Libidoteorin utgör fundamentet för den psykoanalytiska teorin om sexualiteten. Freud definierade libido som en kvantitativt föränderlig kraft (1905 s134ff). Han vill särskilja libido och annan psykisk energi och framför antagandet om att den sexuella funktionen har en särskild kemi. Men driften har senare i de flesta psykoanalytiska diskussioner betraktats som en slags pseudofysiologisk, psykisk eller metaforisk energi. Men det har funnits psykoanalytiker som tolkat libidon konkret. Mest känd är Wilhelm Reich som letade efter en mera påtaglig biologisk energi och också ansåg sig ha funnit en sådan i det han kallade för orgonenergi. Oavsett om man tolkar fenomenet fysiskt eller metaforiskt så har det rört det sig om en slags libido som Freud kallar manlig. I den engelska standardeditionen står det att libidon *alltid och nödvändigtvis* är av maskulin natur. I den svenska översättningen står att libidon *i regel* är av manlig natur (Freud 1905 s. 137). Man kan fråga sig vad som menas med manlig och också vad libidon är när den inte är av manlig natur?

Freud menar att vi alla startar med en viss mängd av denna mytiska centrala sexuella motivationskraft. Den transformeras därefter i mindre eller större grad. Påverkad av omgivningen finner den olika vägar, ibland möter den motstånd och hindras eller fixeras, eller så uppmuntras den och får utlevelse. Med hjälp av energibegreppet försöker Freud förklara hur vi fungerar och blir som personer – och hur vi skiljer oss åt. Han talar om hur libidoenergin binds upp, spänningar uppstår och avlastas, med mera. För att få ihop det hela tvingas han gång på gång införa ett antal hjälphypoteser, och upptäcker eller uppfinner ett antal funktioner och begrepp längs vägen, ibland influerade av den grekiska mytologin som oidipus- och elektrakomplex.

Med sitt nya utvecklingspsykologiska perspektiv där den sexuella instinkten genomgick en rad transformationer visade Freud på hur vi alla hade liknande predispositioner. Det lilla barnet var från början polymorft perverst och det var den senare utvecklingen som visade hur vår vuxna sexualitet skulle bli. Denna tanke om *prototyper* var en central idé som inte var känd före Freud, hävdar Breger (2000).

Psykoanalysen hade för sin tid en del mycket radikala inslag. Man bröt med tidigare tabun och gjorde upp med myter och fördomar kring sexualiteten. Freud postulerande en infantil sexualitet och en bisexuell potential som varande helt normal. Han visade på de patologiska effekterna av att förneka och undertrycka detta faktum med en samhällelig attityd av skam, skuld och moralism. De som söker analys lider av alienation från sina primitiva biologiska drifter (som vi delar med djurvärlden). Analytikerns uppgift var att hjälpa patienten att komma i kontakt med och hantera sina drifter medelst sublimering. Trots att Freud var formad av sin 1800-talskultur var han likväl långt före sin tid i många avseenden. På en tid när få doktorer lyssnade på patienten, tog han sina patienters levnadshistoria på allvar, lyssnade noggrant och försökte förstå meningen med deras liv och gjorde det möjligt att tala om sexualitet utan skam, skriver Aron & Starr (2013 s. 227).

Det vore orättvist att beskylla Freud för dubbelmoral men den klassiska psykoanalytiska teorin har likväl varit full av motstridiga uppfattningar om sexualiteten. Han kämpade hårt med att försöka förstå hur vi fungerade och sökte kunskap som han ville skulle bli vetenskaplig. Men Freud gav sig ibland ut på vidlyftiga spekulationer som lett till tokigheter. Freud har beskrivit kvinnan, i jämförelse med mannen, som mera omoralisk, oetisk, narcissistisk, oförmögen till objektivitet. Hon visar mindre rättskänsla, har ett större behov att bli älskad än att älska. Skam och masochism var exklusiva kvinnliga egenskaper (1925 s. 281; 1932 s. 543).

Men psykoanalysen, med sin driftteori blev en stor succé och blev snart den mest populära psykiska behandlingen i USA efter Freuds besök 1909. Den amerikanska medelklassen hyllade psykoanalysen för något som den egentligen inte var: en lyckoterapi – *a therapy for happiness*. Sextio år senare tog man avstånd från samma psykoanalys för att den inte lyckats infria de tillskrivna förhoppningarna, menar Roudinesco (s. 158). Grunden till de initiala förhoppningarna fanns att hämta i konstruktionen av en civiliserad moralism som hävdade att civilisationen stod eller föll med stabiliteten i den monogama familjens kontroll över sexualiteten. Denna nya icke religiösa moralism hade absolut tilltro till det kärleksbaserade äktenskapet – till motsats till det arrangerade äktenskapet, och fördömde alla former av sexualitet utanför det heterosexuella äktenskapet. Även om detta i viss mån var en speciell amerikansk, monogamistisk, kärnfamiljstolkning kunde man hämta stöd i Freuds syn på kraften i den sexuella energin (libidon), som därför måste kanaliseras, desexualiseras, normaliseras, osv., menar Roudinesco.

Oidipuskomplexet

Freud hävdade bestämt att människans första objektval alltid är incestuöst, det vill säga i mannens fall riktat mot modern och systrar, och för kvinnan först mot modern och senare mot fadern och bröder, skriver Roudinesco (2014 s. 182). En sida av modersrollen var modern som älskar sitt nyfödda barn mer än sin son i tonåren (s. 300). Därför är det ännu märkligare att han undviker att analysera sin relation till sin mor. Även Ferenczi menade att banden till modern kunde utgöra den underliggande dynamiken (s. 290). Young-Bruehl (2004) hävdar att fadern dominerar redan i Freuds teorier om spädbarnet. Hon hävdar att ömhetstabut har utgjort en anledning till kritiken mot Freuds driftteorier, från början mot den Darwinistiska teorin om sexualiteten som den centrala motivationskällan (Jung, Adler) och senare mot den dualistiska driftsteorin om Eros och Thanatos.

Från valda delar av sina egna erfarenheter uppfann Freud en teori om ett Oidipuskomplex genom att fokusera på rivaliteten mellan far och son. Han tog hjälp av den grekiska oidipusmyten. Freud valde odipusmyten för att det passade hans teori, men det finns andra myter som visar att den största svartsjukan inte är pojkens svartsjuka på fadern utan svartsjukan från ett äldre syskon gentemot ett yngre, till exempel i den om Kain och i Askungen, skriver Young-Breuehl (2004). Dessutom kom den initiala aggressionen inte från Oidipus utan från Laius, hans svartsjuka fader, menar hon. Roudinesco hävdar att Freud för sina egna syften, avsiktligt förändrade Sofokles oidipusmyt som inte hade mycket gemensamt med Freuds Oidipus med sin dubbla önskan att förgöra sin far och äkta sin mor, efter att Freud lagt till Shakespeares karaktär Hamlet fylld med hämndbegär och mordönskningar till komplexet (2014 s. 79ff). I hennes gedigna Freudbiografi visas tydligt hur oidipusmyten systematiskt genomsyrar Freuds analyser på bekostnad av alla övriga möjliga alternativa perspektiv.

Han kunde själv lätt identifiera sig med denna teori som innebar en ganska så ofarlig och konfliktfri identifikation med tanke på att han själv »vunnit« rivaliteten över sin egen far Jacob – som var starkt försvagad och frånvarande, bland annat tyngd under en svår försörjningsbörda. Freud hade dessutom två äldre halvbröder som hade flyttat hemifrån. Freud var den förstfödde sonen: *Golden Sigi* – det högst prioriterade och priviligierade barnet, med eget rum och stor makt över sina syskon (Breger 2000 s. 24). Senare i livet var det ingen av Freuds tre söner som tog upp den psykoanalytiska manteln, eftersom fadern strikt förbjöd sina söner att välja läkaryrket, och än mindre psykoanalytikerbanan, skriver den äldste sonen Martin (Breger 2000 s. 293). Det var bara yngsta dottern Anna som förde sin fars verk vidare och där kan vi knappast tala om rivalitet utan snarare om oförbehållsam beundran.

Termen oidipuskomplex verkar återfinnas i hans skrifter för första gången 1910 men att vara förälskad i sin mor och svartsjuk på sin far var en idé som Freud hade berättat i sin självanalys drygt tio år tidigare (Freud–Fliess 1887–1904, i brev 15 okt 1897). Idén som stämmer på Freud själv och möjligen på en pojke, stämmer illa på en flicka, vilket leder till hjälphypoteser om penisavund och kastrationskomplex. Under resans gång har han tvingats införa nya hjälphypoteser om preoidipal modersbindning, fientlighet mot modern, etcetera och definierat ett antal psykologiska principer och fenomen. Det slutar med att Freud postulerar att oidipuskomplexet är universellt – något liknande fysikens naturlagar. Tagna var för sig skulle de kunna representera enskilda individers fantasivärld och utvecklingshistoria som framkommit i analys och meningskonstruktion av deras unika levnadshistoria. Men Freuds ambition är att försöka få ihop en generell enhetlig vetenskaplig psykologisk utvecklingsteori som gäller för alla individer och det är denna del av projektet som till slut blir omöjlig.

Freud använder sig visserligen ibland också av andra grekiska myter som den om Narcisos, som älskade sig själv, men inga av dessa myter kom att dominera var och varannan terapi så som oidipuskomplexet kom att göra i USA. Dessutom nöjde han sig inte med att tillämpa oidipusbegreppet i terapirummet utan tillämpade det i analys av konflikterna med och mellan sina lärjungar, framför allt gentemot Jung. Freud ägnade sig systematiskt åt tolkningar av politiska eller teoretiska konflikter, slänge sig vare sig man ville eller inte, med det heliga oidipuskomplexet, vilket hans efterhärmare gradvis tillägnade sig som vardagspsykologi.

Alltså tillämpade han sina begrepp inte bara på litterära texter utan även på de mest banala konfliktsituationer. Och han vägrade att inse att denna utveckling hotade att göra psykoanalysen till en ny religion, skriver Roudinesco (2014 s. 142). Fixeringen vid oidipuskomplexet har lett till ett överbetonande av sexualitetetens betydelse på bekostnad av betydelsen av trauman och (objekts-)förluster, menar bland annat Benjamin (2018) och Breger (2000).

Dessutom bidrar det psykoanalytiska regelverket till en självbekräftelse av oidipuskomplexets universalitet. Den psykoanalytiska situationen skapar ett speciellt spänningsförhållande som avsevärt triggar en oidipal situation jämfört med vad en vanlig (eller till och med en neurotisk) kärleksrelation gör, menar Kernberg (2004). I terapin finns det från början en stark intimitet. På toppen av detta diskuterar och fokuserar man ständigt på de sexuella aspekterna i överföringsrelationen (speciellt om terapeuten är en anhängare av traditionell driftsteori), samtidigt som det finns ett absolut förbud mot att uttrycka sexualitet i en verklig relation mellan parterna. Detta är en av de mest intensiva potentiella förförelsesituationerna man kan tänka sig, och vi skall gratulera varandra till att vi inte har mer än en procent av sexuella gränsöverträdelser bland psykoanalytikerna, fortsätter Kernberg (2004 s. 297f). Inom psykoanalysen har vi förnekat denna starka spänning och det krävs av analytikerkandidaten att denne löser upp sin överföringsneuros i egenterapin och samtidigt identifierar sig med sin utbildningsanalytiker. Den förmodade anonymiteten runt analytikern skapar oanalyserbara idealiseringar, och håller borta (splitting off) negativa reaktioner från rivalitet och underkastelse.

Det är väl i och för sig inte så konstigt att metaforiska beskrivningar av våra relationsmönster kan vara igenkännbara och likna varandra. Utvecklingspsykologiskt sker en kvalitativ förändring vad gäller frustration och behovstillfredsställelse från den pre-oidipala dyadiska relationen: »jag vill ha från dig, och du ger mig eller inte«. Detta förändras till *ett drama* när en tredje person finns med: »jag vill och du vill inte ge mig *på grund av din relation till en annan*. Nu måste jag konkurrera med en annan ...«, skriver Atlas och Aron (2018 s. 65). Hur detta går till och hur distinkt denna psykologiska övergång är kan väl diskuteras. Men att utgå från att oidipuskomplexet skulle utgöra ett universellt problem för åtminstone halva mänskligheten (den manliga) och därmed tvinga in var och varannan analys på detta område, så som mainstreamfreudianerna länge gjorde i USA har bara skymt sikten för andra relationella mönster och konflikter. Än idag fortsätter en del teoretiker (framförallt kleinianer) att starkt överbetona oidipusmytens förklarande värde för vårt psyke (Steiner 1989).

Andrew Samuels (2017) skriver att oidipuskomplexet inte är en politiskt neutral idé utan att det finns andra generationsöverskridande manliga relationsformer än den oidipala. Han hänvisar till en av sina klienter vars konstruktiva terapiarbete inte handlade om att tävla utan om att *jämföra* hela sin levnadssituation med faderns. Om Freud hade avstått från att generalisera hade den psykoanalytiska utvecklingsteorin troligen sett annorlunda ut och vi hade haft en mer öppen och varierad syn på far-son-relationen. Istället för att betraktas som ett generellt komplex kunde dess användning blivit till *ett* »undersökningsverktyg« (Neubauer 2003 s. 338) *bland många andra.*

Psykoanalysen och könsidentiteten

Mycket av vår könsidentitet och tillhörande psykiska funktioner baserar sig enligt psykoanalysen på de anatomiska skillnaderna det vill säga biologi mer än psykologi. Freud utgick alltså från antagandet att vår anatomi är vårt öde. Men han uttrycker ibland tvekan och ambivalens. Driftläran är vår mytologi. Drifterna är mytiska väsen, storslagna i sin obestämdhet. I vårt arbete kan vi aldrig för ett ögonblick bortse från dem, ändå är vi aldrig säkra på att vi ser dem tillräckligt klart, skriver han (Freud 1932 s. 510). Men till slut hamnar Freud likväl tillbaka på anatomin som startpunkt för vår utveckling när han konstaterar att den anatomiska skillnaden mellan könen på något sätt måste få psykiska följder (1932 s. 536).

Kvinnan blev i teorin en ofullständig varelse som led brist på en penis, vilket hon avundades mannen (Breger 2000). Mannen å sin sida värjde sig mot passivitet, känslighet och svaghet. Avvisade kvinnligheten utgjorde fundamentet för vårt psykiska liv, enligt den klassiska psykoanalytiska teorin (Aron & Starr 2013). Flickan skall alltså under utvecklingens gång skifta erogen zon och (identifikations-)objekt, medan pojken behåller dessa, skriver Freud (1932 s. 531).

Men Freud tvekade ibland själv inför sina egna anatomiskt grundade förklaringar och hänvisade också till konvention, sociala förhållanden och uppfostran kring formandet av vår sexualitet. Han skriver att mänskligheten har grubblat över kvinnlighetens gåta i alla tider och avslutar denna sin sista uppsats om sexualiteten med: »Om ni /.../ betraktar penisfrånvarons inflytande på kvinnlighetens utformning som en fix idé hos mig, är jag naturligtvis försvarslös.« (1932 s. 544). Tidigare hade han skrivit att det endast är mannens kärleksliv som har blivit tillgängligt för forskningen, medan kvinnors, delvis till följd av kulturens ensidighet men delvis även genom kvinnors konventionella förtegenhet och brist på uppriktighet, är höjt i ett ännu ogenomträngligt mörker (1905 s. 81). Och när han var 70 år erkände att han egentligen inte förstått sig på kvinnan som utgjorde *en mörk* (outforskad) *kontinent* (1926 s. 268). I ett känt uttalande till Marie Bonaparte, citerat av Ernest Jones, sa Freud:»Den stora frågan ... som jag hitintills aldrig kunnat besvarat, trots mina trettio års forskning om den kvinnliga själen är 'Vad vill en kvinna ha?'« – *What does a woman want?* (Jones, 1955 s. 474 min övers). Breger (2000 s. 331) kommenterar att Freud här säger precis som det är, det vill säga att han aldrig förstod sig på kvinnor. Detta är knappast heller förvånande, eftersom han i stort sett aldrig tillät sig någon äkta närhet med dem.

Samhällets syn på sexualitet har förändrats mycket under de mer än hundra år från 1800-talets slut när psykoanalysen skapades och tills idag. Efter Freud har det skrivits mycket om ämnet. Framförallt har det framförts kritik mot psykoanalysen från feministiskt håll som lett till revideringar av teorin. Penisavund och livmoderavund kan förekomma precis som det kan förekomma all annan slags avund. Men detta duger inte som en utvecklingspsykologisk universalförklaring till könsidentiteten.

Från relationellt håll har Jessica Benjamin talat om att barn av båda biologiska kön från början är *överinklusiva* – det vill psykologiskt sett ha allt (penis *och* vagina), vara allt och kunna allt– utan begränsningar. Om vi lämnar en strikt objektivistisk kunskapssyn höjer oss över den biologiska nivån kan vi konstatera att vår kropp och sexualitet kan ha högst varierande meningsinnehåll och användas för olika ändamål beroende på kontext, situation, relation, etcetera, varav inget kan sägas vara bättre eller sämre per se. Sexualitet och könsidentitet verkar vara något av de mest komplexa ämnena för mänskligheten – för vissa individer ett stort och konfliktartat ämne, för andra individer tämligen så okomplicerat. Den klassiska psyko-analytiska driftsteorin har i vissa avseenden varit till hjälp men också till stor del grumlat och förvirrat förståelsen för vår sexualitet.

Epilog

Freuds upptagenhet av sexualiteten var en av orsakerna till brytningen med Jung och Adler. Genom att fokusera på oidipuskomplexet, befäste Freud sin *psykosexuella driftsteori* och satte ett fokus som gjorde att han kunde bevara idealiseringen av relationen till modern. Om Freud istället hade vågat närma sig en analys av sina tidiga konflikter kring sin ständigt upptagna gravida mor, förlusten av sin lillebror Julius och förlusten av sin primära anknytningsperson – barnsköterskan – då hade den psykoanaly-tiska utvecklingsteorin troligen sett helt annorlunda ut. Kanske hade Freud inte övergivit sin förförelseteori? Kanske hade psykoanalysen lagt mera tonvikt vid traumateori, vilket är något som den relationella psykologin senare kommit att utveckla? Kanske hade den komplexa psykoanalytiska och psykodynamiska teorin haft flera fruktbara grenar?

Hade Freud och flera av hans arvtagare inte gjort så omnipotenta anspråk på en generell utvecklingspsykologisk teori och inte varit så upptagna av naturvetenskaplig objektivism så hade den psykoanalytiska teorins verkliga kvaliteter varit tydligare – en mångsidig teori för menings(re-)konstruktion och många och allsidiga perspektiv på sexualiteten. En av den psykodynamiska teorins största meriter är den hjälp den kan ge för människor – att skriva om sin livshistoria på ett sätt som öppnar upp för nya framtida möjligheter (Choder-Goldman 2014).

Efterskrift

Artikeln är den första av vad som kom att publiceras som två olika artiklar i *Psykoterapi* (Wånge 2018). De båda artiklarna fick och långa krångliga rubriker men skulle egentligen haft titeln: »Mot en ny psykodynamisk teori«. De skrevs efter hemkomsten från min sjunde IARPP-kongress: *IARPP 16th Annual Conference. Hope and Dread: Therapists and Patients in an Uncertain World* i New York, sommaren 2018.

Under 2018 publicerades tre högklassiga relationella böcker. Först utkom Jessica Benjamins (2018) bok med hennes ömsesidiga bekräftelse- och igenkänningsteori, som jag recenserat i *Psykologtidningen* (Wånge 2017). På konferensen i New York hade jag bevistat två »meet-the-author« för nyutkomna böcker där Galit Atlas & Lewis Aron (2018) presenterade sin gemensamma bok om enactments och Stephen Seligman (2018) sin utvecklingspsykologiska bok. Jag hade dessförinnan börjat att fördjupa mig i personologin och den intersubjektiva systemteorin (IST) (se: Wånge 2019 s. 339–376 för en introduktion) och fascinerats av hur mycket alla teorier hänger ihop med sina upphovspersoner och deras tidsanda – framför allt när det gäller teorier om vårt psyke.

2018 var ett produktivt bokår för den relationella psykoanalysen. Det utgavs tre antologier om den relationella psykoanalysens status, de två självkritiska: »*De-Idealizing Relational Theory: A Critique From Within.*« och »*Decentering Relational Theory: A Comparative Critique.* (Aron, Grand & Slochower 2018 a & b) och Roy Barsness »Core Competencies of Relational Psychoanalysis«. (2018). Dessutom postumt »*The Collected Papers of Emmanuel Ghent. Heart Melts Forward.* (2018)

I denna min första artikeldelen fortsätter jag mitt idéhistoriska utforskande från Freud fram tills den relationella psykoanalysen 2018. Den andra delen (som jag inte tagit med i denna bok) fortsätter med en diskussion av psykoanalysens metapsykologi och kunskapsteori och avslutas med en jämförelse mellan den relationella psykoanalysen och »mainstream« –psykoanalysen, så som den presenterades av den *svenska psykoanalytiska föreningen* (spaf) i tre introduktionsvideor på deras dåvarande hemsida. (Wånge 2018).

8. Freud och psykoanalysen igår och idag. (2022)

Psykoterapi 2022:4 s. 36–41.

Trots miljardsatsningar på kognitiv terapi inom psykiatrin under många år är det illa ställt med den psykiska folkhälsan. På hösten 2020 startade en debatt i massmedia (främst i GP och DN) där man framförde att den uteblivna framgången är kopplad till psykoanalysen och till att psykoterapeuterna på universitetet i Göteborg läser några av Freuds artiklar. Försöken att demonisera eller förlöjliga Freud har återkommit med jämna mellanrum under årens lopp. Detta har fått mig att reflektera över psykoanalysens nuvarande status och idéhistoria.

Freuds inflytande inom psykologi och kulturliv är otvivelaktigt och kan sägas vara i paritet med Newtons, Darwins, Marx, Einsteins eller The Beatles inom sina specifika områden. Men teorier uppkommer under unika omständigheter såsom tidsanda och kultur, och måste därför betraktas i sitt hela sammanhang. Psykoanalysen uppstod för drygt ett hundra år sedan. Mycket har förändrats sedan dess: kunskapssyn, sanningsbegrepp, synen på relationen mellan kvinna och man, genus, familj. De flesta teorier har någon slags tillämpningsområde, vilket förändras med tiden. Ett exempel är Newtons teori som begränsades efter Einsteins relativitetsteori. Freud upptäckte inte det omedvetna, men konstruerade en vetenskap som är baserad på och tar hänsyn till de icke medvetna processernas inflytande. Med psykoanalysen öppnades helt nya perspektiv som förändrade kunskapsparadigmet för synen på vårt psyke.

Freud verkade i en tid då objektivism och teorin om strikt korrespondens mellan perception och inre föreställningar rådde. Sanningsbegreppet var sådant att det fanns en enda sanning och allt annat var osant. Svaret på frågan »Vad var det som hände?« är komplicerad när det gäller interpersonella skeenden och måste betraktas i helhetskontext, med hänsyn tagen till språk, minnesfunktion, affektiv påverkan, selektiv perception och psykiska försvar.

Vad vet vi om Freud?

Det finns en mängd biografier av varierande kvalitet över Freud. Några skrevs av nära medarbetare där Ernest Jones (1953) anses vara den auktoritativa. Jones var själv en hängiven psykoanalytiker och det finns mycket av idealisering i hans biografi. Under åren 1964–1967 genomförde Paul Roazen (1971) intervjuer med drygt sjuttio personer som kände Freud personligen. De flesta var själva i professionen eller släktingar och deras bild av Freud är färgad av deras personliga relation till honom. 1988 utkom en omfattande biografi av historikern Peter Gay (1988) som också är idealiserande. Bland de nyare biografierna finns Louis Breger (2000) och Elisabeth Roudinesco (2014) som båda är omfattande och har gedigna referenser. Det finns också (idé-)historiska framställningar av psykoanalysen. De mest läsvärda har enligt min uppfattning skrivits av Lewis Aron och Karen Starr (2013) Henri Ellenberger (1970), George Makari (2008), Svein Haugsgjerd (1986) Joseph Schwartz (1999) och Neville Symington (1986).

Freud hade vetenskapliga ambitioner, vilket på hans tid var lika med naturvetenskap. Men psykoanalysen blev aldrig någon naturvetenskap, vilket Freud hade hoppats på. Istället lyckades han öppna upp en inom psykologin unik dialektik mellan naturvetenskapens lagbundenheter och människans behov av meningskonstruktion – en besvärlig process som fortfarande pågår.

Freud hade en exceptionell arbetskapacitet och arbetsdisciplin. Förutom åtta patienttimmar varje dag, sex dagar i veckan nästan fram till sin död 1939, förde han en omfattande yrkesmässig korrespondens. En del av denna finns bevarad, bland annat breven till Wilhelm Fliess, Carl Gustav Jung och Ernest Jones. Därutöver skapade Freud sina teorier som finns manifesterade i hans samlade verk omfattande drygt 11 000 sidor.

Vad betyder Freuds person för den psykoanalytiska teorin?

Personliga fakta har olika relevans, så vilken är relationen mellan hur Freud var som person och den psykoanalytiska teorin? Freud använde kokain under en kort period. Han kedjerökte cigarrer och kunde inte sluta, vilket sannolikt var orsaken till den eskalerande muncancer som plågade honom under de femton sista levnadsåren. För övrigt var han en renlevnadsman och drack inte alkohol. Freuds relation till sexualitet, sin egen och andras, var komplicerad. Även som vuxen hade han stor respekt för sin mor, som han både var undergiven till och idealiserade. Freud tyckte inte om musik – det var för mycket emotioner och för lite intellekt. Han ogillade den amerikanska levnadsstilen och fann den ytlig. Freud var sekulariserad religiöst sett, men han var samtidigt ambivalent till sitt judiska påbrå och levnadssätt.

Freuds bruk av kokain och cigarrer har ett visst idéhistoriskt intresse. Man har undrat över huruvida Freuds cancer bidrog till att han postulerade sin dödsdriftsteori i början av 1920-talet (till exempel Reich 1967). Att Freud inte tyckte om musik och inte drack alkohol är svårt att se som relevant för psykoanalysen idag.

Freuds relation till sexualitet och till sin mor och kvinnor i allmänhet har haft desto större implikation för psykoanalysen. Spåren syns tydligt i teorin i form av synen på genus och sexualitet, motivationskrafter. Idéerna om sublimering, aktualneuros, oidipuskomplex med mera har tydliga paralleller till Freuds personliga situation. Han insåg på sin ålders höst att han aldrig förstått sig på kvinnor (Jones 1953; Breger 2000). Freuds »genusteori« kritiserades redan på 1920-talet av Karen Horney och från 1980-talet av feministiska psykoanalytiker (Wånge 2019 s. 62ff). Senare kritik menar att teorin är snävt begränsad till kärnfamiljen, med fadern som den centrala identifikationsgestalten. Den saknar nästan helt relationen till modern, lägger för lite vikt vid den preoidipala situationen och den avgörande betydelsen av relationer till personer utanför familjen, speciellt under tonåren (Corbett 2009). Denna del av teorin är numera reviderad och jag har inte träffat någon kollega som idag talar om penisavund. Psykoanalysen har också varit dåligt integrerad med utvecklingspsykologin och innehåller flera felaktiga slutsatser, såsom den om spädbarnets autistiska stadium (Seligman 2018).

Den relationella psykoterapin har riktat konstruktiv kritik mot driftteorin, enligt min uppfattning (Wånge 2019 s. 53ff). Freud såg i sin libidoteori sexualiteten som vår primära (fysiska eller psykiska) energikälla och motivationskraft, vilket är en förenkling. Men han hade rätt såtillvida att sexualiteten har stark laddning och en central plats långt utöver reproduktion både för individen och i kulturen – både i form av attraktion (sexindustri, pornografi, prostitution, människohandel) och repression (upptagenhet, reglering och förtryck av andras sexualitet).

Det är förstås omöjligt att presentera en heltäckande teori om människans psyke. Tidigt antog Freud att det var faktiska sexuella övergrepp som var huvudorsaken till psykisk ohälsa (hysteri). Senare övergav han denna förförelseteori och menade att det rörde sig om fantasier. Efter detta koncentrerade han sig på den intrapsykiska delen, vilket innebar att psykoanalysen aldrig utvecklade någon ordentlig traumateori (Wånge 2022). Men Freud förnekade naturligtvis inte förekomsten av sexuella övergrepp eller menade att sådana skulle vara oskadliga för den drabbade. Forskningen har visat att minnet är en dynamisk enhet som producerar en blandning av fakta och fantasi, i en unik version varje gång det används, delvis baserat på förgående version. En terapi bör därför bara i begränsad utsträckning vara inriktad på att i efterhand försöka skilja mellan vad som faktiskt hände i barndomen och de bilder eller minnen som patienten själv har konstruerat. Donald Spence benämner den förstnämnda för historisk sanning och den senare för narrativa sanning (1982). Spence menade att man i terapin skulle arbeta med den narrativa sanningen vilket har stöd i anknytningsteorin (Wallin 2007 s. 34). Människans psyke består alltså av erfarenheter som genererats av såväl fakta som av egna konstruktioner.

Freud hade – som vi alla – blinda fläckar, en del som lett till ohållbara konklusioner (Wånge 2018). Han spekulerade vidlyftigt vilket ibland ledde till idéer som utvecklade teorin, men andra gånger bara till återvändsgränder. Spekulationerna finns framför allt i den psykoanalytiska metapsykologin som Freud själv benämnde »häxan«. Dessa var preliminära antaganden och resultat, en spekulativ överbyggnad som »kan offras eller bytas ut /.../ närhelst den har visat sig vara otillräcklig«, skriver Freud (1925 s. 528). I praktiken var det bara Freud själv som gjorde dessa ändringar. Efter Freuds död har metapsykologin ofta betraktats som en bibel av hans efterföljare och det har tagit åtskilliga år innan man har vågat börja ifrågasätta, diskutera och revidera den.

Sambandet mellan teori och praktik

Teori och praktik är sammanflätade med eller står i ett dialektiskt förhållande till varandra (Atwood & Stolorow 1979). Freud blev den första betydande pratdoktorn efter att ha lämnat de då rådande kroppsliga behandlingarna och hypnosen bakom sig (Wånge 2019 s. 20ff). Han lyssnade tålmodigt på sina patienter och lyckades under avsevärt motstånd transformera den rådande psykiatrin från materiella och mekanistiska behandlingsmetoder till en verbal terapiform. Harry Stack Sullivan fullföljde senare detta i USA genom att omdefiniera och bredda den psykiatriska synen på psykisk sjukdom. Freuds teorier var individualpsykologiska och Sullivan kompletterade med att betrakta individen i ett bredare relationellt sammanhang (Wånge 2015; 2016.)

Förutom att lyssna på patienten vände Freud sitt intresse inåt – ett perspektiv som senare kom att fortsätta inom den brittiska psykoanalysen. Han började också intressera sig för hur hans eget psyke fungerade i (egen-)analys och i drömmar. Undersökningen skedde med hjälp av introspektion – ett drag som senare återkommer i USA i självpsykologin hos Heinz Kohut.

I sitt kliniska arbete ville Freud inte bli beskådad och valde därför att sitta utanför patientens synfält. Detta arrangemang har många av hans elever tagit efter. Det finns för- och nackdelar med att patienten ligger på en soffa och inte öppet interagerar med terapeuten. Den största nackdelen är att den icke-verbala kommunikationen blir begränsad. Problemet har fått ökad uppmärksamhet på senare år bland annat på grund av upptäckterna från spädbarns- och affektforskning, som visar att vi ständigt kommunicerar också utanför vårt medvetna verbala sätt.

Kanske var Freuds behandlingar verkligen »undermåliga« (Arbman 2022 s. 12f). Men det viktiga är de arbetssätt och teorier som successivt utvecklades genom hans kliniska arbete. På liknande sätt är det intressanta med Galileo Galileis beräkningar av himlakropparna inte att de var felaktiga, utan tvärtom hur nära de var de mätningar som gjordes av NASA fyrahundra år senare.

När psykoanalysen började bli etablerad ville alla runt omkring Freud gå i (egen-)analys hos honom (Roazen 1971). Han hade också sin egen dotter Anna i analys. Efter en tid upptäckte han problem med läckande information mellan patienter och mellan det privata och det terapeutiska som ledde till utvecklandet av speciella regelsystem för terapikontakten, det vi idag kallar för det terapeutiska ramverket, som bland annat innebär att en terapeut inte skall ha patienter i terapi som känner varandra väl.

Den psykoanalytiska rörelsen

Med sin judiska bakgrund var Freud utestängd från en akademisk karriär och därmed hänvisad till att bli privatpraktiker. Men han hade stora vetenskapliga ambitioner. När han inte hade tillgång till akademin tvingades han att börja forska på sitt eget empiriska material – de egna patientfallen. Utifrån detta utvecklades en rad nya metoder och förhållningssätt som troligen aldrig getts något utrymme om Freud hade arbetat i den strikta naturvetenskapliga miljön på universitetet i Wien (Symington 1986 s. 55 & 60).

Freud arbetade mestadels ensam. Men han diskuterade sitt arbete med enstaka kollegor, först Joseph Breuer och senare Wilhelm Fliess. När deras idéer började avvika från hans egna bröt han bryskt kontakten med dem.

Freud var bara intresserad av dem som följde honom. Han samlade en liten skara intresserade till en liten seminariegrupp hemma hos sig, den så kallade Onsdagsgruppen där man regelbundet diskuterade patientfall och läste upp sina uppsatser. Gruppen växte med åren och man övergick till att ha mötena utan för Freuds hem och benämnde dem Wiens Psykoanalytiska sällskap. Protokollen från dessa möten 1906–1918 finns publicerade i fyra volymer under namnet *Minutes of the Vienna psychoanalytic society*. Freud hade en särställning i gruppen och titulerades Professorn av de övriga.

Freud vakade svartsjukt över psykoanalysen – sin egenskapade »baby«. Han bestämde enväldigt vad som var och inte var psykoanalys. Freud ville ha monopol på och själv utveckla sina idéer. Han uppskattade inte kritik som kom från andra, men han var samtidigt självkritisk och ifrågasatte och reviderade ständigt sina teorier. Om man inte lojalt följde hans grundläggande antaganden avslutade han samarbetet eller såg till att man blev utesluten ur den psykoanalytiska rörelsen. Teorin skapades till stor del av Freud själv men backades upp av en ökande skara av lojala elever som utgjorde en sektliknande församling. Efter att ha fått sin cancerdiagnos började Freud så smått att dra sig undan och levde därefter ett alltmer tillbakadraget liv vad gäller socialt umgänge och deltog bara sparsamt på professionella sammankomster.

När Freud dog 1939 var psykoanalysen inte längre knuten till en enskild person. I England uppstod det en maktkamp mellan Freuds dotter Anna och utmanaren Melanie Klein. Konflikten stabiliserades genom ett institutionellt arrangemang med en mellanstående neutral grupp (oberoendegruppen). I USA kom psykoanalysen att styras av en grupp inflytelserika psykoanalytiker som i bästa fall hade gått i analys hos Freud. Allt skedde sedan under överinseende av en internationell organisation IPA, där en av Freuds närmaste medarbetare Ernest Jones var ordförande i över tjugo år från 1920–24 och 1932–49. IPA har därefter utgjort navet för en något så när sammanhållande psykoanalytisk rörelse, utan vilken psykoanalysen troligen hade fragmenterats helt och hållet. Istället bildades det olika varianter eller skolbildningar inom psykoanalysen. IPA har samtidigt varit ett slutet starkt hierarkiskt sällskap utan insyn från utomstående. Detta har skyddat psykoanalysen från att upplösas men det har också gjort det svårt för ickemedlemmar att ta del av psykoanalysen och integrera den med akademisk forskning. För den som är intresserad av psykoanalys utan att behöva vara inskriven vid något institut eller universitet finns *International Association for Relational Psychoanalysis and Psychotherapy* (IARPP) ett icke-hierarkiskt nätverk som anordnar årliga internationella konferenser och webinars. I IARPP kan vem som helst bli medlem (Wånge 2019, Appendix s. 377–382.)

Med nuvarande syn på kunskap och vetenskap finns det mycket att invända mot psykoanalysens skapelseprocess. Freuds förhållningssätt hade varit fullständigt otänkbart idag. Samtidigt tror jag aldrig att det kunnat uppstå en någorlunda sammanhållen psykoanalytisk teori på något annat sätt. Förmodligen hade man senare upptäckt vissa generella fenomen och konstruerat begrepp liknande de psykoanalytiska såsom överföring, försvarsmekanismer, lustprincip. Men dessa »fragment« hade troligen aldrig inlemmats till en gemensam teori och praktik såsom psykoanalysen.

Psykoanalysens kunskapsteori

Freud insåg att mänskliga subjekt inte är robotar eller datorer och därför skiljer sig från naturvetenskapliga studieobjekt som är möjliga att studera utifrån. Hos människan finns psykiska processer som man bara kan förstå genom att tala med densamme. Men det finns också påverkansprocesser som finns utanför individens egen förståelse och medvetande. Dessa processer kan inte observeras direkt utan måste härledas indirekt från patientens utsagor och beteende. Freud fick därför skapa nya sätt att samla in material – såsom drömrapportering och fri associerande som därmed blev som ett slags vetenskapliga instrument för honom. Freuds genialitet bestod i att han integrerade två traditioner, den vetenskapliga och den romantiska, vilka tidigare hade varit antagonistiska (Symington 1986 s. 83). Han försökte alltså finna lagbundenheter och systematisera den del av vårt psyke som i vissa avseenden fungerar med en annorlunda logik och rationalitet än den vi är vana vid och medvetna om. Sådant källmaterial härrör från subjektiva erfarenheter som inte accepteras av naturvetenskapen. Psykoanalysen och akademin har därför haft en mångårig, utdragen och ibland också destruktiv konflikt – som pågår än idag. Psykoanalysen är fortfarande inte rumsren på många universitet. Men sedan några decennier tillbaka har man börjat närma sig varandra och den relationella psykoanalysen som står nära anknytnings- och affektteori och spädbarnsforskning har kommit längst i detta avseende, enligt min förmenande.

Det mänskliga psyket ägnar sig i stor omfattning åt subjektiv menings- och identitetskonstruktion förutom att hantera information och fakta. Att ge patienten utrymme för denna subjektivitet utgör en avsevärd del av det psykoanalytiska arbetet. Naturvetenskapen som befattar sig enbart med fakta, hänvisar meningsskapande åt humaniora och religion.

Olika personliga och allmänna omständigheter ger olika stora avtryck i och har olika relevans för teorin. Att tillämpa psykoanalytisk teori kräver långvariga och omfattande studier och praktik, men också att man kontinuerligt uppdaterar, reflekterar över och försöker integrera gammalt och nytt från olika divergerande utvecklingslinjer inom den psykoanalytiska gemenskapen. Psykoanalysen är mer än de flesta andra teorier en process-teori. Det finns ingen slutpunkt med bestämda svar utan psykoanalysen får snarare betraktas som ett förhållningssätt till och en praktik för tänkande om vår psykiska verklighet. En psykodynamisk terapi bygger på ett unikt möte mellan två unika individer, vilket lätt kan saboteras om man försöker manualisera metodiken. Det är också olämpligt att isolera kognitivt från affektivt, eftersom dessa båda dimensioner är inblandade i de flesta icke-triviala psykologiska processer och funktioner.

Det avgörande kunskapsteoretiska problemet inom psykoterapi handlar om hur man skall kunna inlemma patientens subjektivitet och meningsskapande och förena dessa med objektiva vetenskapliga fakta. Terapeutens utmaning är att hjälpa patienten balansera dessa två aspekter i relationella sammanhang – i det som ibland metaforiskt beskrivits som horisontsammansmältning. Relationen med terapeuten fungerar i bästa fall som en allmän prototyp för hur man interagerar med andra, något som patienten bär med sig i andra relationer. Det terapeutiska paret skall samtidigt också gemensamt (re-)konstruera patientens levnadsberättelse till en sammanhållen och harmonisk enhet, så långt detta är möjligt, för att därefter kunna ligga till grund för patientens identitetsupplevelse. Jag vet ingen teori som lyckas bättre med denna process än den psykoanalytiska/psykodynamiska. Sedan borde det väl egentligen spela en mindre roll om man nu vill kalla detta för vetenskap eller inte.

Efterskrift

I mitten av augusti 2022 blev jag uppringd av redaktionen för tidskriften *Psykoterapi* med en förfrågan om jag kunde recensera en nyutkommen bok av psykologen Billy Larsson med titeln: »*Arton myter om Freud*« (2022). Larssons bok hade föregåtts av en debatt i tidningspressen under hösten 2020. Där hade ett antal kognitivt inriktade psykologer hävdat att den skriande bristen på kompetens inom psykiatrin berodde på att man läser några av Freuds artiklar (främst på psykoterapiutbildningen på Psykologen vid Göteborgs Universitet). Jag ansåg att deras argument borde ställas mot att Socialstyrelsen i mer än ett decennium hade gjort allt vad man kunnat för att utrota psykodynamiskt tänkande genom att årligen ensidigt pumpa in miljarder till kognitiv psykoterapi, coaching, manualer, med mera. Och likväl minskade kompetensen inom psykiatrin och den psykiska ohälsan bara förvärrades. Jag skrev därför en debattartikel: »Skyll inte på Freud«, som publicerades på *Psykologtidningens* internet-sajt, som finns i ett kapitel längre fram i Del III, sid. 261. (Wånge 2020).

Larsson lyckades skapa stora rubriker i massmedia. I DN 2022-08-17 fanns en tecknad bild av Freud med bolmande cigarrer i öronen och rubriken löd: »Psykolog i ny bok: Freud var inte någon vetenskapsman – alla hans behandlingar misslyckades.« Jag tackade ja till recensionsuppdraget och anade vad som komma skulle. Så istället för att kasta mig över Larssons bok bestämde jag mig för att *först* själv formulera mig i en egen Freud-text med mina egna reflektioner i ämnet. Och mycket riktigt, Larssons bok visade sig utgöra en populistisk men kvalificerad vulgärkritik av det vinklade slaget, där författaren från början *endast och systematiskt* varit inställd på att försöka hitta material för att misskreditera Freud. Min recension var negativ och slutade med: »Det är obegripligt att Larsson fortsätter att studera och skriva om en teori som han varken tycker om eller tycker sig ha någon nytta av.« (Wånge 2022 s. 52). Larsson hade därefter en debattartikel i bokens anda i *Psykologtidningen* nr 6/2022 som jag och IPA-psykoanalytikern Catharina Engström, svarade på i varsin replik i nr 7/2022. Därefter fortsatte debatten en kort tid på Psykologtidningens internetsajt med någon ytterligare debattör.

Frank Sulloway gör ett mera seriöst försök att diskutera tjugosex olika myter om Freud och psykoanalysen i ett kapitel kallat »Hjältemyten i den psykoanalytiska rörelsen«. (1979 kap. 13, s. 445–495). Kapitlet avslutas med ett »supplement« (s. 489ff) där det finns en lista över varje myts innehåll och funktion samt källhänvisningar. Sammanfattningsvis menar Sulloway att det finns tre mera generella myter inom psykoanalysen: 1. Att Freuds arbeten var helt nydanande och originella, 2. Att Freud var intellektuellt isolerad i många år och 3. Att Freuds arbeten uteslutande mottogs fientligt. Sulloway är en seriös Freudkritiker som vill påvisa psykoanalysens förankring i biologin i sin bok: »*Freud, Biologist of the Mind. Beyond the Psychoanalytic Legend*« (1979).

Myter är inte så lämpliga i seriösa sammanhang, men kan naturligtvis vara mer eller mindre skadliga. En tämligen så harmlös, men seglivad myt är Freuds påstådda rekommendation av Gestapo, när han tvingades lämna sitt kära Wien för London under sitt sista levnadsår och dessutom måst betala en ansenlig lösensumma. Jag nämner denna myt i min introduktionsbok (Wånge 2019 s. 25 not 4).

Attacker och förlöjligande av psykoanalysen dyker upp med jämna mellanrum och får lätt stort genomslag i massmedia – ofta i form av stereotypier eller rena dumheter från okunniga svenska journalister. Förutom de bolmande cigarrerna i öronen i DN avtecknades till exempel Freud i *Ordfront Magasin* (2000/7–8) med en penis till näsa och kallades för

Kung Freudipus, som jag tidigare har påpekat. Det har hetat att Freud var »kokainmissbrukare«. Och visst, han laborerade och experimenterade med kokain under en period och använde den som lindring mot sina näs- och halsbesvär (Schur 1972). Freud var nära att upptäcka dess verkan som lokalbedövning (vid ögonoperationer). Han undersökte dess effekt på sitt tänkande och sin kreativitet – men det var inte fråga om någon slags verklighetsflykt med partydrogande eller sexuella excesser, som det numera handlar om när det talas om kokain.

Konstruktiv kritik är viktig. Precis som Larsson kan jag reta mig ordentligt på de som sprider romantiserande myter om och idealiserar Freud. Men som jag skriver i bokrecensionen skall kritik vara inriktad på att utveckla det som är av värde (Wånge 2022d s. 52).

Del II.

RELATIONELL PSYKOANALYS/PSYKOTERAPI

9. Det relationella perspektivet (2011)

Insikten 2011:3 s. 17–23

Den relationella psykologin eller det relationella perspektivet är inte speciellt etablerat här i Sverige och det är något egendomligt. Eller så är det inte så konstigt eftersom RP starkt skiljer sig från traditionella psykoterapeutiska »skolor« som har egna hierarkiskt uppbyggda institut med avancerade intagnings- och kontrollinstanser. RP har istället utvecklats till ett kunskapsnätverk via IARPP, där alla som är intresserade får bli medlemmar.

Jag skriver detta, på sensommaren nyligen hemkommen från IARPP's (International Association for Relational Psychoanalysis and Psychotherapy) nionde internationella kongress i Madrid. Dryga tiotalet svenskar deltog denna gång.

Den svenska psykoanalytikerkåren, som också brukar vara medlemmar i den internationella psykoanalytiska föreningen IPA (International Psychoanalytic Association), har inte visat något större intresse av RP. Utan att känna till några detaljer tycker jag att det är lite märkligt att Margit Norell (1914–2005) som 1968 ledde utbrytandet av och skapandet av en ny psykoanalytisk grupp, *Svenska Föreningen för Holistisk Psykoterapi och Analys* (numera *Svenska Psykoanalytiska Sällskapet*) inte lämnade mer spår av RP efter sig. Norell utbildade sig bland annat på White-institutet i New York, där RP-rörelsen startade. Hon borde ha varit samtida med Stephen A. Mitchell (1946–2000) som utbildades där från 1972 till 1977, och med många andra RP företrädare: Lewis Aron, Philip Bromberg, Emmanuel Ghent (1925–2003), Darlene Ehrenberg med flera. Och med Edgar Levenson som var den dåvarande ledaren för White-institutet.

Kanske har ointresset berott på att RP uppstod just som en oppositionell rörelse mot den traditionella psykoanalysen – en reaktion mot den hierarkiska organisationen, den rigida strukturen och teknikfixeringen. I vissa frågor har den traditionella psykoanalysen ibland haft en rent reaktionär hållning, till exempel i synen på homosexualitet och könsidentitet (penisavund, etcetera.) De teoretiska dispyterna rörde sig från början om synen på regression och aggression, och senare på bortträngning och det omedvetna (se: The Gill/Bromberg Correspondance: Bromberg, med flera 2011; Mitchell 2002 s. 132ff; Stern 1997). Andra frågor har gällt synen på den psykoterapeutiska processen; skall terapeuten uppträda som en neutral observatör eller är terapeuten (ohjälpligt) inblandad som en deltagande observatör? I vilken mån skall terapeuten använda sig av sina egna känslor och erfarenheter, kan man kanske till och med utlämna saker om sig själv? Skall man vänta med tolkningar tills överföringsneurosen utvecklats, eller bör man redan från början även fokusera på den pågående relationen med patienten?

Ytterligare en faktor kan vara att flera av RPs pionjärer så smått börjar bli bortglömda till exempel Ferenczi, Sullivan, Kohut. Eller möjligen ignorerade som Hans Loewald och Harold Searles. Flera nu verksamma teoretiker kanske inte i första hand förknippas med RP till exempel Edgar Levenson, Arnold Modell, Jessica Benjamin, Thomas Ogden? Övriga är nog inte så kända utanför RP?

Vad menas med relationell?

Efter Freud reviderades psykoanalysen i England genom objektrelationsteorin och i USA framför allt genom självpsykologin. Objektrelationsteorins huvudsakliga teori- och studieobjekt var alltså *objektet*. Självpsykologins teori- och studieobjekt var *självet*. Detta är två olika viktiga focus som behöver balanseras och integreras, konstaterar Aron (1996 s. 160). Detta utgör också den teoretiska utgångspunkten för RP, som alltså inte är en ny teori. Istället handlar det om en perspektivförskjutning mot ett friare, men kanske paradoxalt ändå ett djupare tillämpande av den psykoanalytiska teorin och praktiken. Förutom den klassiska psykoanalytiska teorin, utgör framför allt de *två-personspsykologiska* pionjärerna den teoretiska grunden i RP kanonen, det vill säga Ferenczi, Sullivan, Loewald, Winnicott, Balint, med flera.

Vad menas då med *relationell*? Ghent skiljer på en *deskriptiv* kontra en *konceptuell* betydelse av termen. Deskriptivt säger man till exempel att en person har relationsproblem och menar då kanske inte mycket mer än att personen ifråga har problem i relaterandet med andra människor. Men konceptuellt avses »relationell« i en socialkonstruktiv mening, det vill säga att människan psykologiskt sett skapas och »blir till« i relationer. Relationell blir då ett sätt att förstå och tänka kring utveckling, psykisk struktur, psykopatologi med mera, men framförallt kring de psykoterapeutiska interventionerna (Ghent 2002 s. 8). Utgångspunkten för den relationella psykologin är den terapeutiska relationen som ses som en ömsesidig, men inte jämlik process mellan patient och psykoterapeut (Aron 1996). Detta behöver inte betyda att man ignorerar den indvidualpsykologiska grunden.

Det relationella perspektivet formuleras

Det hela startade med en utbrytargrupp, kring Stephen Mitchell, som utbildade sig och verkade både vid det berömda White-institutet och på The Postdoctoral Program in Psychotherapy and Psychoanalysis vid New York University (NYU) på 1970–80-talet.

På White-institutet, i närheten av Central Park i New York, har många av världens främsta psykoanalytiker utbildats. Man presenterar sig själva på sin hemsida så här:

The William Alanson White Institute was founded in 1943 as a revolutionary alternative to mainstream, orthodox Freudian psychoanalysis in the United States. Its internationally renowned founders, Erich Fromm, Ph.D., Frieda Fromm-Reichmann, M.D., Harry Stack Sullivan, M.D., David Rioch, M.D., Janet M. Rioch, M. D., and Clara Thompson, M.D., united by a passionate spirit of dissent, saw the need to challenge the parochial sectarianism and growing rigidity of American psychoanalysis. Some had trained in the European Freudian circle in the 1920s and 1930s and all were actively and prominently involved as teachers in the orthodox, »official« institutes of the American

Psychoanalytic Association in New York City and the Washington-Baltimore area. They opposed what they perceived to be inflexibility in clinical practice, intellectual insularity, a paternalistic system of training, and the domination of organized medicine over psychoanalytic training and practice. In response, they created an institute based on the Freudian tradition, enriched by the interdisciplinary perspectives of the social sciences.

(http://www.wawhite.org /, aug 2011)

Situationen vid NYU på 1970-talet påminde lite om den vid den brittiska psykoanalytiska föreningen efter kriget. På NYU fanns då två utbildningslinjer för psykoterapi: en freudiansk och en interpersonell humanistisk (IH-Track). Dessa var starkt konkurrerande och det uppstod därav en mellangruppgrupp (the unaligned), i likhet med den brittiska mellangruppen (King & Steiner 1990; Kohon 1986). Mitchell ansåg att den freudianska gruppen var mycket konservativ och rigid. IH-gruppen hade en anti-intellektuell attityd som Mitchell också var kritisk till. Mellangruppen var mestadels oppositionella och anarkistiska. De motsatte sig en välordnad studieordning och ville ha så lite struktur som möjligt (enligt Mitchell i en intervju av Jack Drescher cirka 1992). Inte heller denna hållning passade Mitchell som var ambitiös och strukturerad.

Ytterligare två personer »hängde i luften« på samma utbildning som Mitchell: Emmanuel Ghent och Bernard Friedland. Till gruppen anslöt Philip Bromberg och James Fosshage. Dessa fem bildade *den första relationella gruppen* och fick mandatet att starta upp en egen ny kurs på NYU som sedermera blev relationslinjen (The Relational Track), ursprungligen benämnd efter Greenberg och Mitchells bok med titeln: »*Object Relations in Psychoanalytic Theory*« som utgavs 1983. Termen *relationell* blev i detta första skede framförallt ett politiskt »verktyg«. Det första gruppen fick göra var att bestämma vad som menas med relationell, vad man skulle studera och vilka personer som skulle vara inblandade, det vill säga göra en konceptuell definition av »relationell«. Den brittiska objektrelationsskolan sågs som »oren« både av freudianerna och av IH-gruppen. Man bestämde att den nya relationella kursplanen skulle täcka både den interpersonella traditionen och den brittiska objektrelationsskolan.

Greenberg och Mitchells bok var inspirerad av Sullivans interpersonella teori och Fairbairns objektrelationsteori. Författarna försöker beskriva och förstå de olika psykoanalytiska »skolorna« utifrån en större kontext och förklarar sitt val av termen *relational* med att den terapeutiska relationen alltid varit viktig i det kliniska arbetet oavsett vilka begrepp man använt sig av. Man försökte finna något slags övergripande instrument eller begrepp som kunde användas för att förstå och analysera motsättningarna mellan de olika teoriernas begreppsbildningar (Greenberg & Mitchell 1983 s. viii). Relationell var ingen ny teori utan snarare nya och kompletterande perspektiv på de redan befintliga psykoanalytiska begreppen och teorin (Ghent 2002 s.7).

Man kom fram till att de psykoanalytiska »skolbildningarna« går att analysera med hjälp av endera av de två stora paradigmen för motivation inom psykoanalysen: driftpsykologi *eller* relations-psykologi. Freud rörde sig ofta mellan båda paradigmen, för att i slutet försöka etablera driftsmodellen. Många teoretiker har försökt förena de båda modellerna. Författarna menar att en strategi har varit att man försökt bevara driftspsykologin men tona ner driftsaspekten genom att betona vikten av tidiga relationer. Till denna strategi kan räknas större delen av de amerikanska själv- och objektrelationsteoretikerna: Mahler, Jacobson, Kohut, Kernberg. Winnicotts och Balints teorier utgör i realiteten relationspsykologi men de tar inte explicit avstånd från driftspsykologin. Andra teoretiker har uttryckligen tagit avstånd från driftspsykologin till exempel Fairbairn och Sullivan.

Greenberg och Michell hävdar att driftsmodellen och relationsmodellen i grunden är oförenliga. Alla försök till *model mixing* är instabila som förr eller senare kommer att reduceras till endera modellen. Om man betraktar de skilda psykoanalytiska modellerna i ett vidare perspektiv ser man att de representerar två olika välkända kategorier som har dominerat den västerländska filosofiska traditionen i dess försök att förstå den mänskliga naturen. I vetenskapsfilosofen Thomas Kuhns terminologi är de ojämförbara (incommensurable) eftersom de vilar på á-priori antaganden om människan (Greenberg & Mitchell 1983 s. 402f). Deras bok har sedermera ofta kommit att kallas för den första boken om RP.

På det hela taget får RP sägas ha ett tämligen kyligt förhållande till drifts-psykologin. Men det är viktigt att betona att detta gäller för själva motivationspsykologin, vilket inte skall blandas ihop med den närliggande dimensionen: individual- kontra flerpersons-psykologi. Relationell utgör ett bredare begrepp än interpersonell. De senare teoretikerna till exempel Sullivan, hade lagt för lite vikt vid intrapsykologin. Mitchell förstod det som att Sullivan var obekväm med att teoretisera om vad som försiggick intrapsykiskt. Även om RP hyllat Sullivan för att ha kritiserat psykoanalysens individbaserade självbegrepp och ha breddat den psykoanalytiska ramen till att inkludera omgivningen, så anser man *inte* inom RP, att individualpsykologin är överflödig. Istället gäller det att ständigt balansera individual-, två- och flerpersons-psykologin.

Risk för hopblandning gäller också för konfliktdimensionen. RP är en konfliktpsykologi i likhet med Freuds driftspsykologi, men konfliktinnehållet avser inte motstridiga impulser, utan konflikterna handlar istället om mänskliga relationer. Det kliniska psykoterapeutiska arbetet är fullt av personer: Otillgängliga föräldrar, som skall delas med syskon, och som aldrig riktigt kan ge fullständig uppmärksamhet, föräldrar som både är älskade och hatade och älskar och hatar tillbaka. Alla familjemedlemmar kan uppleva motstridande krav, splittrade och oförenliga lojaliteter. Människor behöver kontakt med varandra, inte bara för spänningslättnad och driftstillfredställelse utan *simply as contact* (Greenberg & Mitchell 1983 s. 404f). Det är engagemanget som är viktigt – man söker inte bara kontakt när man vill ha kärlek utan också i ilska och vrede.

Människan är i hög grad kontextberoende. Grundtanken i RP är att psykiska strukturer uppstår i och formas genom mellanmänsklig interaktion. Teoretiskt sett har RP rört sig från essentialism till kontext. Kunskapsteorin för RP är (social-)konstruktivistisk. Mitchells menar att teorier inte avspeglar något som verkligen finns »där ute«, utan är något vi själva konstruerar ord (Mitchell i intervjun av Drescher cirka 1992).

Det relationella perspektivets språkrör, tidskriften: *Psychoanalytic Dialogues*

Hur har de olika psykoanalytiska teorierna uppstått? Vad är skillnaderna? Vad har de gemensamt? Detta var meta-teoretiska frågor som Mitchell var mycket intresserad av. Detta var samtidigt ett område som inte var särskilt utvecklat inom psykoanalysen, menade Mitchell. Anhängarna av de olika traditionerna har varit alldeles för »religiöst bundna« till sina respektive skolbildningar. Man har därför sällan funderat över de egna och andras grundantaganden. Man har inte heller reflekterat över i vilken mån man faktiskt avhandlat samma fenomen fast i olika termer. Detta behövdes diskuteras, frågan var i vilket forum?

De traditionellt bundna New York-analytikerna inom IPA hade sina egna publikationer. De skall särskilt noteras att det fanns ett starkt tabu hos de freudianska psykoanalytikerna mot att referera till författare från den interpersonella sidan och från RP-författarna. Det som bröt mot detta kunde få utstå massiv kritik, vilket beskrivits av Aron (1996 s. 203 & 208). Tidskriften *Contemporary Psychoanalysis* var knuten till White-institutet. Mitchell tillfrågades av Paul Stepansky från bokförlaget *Analytic Press* om att starta en ny oberoende tidskrift. Denna skulle inte vara bunden till något institut eller institution, för att om möjligt komma ifrån politisk och ideologisk påverkan.

Tidskriften *Psychoanalytic Dialogues* utkom med sitt första nummer 1991 och Mitchell blev dess första redaktör. Från och med 1996 har *Psyhoanalytic Dialogues* utökats från fyra till sex nummer årligen. Det har varit en stor bredd på författarskapet: traditionell psykoanalys, anknytnings- och spädbarnsforskning, neuropsykoanalys, symbolprocesser, genderfrågor, mentalisering, etcetera.

Nätverket IARPP

Mitchell hade ytterligare visioner. Han ville skapa ett forum: en social, psykologisk, intellektuell och professionell mötesplats – en förening som kunde överbrygga det avstånd som uppstått mellan de konkurrerande psykoanalytiska skolorna. Mitchell ville att detta skulle bli en helt annorlunda psykoanalytisk förening, där det inte fanns skrå- och diciplinfrågor som främsta agendan. Istället skulle alla olika perspektiv av rådande psykoanalys kunna rymmas tillsammans (Aron 2002 s. 2). Föreningen skulle alltså vara öppen för alla intresserade och <u>inte</u> omgärdas av höga murar, exklusiva, besvärliga intagningskrav och procedurer, som kännetecknat så mycket av den traditionella psykoanalysen. Mitchells övertygelse var att bra idéer kan komma från många håll – inte bara från de redan välkända rösterna. Organisationen skulle vara decentraliserad, inte auktoritärt uppbyggd och inte knuten till något speciellt institut. Tvärtom ett platt nätverk med lokala föreningar i olika länder. Mitchell formerade den första styrelsen för IARPP.

Jessica Benjamin var med från början. När hon fick frågan: »Varför behöver vi en ny professionell organisation?«, svarade hon: »Det gör vi inte!« IARPP är ingen professionell organisation i den vanliga meningen. Istället är det en förening för att fånga upp och artikulera en *relationell rörelse* inom den psykoanalytiska världen. IARPP skulle försöka nå utanför de etablerade institutionerna och decentralisera psykoanalysen. Detta skulle hjälpa till att förändra psykoanalysen till större öppenhet och motverka skråtänkande och hierarkier (Benjamin 2002 s. 5). Även Benjamin betonade att IARPP skulle ta ett nytt grepp på psykoanalysen jämfört med de tidigare institutionerna och föreningarnas. IARPP skulle bli ett gemensamt språkrör för en redan pågående relationell tendens som saknade ett formellt uttryckssätt och något eget forum. Helt utan organisation skulle detta mål vara svårt att uppnå.

Benjamin menade att IARPP:s första mål var att göra psykoanalysen till ett mera demokratiskt och heterogent kunskapsfält och att avvärja framtida ortodoxier. Man skulle skapa en öppenhet för alla intresserade utan någon hänsyn tagen till medlemmarnas professionella status. Detta skulle garantera ett fokus på de psykoanalytiska idéerna istället för på särintressen och institutionella frågor. För det tredje skulle IARPP kunna bli en mötesplats – de som verkade isolerat skulle få möjlighet till dialog med kollegor, de som verkade på större relationella institutioner skulle inte så lätt kunna fastna i självtillräcklighet utan få utmaningar och feedback utifrån.

Hierarkier går ofta hand i hand med en patriarkalisk ordning. När detta uppluckrades uppstod det ett öppnare klimat med möjlighet att diskutera nya frågor. Mitchell hade varit engagerad i frågan om synen på homosexualitet inom psykoanalysen. Han var till exempel med om att avskaffa sjukdomsstämpeln på homosexualitet inom psykoanalysen (se Black i förordet på Mitchell 2002 s .13). Benjamin hade studerat sociologi, psykologi och socialpsykologi i Frankfurt 1967–1971, och analyserat patriarkaliska strukturer hos den kritiska teorins företrädare Horkheimer och Adorno. Hon var också lika mycket feminist som psykoanalytiker (Nilsson 2002).

Benjamin är otvivelaktigt en av de mest betydande psykoanalytiska teoretikerna av idag. I boken »The Bonds of Love« (1988) presenteras härledningen av det relationella begreppet »ömsesidigt igen- och erkännande« (*mutual recognition*). Här dekonstruerar Benjamin grundantagandena bakom barn-moderrelationen i den traditionella psykoanalytiska utvecklingspsykologin: såväl Mahlers individuation-separationsteori som Bowlbys anknytningsteori antar att modern är ett viljelöst, begärsfritt a-sexualiserat bihang till barn (och man). Benjamin är inte lättläst och jag är kritisk till de svenska översättningarna av hennes artiklar som förekommit i tidskriften Divan, till exempel »överinklusivt« (*overinclusive*) som visserligen är helt ordmässigt korrekt, men inte bidrar till någon begreppsmässig klarhet – snarare tvärtom (2002 [1995]).

För Benjamin fanns det ett tydligt samband mellan kvinnorörelsens framgångar och uppkomsten av RP (Benjamin 1988). Redan det första årets nummer av Psychoanalytic Dialogues 1991 innehöll ett antal artiklar skrivna av feministiskt inspirerande psykoanalytiker: Muriel Dimen, Virginia Goldner, Adrienne Harris med flera. Sammanfattningsvis kan konstateras att RP inom IARPP har utformats i ett strakt och kreativt inflytande av feminism. Den feministiska teorins kritik av och inflytande på psykoanalysen i sin helhet är ett mycket omfattande och viktigt ämne. Två svenska översikter på området finns skrivna av Christina Flordh (2008) och Anna Christina Sundgren (2009).

Mitchells plötsliga, tragiska död år 2000 blev som en katalysator för genomförandet av IARPP. Den första konferensen hölls på det anrika Waldorf-hotellet i New York i januari 2002. Konferensen blev en succé engagemangs- och innehållsmässigt sett, trots ekonomisk förlust och administrativa svårigheter. Efter detta har IARPP arrangerat konferenser regelbundet, omväxlande i USA och i Europa. I nuläget har föreningen 1500 medlemmar från 25 nationer. På det hela taget är IARPP-medlemmarna ytterst meriterade och måste sägas ha haft en imponerande stor och kreativ produktion av psykoanalytisk litteratur.

Arbetssätt, några antaganden och begrepp

Enligt RP skall och kan den terapeutiska processen inte förutbestämmas eller manualiseras. Teknisk perfektionism är inget att sträva efter och psykoterapeutisk tystnad och passivitet kan vara skadligt, hävdar Darlene Ehrenberg. Det är inte fruktbart att fokusera på tekniska misstag och felaktigheter. Malcolm Slavin beskriver istället terapiprocessen som en serie av misstag. Man menar att det ständigt uppstår mindre eller större iscensättanden i terapin. Genom en analys av dessa situationer, måste terapeuten med patientens hjälp försöka förstå hur man hamnade där man hamnade, och framför allt agera för hur man skall gå vidare.

Praktiskt sett arbetar den relationella terapeuten med en större ömsesidighet i den terapeutiska relationen och med mindre rigiditet i den psykoterapeutiska ramen, jämfört med tidigare psykoanalytiska praktiker. Det har också skett en förskjutning från innehålls-, till process-fokus i tolkningar och interventioner. Man utgår från att vi är kontextberoende och talar hellre om (dissocierade) *multiple self-states* (Bromberg) än antagandet om ett stabilt »kärnjag«.

Kliniskt måste terapeuten använda många sidor av sig själv, som utgångspunkt i sin motöverföring: *shaping the body as a fine instrument* (Steven Knoblauch). Detta innebär också att man har en mycket liberalare syn på värdet av *self disclousure*, dvs. att terapeuten friare kan berätta om sina egna, till situationen relevanta, erfarenheter. Man betonar också starkt terapeutens förmåga till *affect tunement*: patient-terapeutrelationen är en ömsesidig emotionell regulationsprocess. Flera RP-terapeuter menar att man också måste använda sig av improvisation i vissa terapeutiska situationer (Bass 2011).

De flesta begrepp inom RP är hämtade från den klassiska teorin: *överföring- & motöverföring, projektiv identifikation,* med flera, men begreppen tillämpas systematiskt med ett utpräglat interaktionellt två-personsperspektiv. Till exempel är man kritisk till att det kleinianska begreppet projektiv identifikation till stor del använts för att skydda terapeuten från att komma i kontakt med egna besvärliga känslotillstånd. Ett annat exempel är begreppet negativ terapeutisk reaktion, som ibland utgjort ett sätt att skylla terapeutiska misslyckande på patienten.

En del nya begrepp har tillkommit, till exempel: *the need to be recognized* (Jessica Benjamin), *enactments* (Anthony Bass), *mutually projective identification* (Philip Ringstrom), *unformulated experience* (Donnel Stern) och *analytic third* (Thomas Ogden).

Avslutande kommentar

RP står teoretiskt sett mycket nära *det intersubjektiva perspektivet* (ISP) som verkar genom IAPSP (International Association for Psychoanalytic Self Psychology). Detta är en post-Kohutiansk grupp kring Robert Stolorow, med bland annat George Atwood och Donna Orange som de teoretiska tungviktarna. Många psykoanalytiker är medlemmar både i IARPP och IAPSP och det är inte helt lätt att analysera skiljelinjerna mellan RP och ISP. ISP har kritiserats från RP-håll för att lägga för lite (!) vikt vid individualpsykologin, i likhet med Mitchells kritik av Sullivan. ISP är också influerade av fenomenologi och existentialism. *Det integrativa perspektivet* (IP) företrädes av Paul Wachtel. Han har gett sig på det svåra projektet att även försöka integrera psykoanalysen med den kognitiva psykoterapin. Psykoanalysen har alltid haft mindre eller större kognitiva inslag, men det är därför enligt min mening långt ifrån självklart att integrera teorier med helt motstridande grundantaganden till exempel vad gäller motivation, existensen av ett omedvetet, dynamik, etcetera. Wachtel (2008) har däremot bidragit med en mycket värdefull kritik av den traditionella psykoanalysens så kallade *default position* och till ett utvecklande av RP.

Avslutningsvis måste konstateras att det skett *a relational turn* inom psykoanalysen, i likhet med *the linguistic turn* som tidigare skett inom humanvetenskaperna. Detta innebär att det särskilt här i Sverige råder en osäkerhet om vad psykoanalysen står idag och därmed också vad som utgör den aktuella psykoanalytiska kanonen. Men de som försökte »slänga ut psykoanalysen med badvattnet« kommer säkerligen att få återvända och då är nog den relationella psykoanalysen ett av de mest attraktiva alternativen.

Efterskrift

När jag skrev artikeln hade jag bevistat tre IARPP-konferenser (Aten 2007, San Fransisco 2010 och Madrid 2011) och deltagit på ett antal IARPP-colloquia och webinaries, det vill säga två-tre-veckors panelledda diskussioner kring ett tema eller en gemensamt läst artikel.

Jag nämner Margit Norell i artikeln, det vill säga den psykoanalytiska handledare som senare kom i hetluften och blev starkt ifrågasatt i samband med Thomas Quick-affären (se del IV.). Jag hade varit på ett studiebesök på *William Alanson White Institutet* i New York och där fanns det en vägg med små plaketter över de som historiskt sett tillhört institutet under årens lopp. Margit Norells namn fanns med. Men jag har inte kunnat finna några uppgifter om att hon skulle genomgått en flerårig utbildning där.

Efter att artikeln skrevs har flera tongivande relationella analytiker avlidit: Muriel Dimen (1942–2016), Jeremy Safran (1952–2018), Lewis Aron (1952–2019) och Philip Bromberg (1931–2020).

Artikeln handlar mer om hur en relationell rörelse uppstod i USA i slutet av 1970-talet och hur det relationella perspektivet formulerades och inte så mycket om innehållet i själva teorin. Man kan tala om två faser i den relationella vändningen (eller »relationella revolutionen« enligt Steven Kuchuck 2021). Den första, r (lilla r) bestod av *komparativ* psykologi, det vill säga man jämförde begrepp från olika psykoanalytiska skolbildningar. Den startar med Greenberg och Mitchells bok 1983 som jämförde två paradigm: drifts- och relationsteorier. Den andra fasen, R (stora R) börjar när man senare började utveckla *distinkta* relationella begrepp där Mitchells första egna bok 1988 brukar nämnas som en startpunkt (Harris 2018; Kuchuck 2018; 2021; Wånge 2019).

Vikten av *personologi*, det vill säga hur en teori hänger ihop med dess upphovsman blev allt tydligare för mig när jag 2008 skrev min D-uppsats i idé- och lärdomshistoria. Denna utmynnade i en idéhistorisk analys av den betydande svenske psykoanalytikern Ludvig Igra (1945–2003) som publicerades som två artiklar i *Insikten* (Wånge 2008; 2008). Efter detta har jag publicerat presentationer av Stephen Mitchell (2013), Harry Stack Sullivan (2015; 2016), Jessica Benjamin (2017; 2018) och Lewis Aron (2021) i *Psykoterapi* och därefter skrivit en egen introduktionsbok: *Relationell Psykoterapi* (Wånge 2019). I följande kapitel av boken fortsätter flera artiklar om relationell psykoanalys/psykoterapi.

I artikeln skriver jag *det Intersubjektiva Perspektivet* (ISP) som nog numera brukar benämnas *den Intersubjektiva Systemteorin* (IST). Jag använde den senare beteckningen i min bok 2019, där det finns en presentation av deras fenomenologiska teori. Den är en post-Kohutiansk, det vill säga självpsykologisk teori skapad av fyra teoretiker, Robert Stolorow, George Atwood, Bernard Brandchaft (1916–2013) och Donna Orange. Längre fram i boken, i Del II, kapitel 14, sid.182 finns en (opublicerad) artikel om ett begrepp myntat av en av IST-författarna med titeln: »Brandchafts Patologiska Anpassningssystem«.

10. »Det beror på« är svaret på frågan om den relationella psykoterapitekniken. (2020)

Psykoterapi 2020:3 s. 30–33

I Ulrika Melanders recension av min introduktionsbok om relationell psykoterapi (Psykoterapi nr 4, 2019) framfördes ett önskemål om en tydligare beskrivning av det kliniska praktiska arbetssättet som fick mig att göra några reflektioner.

Den relationella psykoterapin är ambivalent till deklarerandet av en psykoterapiteknik i form av en förutbestämd regelbok. Relationell terapi är relativt sett metodneutral och börjar inte som de flesta andra terapier med att »nu skall vi tillämpa tekniken x«. Istället rör det sig om en slags metametod där man utgår från patientens subjektivitet och det samspel som uppstår mellan patient och terapeut. Samtidigt finns det naturligtvis ett behov av terapeutisk kunskap och lärande som kräver en beskrivning vad man gör och vad man inte gör.

Det finns några ansatser till formulerande av en relationell metod till exempel av Darlene Bregman Ehrenberg (1992), Karen Maroda (2010) och Paul Wachtel (2008). Paradoxalt nog är dessa slags arbeten ofta skrivna av författare som är i utkanten av den relationella rörelsen. Deras böcker får betraktas som olika personliga varianter av relationella arbetssätt utan att varken vara representativa eller heltäckande. Rolf Holmqvist (2010) som också är tämligen metodinriktad, har diskuterat en del metod- och forskningsfrågor och gjort jämförelser mellan olika terapimetoder (KBT, MBT, ISTDP, med flera).

Teoretikerna i den inre kärnan av den relationella rörelsen har snarare anlagt ett meta-perspektiv på teknik- och metodfrågorna. De föredrar att diskutera övergripande principer och undviker konkreta och detaljerade instruktioner. På frågor om hur man skall göra, svarade Stephen Mitchell

(1997): »det beror på«. Den relationella terapeuten skall inte följa bestämda regelsystem, utan lita på sin intuition och i första hand ha fullt fokus på att vara så närvarande och tillgänglig för patienten som möjligt. Disciplin och ansvar är viktigt, men behöver inte regleras genom restriktioner. Vi skall komma ihåg att den första generationens relationella terapeuter oftast själva var utbildade i spåren av Hartmann-eran i en strikt klassisk amerikansk jagpsykologisk psykoanalytisk tekniktradition, som de uppfattade som alltför smalspårig (se: Wånge 2019 s. 20–38).

Philip Ringstrom (2001) liknar den terapeutiska processen vid att reda ut ett trassel eller en knut på en fiskelina. Man rycker och drar försiktigt åt olika håll vilket kan ses analogt med att försöka hitta nya infallsvinklar i en terapi. Han betonar också användandet av improvisation. Irwin Hoffman (1998) har beskrivit terapeutens interventioner som omväxlande bestående av traditionella psykodynamiska tekniker (frågor, klarläggganden, konfrontationer, tolkningar) varvat med spontana interventioner.

Den psykoanalytiska skrivtraditionen brukar bestå av att man först beskriver och definierar ett begrepp som därefter illustreras med en fallbeskrivning eller en vinjett. Detta gäller också för relationell psykoterapi och för många av artiklarna i språkröret *Psychoanalytic Dialogues*. Ett annat sätt är att göra tvärtom, det vill säga börja med en deskriptiv beskrivning av terapisituationen (som man ibland gör som underlag för handledning) och i efterhand analysera hur man tänkt. Detta stämmer kanske bättre med verkligheten. Erfarna terapeuter har teorin inom sig och tänker nog sällan i tekniska eller teoretiska termer under sessionerna. I alla fall gäller detta för undertecknad. Roy Barsness (2018) har i denna anda med hjälp av en kvalitativ studie enligt Grounded Theory Analysis (GTA) vaskat fram ett antal »verktyg« eller nyckelkompetenser via djupintervjuer med femton erfarna relationella psykoanalytiker.

Mentaliseringsteorin och spädbarnsforskning har visat att kommunikationen i en relation växlar mellan samförståelse och avbrott i förståelsen som fortlöpande måste utredas och repareras (rupture & repair) (Benjamin, 2018; Safran & Muran 2003). Malcolm Slavin talar om misstag och missförstånd (a series of mistakes) som naturligen uppstår i den terapeutiska kommunikationen. I Slavin & Kriegmans klassiska artikel »Why the Analyst Needs to Change« (1998) beskrivs hur inre och interpersonella konflikter samspelar i terapin. Alla individer opererar via sin subjektiva värld. Vi »använder« (Winnicott 1971; 1989), påverkar varandra och har alla egna behov, intressen, agendor, etcetera, som måste identifieras och förhandlas. Terapeuten kan inte nöja sig med att passivt observera utifrån, utan måste aktivt interagera med och låta sig påverkas av patienten. Centralt för vårt psykes utveckling är också en vetskap om att vi utgör föremål för andras närståendes tankar. Vi undersöker ständigt vår förmåga att påverka varandra. Det är därför viktigt att patienten får någon slags svar på denna fråga i relationen med terapeuten.

Den stora skillnaden i förhållande till övrig psykoterapi och den klassiska psykoanalysen kan kanske bäst förstås från ett kunskapsteoretiskt perspektiv. Psykoterapi är ett unikt möte mellan två unika individer. Den relationella psykoterapin utgår därför ifrån att den psykoterapeutiska processen inte kan förutspås i förväg, det vill säga emergens. Med detta menas att komplexa mönster i viss mån är självgenererande och formas utifrån samspelet mellan enklare strukturer och/eller beteenden.

En annan skillnad i förhållandet till de traditionella psykodynamiska terapierna är att man inte förutsätter objektivism. Man tror alltså inte att det är möjligt att rekonstruera en bild av patienten eller dennes levnadshistoria som är objektiv. Terapeuten strävar inte efter en neutral, utifrånkommande, observerande förståelse av patienten, utan samspelar istället med denne som en deltagande observatör och analyserar innehåll och vem av parterna som bidrar med vad. Empati och mentalisering är inte neutrala mekanismer eller tekniska funktioner som terapeuten medvetet kan välja att slå på eller av som det ofta framställes i metodlitteraturen. Terapeuter är kännande människor – inte maskiner!

Den psykodynamiska synen på psykiska problem, handlar till stor del om att vårt psyke aldrig fått tillräckligt med tillfällen att utvecklas och/eller genom trauman tvingats att stänga av vissa funktioner och/eller erfarenheter.

Livserfarenheterna har resulterat i ett själv som är deformerat, blockerat, fruset, rigitt, skadat, sårat. Den terapeutiska situationen har en del unika kvaliteter som ger möjlighet att spåra upp, bearbeta och integrera dissocierade erfarenheter som gör att en hämmad eller avstannad utvecklingsprocess kan sättas igång. Patienten ges tillfälle att ompröva sina uppfattningar om tidigare erfarenheter och får nya tankar och upplevelser.

Wilfred R. Bion hävdade att »en sund utveckling av vårt psyke är beroende av sanningen på samma sätt som en levande organism är beroende av näring« (1965 s. 38). Att söka sanningen om sig själv utgör en slags drift även om det kan vara förenat med avsevärda svårigheter och hinder. Vårt minne är inte så tillförlitligt. Vad är sanning? Hur tar man reda på denna? Hur skall man använda det man kommer fram till? Det kan dessutom finnas starka motstånd mot att våga »se sanningen i vitögat«. Detta är frågor som avhandlas i en relationell terapi. Det traditionella terapeutiska målet har vidgats från insikt till autenticitet, frihet att uppleva och fördjupat relaterande (Stern 2010 s. 71f) – en process som också innebär att skapa mening. Anknytningsteorin visar att det inte är det som objektivt hänt som är det viktigaste för vår psykiska hälsa, utan snarare hur tillfredsställande man lyckas konstruera och leva med sin (åtminstone för sig själv trovärdiga) levnadshistoria. Det handlar alltså om en slags subjektiv sanning.

Många, kanske de flesta patienter har fått för lite känslomässig förståelse i sina närrelationer. Det kan röra sig om allt från en kronisk försummelse där vissa känslor aldrig har fått finnas till, eller om mera tillfälliga brister i förståelsen av en viss känslomässig aspekt eller av en speciell händelse. Terapeutens affektintoning och att utveckla patientens affektreglering är därför centralt. James Stracheys (1934) gamla rekommendation att arbeta där affekten är som störst är fortfarande giltig. Patientens affekter är ständigt i fokus: Du ser ledsen ut, när vi talar om detta! Hur blev det för dig, när dina föräldrar separerade? Kommer du ihåg vad du kände och hur du mådde? Vad tänker du om detta idag? Skillnaden mellan klassisk och relationell psykoanalys/psykoterapi är att den senare också innefattar terapeutens affekter i här-och-nu-situationen. Den relationelle terapeuten är fri att använda sig av och ibland också berätta om sina känslor. Terapeuten kan göra interventioner baserade på de egna känslorna: Jag känner mig väldigt arg på din mamma när du berättar hur hon agerade. Du är ju själv förälder – hur tror du att du skulle tänka och agera vad gäller dina barn i en liknande situation?

I grunden är det patienten som skall bestämma agendan. Men terapeuten hjälper till med frågor som: Vad tror du kan vara dig till hjälp? Vad behöver vi tala om? Vad har du varit upptagen av sedan förra samtalet? Har vi talat om rätt saker? Är det något vi inte talat om som vi borde? Terapeuten har ansvar för processen och helheten och måste fråga om fakta. Denne kan också intervenera när något viktigt verkar lysa med sin frånvaro: Vi har inte talat något om ert intima samliv – hur viktigt är detta för dig och vad har du att säga om hur det är? Det var länge sedan du nämnde något om din bror – hur ser er relation ut idag? Vi måste nog tala lite mer detaljerat om vad som hände mellan dig och mannen som gav sig på dig när du var au pair – men vi kan ta en bit i sänder så det inte blir för mycket varken för dig eller för mig att hantera och förstå.

Det finns flera skäl till att terapeutens agenda kan komma på tal. Passiva patienter kan överlämna sig helt i terapeutens armar med en förhoppning om att bli fixade eller botade, utan några tankar på sitt eget bidrag till terapin. Ibland handlar det om misstänksamhet mot terapi eller terapeuten. Jag brukar svara något i stil med: Jag har ingen egen agenda med dig, mer än att jag skulle vilja att du mår bra och är nöjd med ditt liv och dina val. Om du vill förändra något måste du pröva nya saker. Här i terapin kommer vi ju bara att prata. Dolda agendor hos terapeuten kan ställa till det. Ett skräckexempel utgör fallet Thomas Quick, där terapeuterna i förväg tyckte sig veta hur den terapeutiska processen skulle gå till och där deras teoretiska antagande från början var att patienten måste ha varit utsatt för sexuella övergrepp.

Patienten skall sätta sina egna mål och göra sina val med ett framtida vidgat och förbättrat beslutsunderlag, under större frihetsgrader om sina möjligheter än tidigare. Att lära sig av egna erfarenheter och av andra, *faith*, enligt Bion, innebär ett öppet förhållningssätt till omgivningen som ger nya erfarenheter, med Michael Eigens ord: en strävan att göra livet rättvisa (2004 s. 9).

Kausalitetstänkande är ett sätt som ibland har sina kvaliteter. Men detta kan också innebära »att man stoppar flödet av patientens upplevelser och erfarenheter« (Eigen 2004 s. 6) och kan användas moralistiskt för att »put a blame on«: det var mitt/ditt fel. Kausalitet utgör bara ett av flera sätt att strukturera tänkandet. Eigens distinktion liknar den mellan låsta (*doer-and done to*) och friare (*det Tredje*) relationspositioner, som Benjamin gör i sin bekräftelse- och erkänningsteori (Wånge 2019 s. 241–259). Bion menade att terapeuten ibland måste sitta i längre tidsperioder i oförstå-else (not knowing) och tålmodigt invänta förståelse. Med Eigens uttryck »waiting in chaos for the formation of a transformative pattern« (2004 s. 7). Terapeuten måste avvakta tills något identifierbart mönster »spon-tant« uppstår i interaktionen med patienten och inte i förtid strukturera det terapeutiska materialet.

Metaforen: *terapeuten-som-en-förälder* har en viss hållbarhet. Terapeuten kan liknas vid en förhoppningsvis välmenande förälder som kommer in i patientens liv – utan att själv varit med tidigare. Terapeuten agerar som en god förälder som vill sina barns bästa utan att lägga sig i deras val av partner, yrke, livsstil etcetera. Man uppmuntrar barnen att förverkliga sina talanger och potentiella förmågor, det Winnicott (1965) benämnt »den underlättan-de-uppmuntrande omgivningen« (*the facilitating environment*). Jag brukar betona vikten av skapande av alla de slag: skriva, måla, musicera, odla, sy. Terapeuten kan också behöva hävda värderingar som denne uppfattar som livsnödvändiga, använda sig av sin egen visdom och varna för sådant som man tror kan bli dåligt. Det handlar alltså här om att identifiera och diskriminera mellan patientens och terapeutens subjektivitet – något som måste deklareras och diskuteras för att ge patienten friheten att vara och välja sina egna vägar.

I den första av IARPP: s antologier över den relationella psykoterapin ställde Mitchell och Aron (1999 s. ix) upp några nödvändiga innehålls- och antagandekriterier för att förtjäna benämningen *relationell psykoanalys* (Wånge 2019 s. 163):

- psyket består delvis av omedvetna processer
- man undersöker dialektiken mellan då och nu
- psykiska tillstånd har en kroppslig förankring
- man fokuserar delvis på patientens känslor för terapeuten (överföring)
- man undersöker psykologiska hinder för obehagliga tankar och känslor (motstånd)

Som förhoppningsvis framgått kan relationell psykoterapi bedrivas på många olika sätt och med olika betoningar: inre-yttre, individuellt-interaktionellt, här och nu – där och då, fantasi-realitet, kognitivt-affektivt, etcetera. Den relationella terapeuten har en vidgad repertoar av interventioner jämfört med traditionell psykodynamisk och psykoanalytisk metodologi. Med få undantag är de traditionella psykodynamiska interventionerna komparativa med ett relationellt arbetssätt. Undantagen gäller de begrepp där man uteslutande har en individualpsykologisk eller driftspsykologisk förståelse av i grunden relationella fenomen såsom motstånd, patienters icke analysbarhet, som inte tar hänsyn till kontext och den terapeutiska relationen. Allt arbete skall naturligtvis omgärdas av ett disciplinerat och ansvarsfullt förhållningssätt med noggranna analyser av det som utspelar sig i terapin. Terapeuten är också ansvarig för att terapin sker med en tydlig inramning och under kontinuitet (Winnicott 1960; se Abram 1996).

Slutligen kan vi fråga oss: Vad är inte relationellt? Om man uteslutande tänker och agerar enligt en-personspsykologiska teorier och begrepp – då arbetar man inte med relationell psykoterapi.

Efterskrift

Min första bok: »*Relationell Psykoterapi: introduktion & idéhistoria*« (2019) recenserades i tidskriften *Psykoterapi* av psykoterapeuten Ulrika Melander (nr. 4/2019 s. 51). Recensenten avslutade med: »Jag hyser en förhoppning om att [Wånge] med samma ambition tar sig an uppgiften att skriva en bok med ett kliniskt fokus – det praktiska arbetssättet, för att vidga och fördjupa det relationella perspektivet ...«

Min artikel kallades för »replik« och är delvis ett svar på denna önskan. Melander har rätt i att min bok är mer teoretisk och (idé-)historisk än rent klinisk. Som jag också beklagar i boken, hade jag gärna velat varit bättre inläst på de feministiska relationella psykoanalytikerna (Wånge 2019 s. 193). Kanske borde Sandor Ferenczi haft ett eget kapitel i boken, men dels var jag mindre inläst på honom när jag skrev boken, dels har många andra skrivit om hans arbeten (se: Aron & Harris 1993). Psykoanalys är i högre grad en *ideografisk* (studier av det enskilda unika) än *nomotetisk* (generell kunskap, lagbundenheter) disciplin.

Vinjetter och äkta eller fiktiva fallbeskrivningar är en mycket viktig illustrativ del av den av psykoanalytiska traditionen. Sådana blev en bristvara i min bok och jag önskar verkligen att jag själv hade inkluderat mer av detta och dessutom varit mycket bättre på att skriva sådana.

11. Det Omedvetna – i relationell belysning (2022)

Psykoterapi 2022:1 s. 24–31.

Det omedvetna är ett centralt tema inom all psykodynamisk teori. Antagandet att det omedvetna dessutom är *dynamiskt*, utgör skiljelinjen gentemot de övriga psykoterapeutiska teorier som erkänner ett omedvetet, men bara uppfattar detta som det som i stunden är utanför vårt fokus.

Ett centralt begrepp

År 1912 tillade Freud (1912a s. 66f) benämningen *dynamisk* till det omedvetna. Detta innebar något utöver en passiv deskriptiv beskrivning av fenomenet, eftersom det omedvetna även kunde inrymma självständiga, inprogrammerade motivationskrafter som ger impulser till ageranden. Som bevis anförde Freud fenomenet posthypnotisk suggestion. Detta innebär att en person som är i ett hypnotiskt tillstånd kan ges en instruktion om att utföra en viss handling (till exempel att öppna ett fönster) och sedan genomföra denna vid ett senare tillfälle efter att det hypnotiska tillståndet upphävts. Personen kommer då att utföra handlingen medvetet, men utan att komma ihåg att hen fått någon instruktion – och kanske dessutom tillägga någon slags rationell förklaring till det hela («Det känns så instängt här!»).

Den posthypnotiska suggestionen är en laboratorieprodukt som skapats på konstlad väg, skriver Freud (s. 67). Men hypnosliknande dissociationstillstånd skapas också naturligen när vi blir emotionellt överbelastade som vid trauman. Vårt psyke lagrar ständigt automatiskt genererade tanke-handlingsmönster (patterns) baserade på hur vi hanterat ifrågavarande situation. De mönster som då lagrats aktiveras senare som igenkännande svar på psykologiskt liknande situationer och utgör en inprogrammerad »instruktion« för att hantera den nya situationen. Kraften och innehållet i instruktionen varierar beroende på hur emotionellt hotfull den ursprungliga situationen varit. Resultatet varierar alltifrån att hålla borta eller förvanska det som hänt (till exempel vid dissociation av sexuella övergrepp) till mera tvångsmässiga eller oreflekterade beteenden (selektiv ouppmärksamhet). Dessa styrkrafter utövar alltså påverkan på vårt agerande trots att vi inte känner till dem. Ämnet är rikligt avhandlat inom den relationella psykoterapin, framför allt av Philip Bromberg och Donnel Stern (se: Wånge 2019). Med dynamisk avses *omedvetet* och samtidigt *aktivt*.

Ett besvärligt omedvetet

I Freuds driftsteori var det omedvetna mest ett besvärligt kapitel med påträngande önskningar, begär och behov som skulle realitetsanpassas genom förhandling med omgivningen eller sublimering. Freud (1915) påpekade i sin artikel »Det omedvetna« att ett av problemen var att en drift aldrig kunde bli föremål för medvetandeprocesser. Detta gällde endast för föreställningar som representerade driften. Men i de omedvetna driftsrepresentationerna och föreställningarna fanns konfliktartat innehåll som man måste skydda sig mot, i första hand genom bortträngning och enligt senare psykoanalytisk teori även genom dissociation.

Freuds tidiga modell delade upp vårt psyke efter graden av medvetande (omedvetet-förmedvetet-medvetet). En huvudanledning till att Freud ersatte denna topografiska modell med den senare strukturella modellen det-jag-överjag (1923) var att den tidigare modellen inte tillfredsställande kunde förklara varför de omedvetna krafterna förblev omedvetna (Mitchell 1988 s. 260f). Men det visar sig att den strukturella modellen inte heller löser detta problem. Jagets försvar måste antas vara omedvetna, eftersom de skall hålla det-impulserna borta från medvetandet. Men för att göra detta måste försvaren vara medvetna om innehållet – man kan ju inte censurera något utan att känna till vad som skall tas bort. Därför måste det finnas ytterligare försvar mot jagförsvaren, och i sin tur försvar mot dessa, i en oändlig regress, hävdar Mitchell.

Freud skriver att »medvetandet i varje moment bara omfattar ett ringa innehåll, så att merparten av vad vi kallar medveten kunskap ändå större delen av tiden måste befinna sig i ett latent tillstånd, alltså ett tillstånd av psykisk omedvetenhet.« (1915 s. 154). Enligt den klassiska teorin var det terapeutiska målet att expandera jaget på det omedvetnas bekostnad genom att försöka medvetandegöra det som blivit bortträngt. Men neurologisk forskning har konstaterat att medvetandet har en begränsad informationskapacitet (c:a 7 bits) och därför inte kan ökas hur mycket som helst. Freud verkar visserligen ha uppfattat denna begränsning när han skriver »det medvetna inte alltid är medvetet utan tidvis också latent« (s. 174), men han fullföljer inte tanken helt ut om dess konsekvenser.

Psyket strävar att avlasta medvetandet genom att hålla nere det som släpps in i medvetandet, hävdar neuropsykoanalytikern Mark Solms (2018). Detta sker genom att vi ständigt försöker automatisera och förenkla så mycket som möjligt av våra psykiska funktioner genom att hjärnan genererar automatiska inlärda rutiner (Ginot 2015; Solms 2015; 2018). Andra som neuropsykoanalytikern Efrat Ginot (2015 s. 26) anser att det är mer korrekt att beskriva psykiska dödlägen som kolliderande inlärningsmönster än som den traditionella beskrivningen av omedvetna psykiska konflikter. Dessutom är det omedvetna inte bara ett statiskt system, innehållande begravda minnen som väntar på att bli avtäckta i terapi, utan ett aktivt system som ständigt inteagerar med våra olika, mer eller mindre medvetna självtillstånd (Ginot 2015 s. 22).

Ett positivt och kreativt omedvetet

Undantagsvis innefattade det omedvetna mera positiva aspekter hos Freud, som när han skrev att analytikern kommunicerar med patienten genom att »vända sitt omedvetna som ett mottagande organ mot patientens omedvetna.« (1912b s.145) Freuds primära fokus var patientens »psykiska apparat« – ett avgränsat, isolerat psyke. Det-energin utgjorde den potentiella vitaliserande drivkraften om den kunde frigöras och sublimeras. Med ökad klinisk erfarenhet insåg Freud att det också behövdes relationella och emotionella band mellan patient och analytiker som idag lett till en ny syn på terapin. »Vi har rört oss från en (all-) vetande och auktoritär analytiker som tolkar 'sanningen' om vad som finns i patientens psyke [vilket dessutom skapar obehag] till en intersubjektiv, [relationell] process, unikt skapad tillsammans av varje patient och analytiker«, enligt en formulering från den relationella psykoterapins Margaret Black Mitchell (2021 s. 122)

Sammantaget kan sägas att det pågår en mängd psykiska aktiviteter utanför vårt medvetande, men inte riktigt på det sätt som Freud beskrivit det hela. Skillnaderna handlar bland annat om: *att* det omedvetna verkar vara ännu mera omfattande än i Freuds teorier, *att* det omedvetna är inte bara ett defensivt repressionssystem mot oönskat innehåll, utan ett funktionellt sätt att hushålla med medvetandets begränsade resurser och *att* mönster (patterns) etableras automatiskt långt tidigare än när vårt explicita (episodiska) minne har etablerats.

Det problemfyllda omedvetna hos Freud betraktas av flera samtida författare istället som en stor psykologisk tillgång. Denna positiva uppfattning finns i Wilfred Bions senare arbete och därefter hos Thomas Ogden, Michael Eigen, Antonino Ferro och Christopher Bollas. Förutom ovannämnda omedvetna automatiska handlingsstrategier, bär vi också med oss såväl positiva som negativa (traumatiska) erfarenheter, som inte symboliserats och därmed inte finns tillgängliga för vårt episodiska minne. Dessa utövar en omedveten påverkan på oss eftersom som vi varken kan minnas, glömma eller bli av med dem.

Ämnesområdet det medvetna upptar många teoretiker. Bollas talar om *det vi vet men ännu inte tänkt* (the unknown thought). Andra liknande begrepp är: *implicit relational knowing* (BCPSG – Boston Change Process Study Group), *unfelt known* (Robert Stolorow, med flera), *transconscious experience* (Benjamin Wolstein), *prereflective unconscious* (David Wallin). Ämnet är centralt inom den relationella psykoterapin med flera begrepp, till exempel *not-me* (Harry Stack Sullivan, Philip Bromberg), *unformulated experience* (Donnel Stern) *not-knowing-what-one-knows* (Stephen Seligman) (se: Wånge 2019).

Att medvetande- eller omedvetandegöra?

Att öka medvetandet utgör inget självklart terapeutiskt mål. Bions tidigare drömbegrepp innefattar en rad psykiska operationer som tillåter våra (levda) upplevelser att förändras på ett sådant sätt att de blir tillgängliga för omedvetet psykiskt arbete – ett drömmande utan någon åtskillnad mellan medvetet och omedvetet, skriver Ogden (2005). Detta innebär en rörelse tvärtemot Freuds intention om jagets expansion. Här handlar det om att det omedvetna skall expanderas. Även Bollas är inne på liknande tankegångar. Ogden (2005 s. 77–92) skiljer mellan det han kallar Bions *tidigare* och *senare* arbeten (även om detta inte är i strikt kronologisk ordningsföljd). Den tidiga Bion strävade efter att uppnå en slags entydig sanning där vägen dit utgjordes av en dialektik mellan förvirring och förståelse. I de senare arbetena strävade Bion efter att utvidga sanningen. Bion menar att vårt psyke främst arbetar på en omedveten nivå i ett slags ständigt pågående psykologiskt (dröm-)arbete.

Meningsskapande innebär att sammankoppla och integrera (linking) råmaterialet från olika sensoriska intryck. Bions (1962) terminologi för detta är att transformera β-element till α-element med hjälp av α-funktionen. Ogden (2005) menar att analytikerns uppgift är drömma patientens icke drömda drömmar tillsammans med patienten. De italienska post-bionska fältteoretikerna Antonino Ferro och Giuseppe Civitarese talar i liknande terminologi (se: Wånge 2017; 2019). Ferro menar att terapeutens uppgift är att hjälpa patienten att utveckla och sortera materialet via de *karaktärer* som utvecklas i det terapeutiska fältet. Dessa karaktärer består av a) en verklig del av patientens historia från en annan tid och plats; eller b) en fantasi från patientens inre värld; eller c) något som säger något om den rådande här-och-nu-situationen mellan terapeut och patient – eller en blandning av dessa tre aspekter. Berättelsen kan handla om det förflutna, det nuvarande eller peka mot framtiden (Ferro 1999).

I boken *Drömtydning* skrev Freud att »drömtydningen är kungsvägen till kännedom om det omedvetna i det psykiska livet.« (1900 s. 544). Psykoanalytikern och filosofen Jonathan Lear (2005) menar att detta välkända uttalande delvis blivit missförstått. Det är inte själva drömmen utan snarare den vakna aktiviteten av att tolka minnena i drömmen som är det centrala. Det handlar mindre om upptäckten av ett fördolt dröminnehåll och desto mera om att försöka förstå själva den psykiska aktiviteten, det omedvetna sättet att tematisera, organisera och bearbeta erfarenheterna. Som exempel tar Lear Freuds dröm om den botaniska monografin (1900 s. 183). I sina associationer till drömmen minns Freud sin far Jacobs uttalande om honom: »Det blir ingenting av den pojken.« (s. 222). Detta minne var inte bortträngt hos Freud innan drömmen utan det handlar om att placera minnet i en sammanhängande helhet. Lear betonar att det är drömmaren själv och inte terapeuten som skall komma fram till betydelsen genom en slags vaken fortsättning av drömmandet, liknande Ogdens beskrivning ovan. Idag ses drömmen av de flesta psykodynamiska terapeuter som en av många vägar till att förstå det omedvetna.

Målet med terapin har förskjutits från att lösa omedvetna konflikter till att främja utvecklingen av härbergeringsfunktionen det vill säga, mellan den omedvetna förmågan till drömmande (härbärgeringsförmågan) och tankarna och känslorna från våra upplevelser (innehållet i det som härbärgerats), menar Ogden (2005 s. 104). Han påpekar att det är viktigt att inte handskas med de olika begreppen som om det vore krig mellan olika teorier och skolbildningar. Ogden hänvisar till den relationella psykologin som är komparativ och har en integrativ målsättning och till Donnel Stern som jämför olika emergens- och fältperspektiv (se: Thomas Ogden i förordet på Sterns »Relational Freedom« från 2015).

Bollas betraktar den kreativa potentialen från det (komplexa) omedvetna som en betydligt viktigare aspekt av psyket än symtom, bortträngning, motstånd eller överföring, skriver Sarah Nettleton (2017 s. 61). Bollas (2008; 2013) har en enormt positiv tilltro till det omedvetna arbetet och menar att det framstår med en egen logik om man lyckas följa och inte störa den fria associationsprocessen.

Kunskapsteori och sanningsbegrepp.

Vad kan sägas om kunskapsteorin vad gäller det omedvetna i den psyko-dynamiska teorin? Freuds teorier startade med mekanism och objektivism i sin tidiga driftsteori. Senare liknade han terapeutens arbete vid arkeo-logens. Uppgiften var att gräva fram minnen som blivit övertäckta och förvanskade genom bortträngning. Med denna analogi sågs det fördolda som ett slags färdigskapat statiskt objekt utan egen dynamik, där »[allt] väsentligt är bevarat /.../ endast begravts, gjorts oåtkomligt« (Freud 1937 s. 359f). Med en korrekt analytisk teknik går det »att fullständigt bringa det förborgade i dagen«, menade Freud (1937 s. 360). Den traditionella bilden av det omedvetna som en mer eller mindre sluten container med gömt innehåll har idag ersatts av att betrakta det omedvetna som erfarenheter som är potentiella eftersom de är omentaliserade eller osymboliserade och ibland kan göras tänk- och talbara (Stern, 2015 s 14f). I den relationella psykoterapin betonas att även terapeutens subjektivitet utgör en del i denna process. Freud var också inne på att det omedvetna var oformulerat när han skrev: »Den föreställning som inte uttrycks i ord /.../ stannar kvar som bortträngd i [det omedvetna]« (1915 s. 182).

Den sanning som Freud trodde sig frambringa var en entydig objektiv his-torisk sanning, helt i överensstämmande med den då rådande objektivis-tiska naturvetenskapssynen. Efter relativitetsteorins successiva genomslag från det tidiga 1900-talet, och den senare så kallade språkliga vändningen inom humaniora och samhällsvetenskap, menar man att sanning alltid måste stå i relation till någon slags kontext. Freuds sanningssyn kritisera-des på 1980-talet av Donald Spence (1982) som skiljer mellan historisk och narrativ sanning. Den narrativa sanningen har stöd i anknytningsteorins mätinstrument Adult Attachment Interview (AAI) som visat att det är hur man bär med sig sin historia – berättar eller förstår den, som är korrelerat till framtida anknytningsmönster – inte vad som *faktiskt* objektivt sett har hänt (Wallin 2007 s. 34). Men den objektivistiska historiska sannings-synen har trots allt ofta levt kvar inom psykodynamisk teori. Ett sorgligt svenskt exempel på detta utgör Thomas Quick-fallet. I naturvetenskapen är idealet oftast en strikt uppdelning mellan det som studeras och den som observerar, som är helt omöjlig att göra i psykodynamisk psykoterapi, där observatören (terapeuten) utgör en del av studiefältet.

Ett ytterligare sanningsproblem finns hos patienten. Vår minnesfunktion utgörs av en process, med lite olika versioner av ett psykiskt skeende vid varje ny beskrivning (utöver rent banala fakta). Det går alltså inte att uppbringa en ursprunglig, icke kontaminerad version av patientens minne (Mitchell 1997 s. 217ff).

Freud liknade också terapiprocessen vid schackspelande, där det finns vissa välanalyserade strategier för öppnings- och slutspel, men däremellan en helt oförutsedd dynamik (1913 s. 154). Analogin handlar mest om psykoterapeutisk teknik och säger inte så mycket om själva kunskapsteorin – men i så fall får den benämnas »emergent«. I relationell psykoterapi talar man om *emergens*, det vill säga att psykoterapeutiska processer är oförutsägbara och ibland lever sitt eget liv, genom att samspelande rörelser på en komplexitetsnivå kan skapa nya rörelser och kvaliteter på en helt ny komplexitetsnivå (Wånge 2019 s. 155–156).

Även Ogden betonar emergens, både själv och som uttolkare av Bions teorier. Han skriver att psykoanalysen i grunden är ett projekt (enterprise) som involverar emergens – en oförutsedd upplevelse (Ogden 2005 s. 83f). Bollas (2008) är också inne på denna tanke när han beskriver hur man skall försöka följa logiken i patientens associativa material, som nämnts ovan. Ogden talar om en absolut, emotionell sanning. Det terapeutiska arbetet består av att säga sådant som både upplevs som emotionellt sant och som är användbart för psykoterapeutiskt arbete, menar han (s. 61). Ogden skriver att idéer utgör formuleringar av strukturer av mänskliga upplevelser. Tänkare skapar inte sanningen – de bara beskriver den. Men att beskriva sanningen innebär att ge den en form, som i sin tur påverkar hur sanningen framställs och upplevs (2005 s. 61ff). I den lacanianska retoriken brukar det heta att »det omedvetna är strukturerat som ett språk«, men med Ogdens sätt att resonera framstår detta antagande som en efterkonstruktion. Snarare är det så att det omedvetna ges struktur i först i samma stund som vi talar om det och därmed blir till föremål för våra grammatiska regler.

Den Intersubjektiva Systemteorin (IST) är en post-självpsykologisk teori skapad av fyra teoretiker, Robert Stolorow, George Atwood, Bernard Brandchaft (1916–2013) och Donna Orange, som ibland brukar räknas till den relationella psykologin. Teorin är fenomenologiskt baserad och man benämner själva sin kunskapsteori för perspektivistisk realism – perpectival realism) (Stolorow, Atwood & Orange 2002). Genomgående i deras idéer är en kritik mot allt individualpsykologiskt tänkande – myten om det fristående psyket (the myth of the isolated mind) och mot den cartesianska uppdelningen mellan kropp och själ som de menar har genomsyrat den psykoterapeutiska teoribildningen alltifrån Freud till mera moderna teoretiker som till exempel Otto Kernberg. Med intersubjektivitet menar man att psykoterapin utspelar sig i den dynamik som uppstår i gränssnittet mellan de båda parternas subjektiva världar.

De intersubjektiva systemteoretikerna anser att det omedvetna består av affekttillstånd. Istället för container-metaforen talar man i IST om erfarenhetssystem av förväntningar, förståelsemönster och mening. Psykoterapi blir inte ett grävande efter djupare skikt utan en undersökande dialog med syfte att utöka erfarenhetsfältet för det som faller utanför horisonten för parterna. Horisonten förflyttar sig oupphörligt. Gränsen mellan det medvetna och omedvetna är därför ständigt flytande och ett resultat av vad parterna gemensamt tillåter eller inte tillåter sig veta i den unika situationen.

IST utskiljer tre slags omedvetet: *det förreflektiva, det icke-validerade* och *det dynamiska* (Stolorow, Atwood & Orange 2002). Det förreflektiva omedvetna utgörs av de organisationsprinciper (grammatiken) som tematiserar våra erfarenheter. Det icke-validerade omedvetna består av erfarenheter som aldrig formulerats på grund av att de aldrig fått något erkännande från omgivningen. De dynamiska omedvetna är resultatet av en defensiv eller negativ organisationsprincip, bortträngning och dissociation, där barnet ibland tvingas offra sin perception (vad man ser eller hör) för att bibehålla en livsviktig anknytningsrelation. Det är inte innehållet utan de känslomässiga tillstånden som måste hållas borta. Brandchaft (2010) har skapat ett begrepp för att kunna förstå denna process när den sker i terapin som han kallar *patologiska anpassingssystem* (systems of pathological accomodation) (se Kapitel 14).

Med ett relationellt perspektiv kan man beskriva en terapi som en konstruerad spelplats där två personer tänker, agerar och samspelar tillsammans för att försöka förstå och analysera vad som pågår, vad som skapats gemensamt och vad vardera parter har burit med sig dit av påverkande mönsterfaktorer. Vidare är psykoterapi ett unikt kunskapsområde som även innefattar meningskonstruktion (Wånge 2019 s. 139–161). Med Bions idéer kan sägas att mening skapas genom att man sammanlänkar olika psykiska entiteter med varandra och att det krävs minst två personer för att kunna tänka.

Om man skall göra en bestämning av psykoterapins kunskapsteoretiska status så ligger social konstruktivism närmast till hands, vilket innebär ett antagande om att människor aktivt konstruerar idéer om sig själva och sin värld av upplevelser och beteenden i en social kontext.

Påpekas ska att det omedvetna inte uteslutande handlar om intrapsykologi. Det pågår också omedveten interpersonell påverkan, vilket var en av Harry Stack Sullivans stora insikter (Stern, 2015). Detta har stöd i aktuell neurologisk forskning och i spädbarnsforskningen, som visar att det ständigt pågår icke-verbal kommunikation mellan oss, förmedlad via våra högra hjärnhalvor (Hill 2021; Beebe & Lachmann 2002; 2013). Jag instämmer med Lewis Aron (1996 s. 23ff) som hellre föredrar *relationell konstruktivism* eller *relationell perspektivism*, eftersom termen social oftast bara varit förknippad med externa relationer, medan termen relationell är associerad med teoretiker som fokuserar såväl på inre som yttre relationer.

Epilog

Ett samtida perspektiv på det omedvetna innebär att terapeuten också skall främja det psykiska arbete som sker på omedveten nivå utan att nödvändigtvis försöka medvetandegöra detta. Det terapeutiska arbetet måste även försiggå och transformeras inom den icke-verbala och pre-symboliska nivån. En del psykiskt material kan inte och skall inte formuleras verbalt. Ibland måste terapeutens förhållningssätt bestå av ordlös bekräftelse – en tystnad som underförstått markerar att ord inte räcker till, eller bara skulle uppfattas som förvirrande, påträngande eller triviala i sammanhanget (Pizer 1996 s. 129). Istället måste man hjälpa patienten att komma i känslomässig kontakt med denna nivå, så som Winnicott (1963 »regression to dependence«) och Balint (1968 »the area of creation«) tidigt varit inne på.

Det omedvetna är ett mycket komplext fenomen och måste därför beskrivas från flera perspektiv. De traditionella (meta-)psykoanalytiska texterna om det omedvetna är intrapsykiskt begränsade, ibland förenklade och behöver kompletteras med nya formuleringar. Den relationella psykoterapin förespråkar ett breddat begrepp för det omedvetna, som är samskapat tillsammans med patienten, som lika väl kan vara baserat på dissociation som på bortträngning och som inkluderar fenomenet selektiv (o-) uppmärksamhet.

Efterskrift

Denna artikel skrev jag på hösten 2021 efter att ha deltagit på *Psykoterapicentrums* årliga höstkonferens i november med titeln: *Psykodynamiska tidsbegränsade terapier*. Till samma nummer som min artikel fick jag i uppdrag av tidskiften att bidraga till en rapport från konferensen. Min tidigare uppfattning om att korttidsterapier generellt sett lider av forcerade processer ofta med osäkra eller ofullständiga resultat stärktes av konferensen. Jag sammanfattar i ett kort inlägg i rapporten om korttidsterapier med: »Enligt min erfarenhet kan det för separationskänsliga patienter vara centralt att finnas kvar som terapeut tills de själva känner att de kan avsluta. För dessa patienter är det bättre att få gå några gånger för mycket än för lite eftersom detta kan förhindra återtraumatisering av tidigare /.../ avvisanden ...« (Nyman & Wånge 2022 s. 46). Vi kan här påminna oss om att det är vanligare med återbesök än nybesök inom psykiatrin.

Psykoterapi är ingen »quick-fix«. Det har gjorts många försök under åren med att förkorta och effektivisera psykoanalytiskt inriktad terapi. Men många psykiska processer måste få ta sin egen väg, behöver tid och framförallt kontinuitet för att utvecklas. Insikt och mognad kan ofta inte påskyndas i någon högre grad (medan sorgeprocesser tvärtom kan fördröjas i många år). Terapeutiska och läkande processer är till stor del emergenta (se: Wånge 2019 s. 155f). Terapeuten skall därför inte i första hand styra innehållet utan snarare följa patienten och ha fokus på att processen hålls igång och genom att försöka undanröja hindren. Redan Freud uppmärksammade detta i »Den ändliga och den oändliga analysen.« (1937). Han skriver att varningen »lätt, fånget, lätt förgånget« har fog för sig (s. 343) och att målsättningen »inte /är/ att avkorta utan fördjupa analysen« (s. 348). Freuds resonemang här är tänkvärt men måste breddas. Det handlar i stort sett bara om driftsteori och driftskonflikter från en förlegad metapsykologi och exempelvis inte om relationella fenomen såsom avvisande i mitt exempel ovan.

Under de perioder i mitt yrkesliv när jag varit offentligt anställd har jag mött ständiga krav på ökad effektivitet och tidsbegränsningar. Dessa har (med något enstaka undantag) bara rört sig om utifrån kommande resursoptimeringskrav – som i sig kan vara berättigade från ett offentligt resursfördelningsperspektiv. Men detta perspektiv handlar alltså om andra aspekter än omsorg om patienten eller själva kvalitéten terapin.

På våren 2021 hade jag också publicerat en presentation av Lewis Arons arbeten (Wånge 2021) efter att först ha läst en postum antologi över hans arbeten som var sammanställd av Galit Atlas (2021).

Flera av mina artiklar har tillkommit som en reaktion på något jag läst. I detta fall kände jag ett behov av att ta mig tillbaka till det basala – back-to-the-roots. Ett sätt blev att reflektera över Freuds mest grundläggande antagande – det omedvetna.

12. Sexuella trauman – ett underteoretiserat område i psykodynamisk teori. (2022)

Psykoterapi 2022:2 s. 16–21.

Sexuella övergrepp finns i anamnesen hos många patienter inom psykoterapi och psykiatri och ger ofta upphov till livslångt psykiskt lidande, begränsningar i funktioner och svårigheter i nära relationer. Effekten av sexuella övergrepp utgör enligt min mening ett underteoretiserat område inom den traditionella psykoanalytiska och psykodynamiska teorin. Företrädare för den relationella psykoterapin som står mera nära trauma-, spädbarns- och affektforskning har däremot tillfört en hel del på detta område.

I sin tidiga teori antog Freud (1896) att *faktiska* sexuella övergrepp var en huvudsaklig orsak till psykisk ohälsa (neuroser). Senare lämnade Freud denna förförelseteori och hävdade att det istället handlade om barnets sexuella *fantasier* (Freud 1954 s 215). Efter detta har psykoanalysen påtagligt undvikit ämnet och inte utvecklat någon ordentlig traumateori. Problemet har historiskt sett adresserats flera gånger, till exempel av Sándor Ferenczi (1933) och Jeffrey Masson (1984). Ämnet diskuterades i USA och i Storbritannien på 1990-talet efter att patienter kommit att anklaga sina föräldrar för sexuella övergrepp i barndomen, som uppdagats i terapi. I juni 1994 hölls en konferens i London om statusen hos barndomsminnen om övergrepp, där psykoanalytiker och forskare tillsammans försökte klarlägga situationen (Sandler & Fonagy 1997). I Sverige blev det som bekant en liknande diskussion om expertvittnen i domstolar, först i samband med mordet på Catrine da Costa och senare när Thomas Quick började erkänna ett antal mord.

Under förra året publicerade tidskriften *Divan* (2021) Ferenczis förförelseartikel från 1933 i en svensk nyöversättning med kommentarer av Jakob Staberg. Diskussionen tillförde föga nytt och läsaren lämnades med att psykoanalysen inte har något substantiellt att tillägga om effekten av faktiska sexuella övergrepp efter denna Ferenczis sista artikel. Artikeln skrevs till den psykoanalytiska kongressen 1933, men censurerades därefter av Freuds inre krets och utgavs på engelska först 1949 av Michael Balint i London. Den översattes första gången till svenska 1984 i samband med Masson-affären.

Inom psykoanalysen betraktades länge Freuds metapsykologiska skrifter som en slags bibel som endast skulle citeras. Psykoanalysen var under en lång tid ortodox, auktoritetsbunden, starkt hierarkisk och ibland väldigt självupptagen. Man vågade inte granska Freuds blinda fläckar, till exempel den effekt på teorin hans neurotiska relation till sin mor kan ha haft (Wånge 2018). Dessutom levde Freud i en annan tid, med en annorlunda syn på sexualitet, könsidentitet (numera genusfrågor), kvinnan och kärnfamiljen. De kvinnliga analytikerna – psykoanalysens mödrar – reagerade tidigt, men psykoanalysen har varit senfärdig med att ta tag i frågorna. Här finns en grogrund till fientligheten mot psykoanalysen och en anledning till att många unga personer som initialt blivit intresserade av människans psyke har hållit en armlängds avstånd till psykoanalysen.

Från slutet av 1980-talet startade en relationell rörelse i USA som en reaktion på ovanstående förhållanden och den har lett till det vi idag kallar *en relationell vändning* inom psykoterapin. Man har utvecklat en självständig relationell teoribildning, som i de flesta avseenden snarare utgör ett kontextuellt komplement än en konkurrent till den gamla individualpsykologiskt inriktade psykoanalytiska teorin (Wånge 2019).

Jeffrey Masson (1984) hävdade att Freud svek sanningen på grund av bristande mod när han övergav förförelseteorin. Möjligen fanns det någon poäng i kritiken även om den i stort skjutit bredvid målet. Det blev två viktiga konsekvenser av Freuds val. Det innebar att han inriktade sig på den intrapsykiska domänen och det symboliska, vilket lett till en ovärderlig monumental utveckling av den psykoanalytiska teorin. Men en annan dystrare konsekvens var att effekterna av *faktiska* trauman och övergrepp lämnades i skuggan, varvid begreppsutvecklingen till exempel om dissociation, enactment och multipla självteorin kom att ligga i träda i många år.

Det är orimligt att begära att en man – Sigmund Freud – ensam skulle kunna teoretisera om allting själv. Men man kan begära att efterföljande psykoanalytiska teoretiker engagerar sig och försöker skaffa sig vidare kunskap på området. Psykoanalysen har inte gjort tillräckligt för att klargöra skillnader och samband mellan övergrepp (förförelse) och sexuella fantasier. Såväl Ferenczi som Freud verkade i en tid då objektivism och en strikt korrespondensteori mellan perception och inre föreställningar rådde. Sanningsbegreppet var entydigt och binärt – något var sant och allt annat var osanning. Men en följd av sexuella övergrepp är att minnet ofta producerar en blandning av verklighet och fantasi som gör det svårt att skilja dem åt. Frågan blir därför i vilken omfattning en terapi skall inrikta sig på att i efterhand försöka skilja mellan vad som faktiskt hände i barndomen (den historiska sanningen) och de bilder eller minnen som patienten har (den narrativa sanningen) (Spence 1982).

Åter till Ferenczis artikel (1933). Den skrevs för att uppmärksamma Freud på brister i den psykoanalytiska tekniken. Men Ferenczis relation till sin lärofader var komplicerad. Det var långt ifrån »raka rör« och tydligt klarspråk. Ferenczi var starkt beroende av Freuds erkännande och stundtals väldigt undergiven. Freud var överkänslig för kritik och motarbetade jämlika relationer till sig själv (Jung 1993). Ferenczi framförde sin kritik mot Freud på ett ambivalent sätt. Ena stunden argumenterade han för sin sak, för att i nästa stund ifrågasätta det han framfört och därefter börja diskutera sina egna tillkortakommanden. En parallell process utspelade sig i hans terapier som ledde till experiment med ömsesidig analys. Ferenczi (1932) gick alldeles för långt, eftersom han inte upprätthöll den nödvändiga asymmetrin mellan patient och terapeut (Aron 1996).

I den ursprungliga titeln skrev Ferenczi om de vuxnas *passioner* men ändrade senare till *språkförbistring*. Förskjutningen är vilseledande. I *Divans* inledning (2021:1–2 s. 2) hävdas att förbistring avser att en ömsesidig förståelse har »upphört« och att »förståelsen inte längre fungerar, eller inte släpper igenom vissa erfarenheter«. Av beskrivningen kan man få intrycket av att det skulle röra sig om någon slags missförstånd i kommunikationen. Men detta skall inte betraktas som en språklig fråga. Det är den vuxnes *upphetsning* som är det skadliga för barnet. Det finns inget språk i världen som skulle kunna få barnet att begripa vad som pågår, eftersom en förståelse av en vuxens sexualitet inte är möjlig för ett barn. Det handlar om en ohanterbar affektkollision – inte en språkförbistring.

Varför ändrade Ferenczi titeln? Språkförbistring har otvetydigt en svagare laddning än passion. Det innebär en förmildrande omskrivning som påminner om den som förövare ibland tar till för att tona ner sina övergreppshandlingar. Förövaren talar ibland med förmildrande omskrivningar till offret när denne är ett barn och inte riktigt förstår vad som pågår när ett övergrepp till exempel består av mildare intima smekningar. Ferenczi insåg inte hur illa den vuxnes upphetsning påverkar barnet.

Ferenczis artikel är svårläst. Den talar inte klarspråk och handlar förvånansvärt lite om patienternas lidande, vilket borde utgöra det naturliga navet för den psykoanalytiska diskussionen. I stället för att diskutera sakfrågan om effekten av ett trauma fokuserar Ferenczi på tekniken, fastnar vid sin relation och analys med Freud och det samtida psykoanalytiska debaclet. Det som borde vara huvudbudskapet – *patientens lidande* – bleknar bort. Men bortom det som utspelade sig i terapirummet fanns en faktisk, historisk svårvärderad verklighet som man hade mycket dålig kunskap om. Paradoxalt nog bidrar Ferenczi själv till en slags språkförbistring med sin artikel.

Artikeln måste läsas tillsammans med Ferenczis (1932) kliniska dagbok, som skrevs samtidigt. Den utgavs så sent som 1988 – några år efter Masson-affären – efter mycket motstånd från Freuds dotter Anna. I inledningen citerar Judith Dupont ett brev där Ferenczi skriver till Freud att psykoanalysen »överskattat fantasins roll och underskattat den traumatiska verkligheten« (Dupont 1988 s. xii). Dagboken består av ett antal fragmentariska arbetsanteckningar från januari till augusti 1932, det vill säga under Ferenczis sista levnadsår. Han avled 22 maj 1933. Några av Ferenczis patienter hade varit utsatta för sexuella övergrepp som barn. Den längsta terapin var med R.N. som i verkligheten hette Elisabeth Severn. Den pågick under perioden 1924–1932. En annan patient kallad för Dm. var psykoanalytikern Clara Thompson som (i samarbete med Harry Stack Sullivan) reste från New

York till Budapest för att lära sig psykoanalys av Ferenczi. Båda patienterna fick utstå terapeutiska experiment som ömsesidig analys och »pussteknik« (kissing technique) (ibid. s. xv). Under en period träffade Ferenczi Severn 4–5 timmar varje dygn och hon följde dessutom med honom och hustrun Gizella på deras semester till Spanien för fortsatta terapisessioner (Aron & Harris 1993). Ferenczi hade dålig koll på de terapeutiska ramarna (som visserligen var outvecklade på denna tid). Han uppvisade mot vissa patienter en del sexualiserat beteende vars effekt han inte förstod vidden av.

Ferenczi (1933 s. 16) talar om mognad och gör en liknelse med en frukt som blivit stungen av en fågels näbb och därför mognar prematurt. Men han gör ingen distinktion mellan det vi kan benämna *brådmognad* och »naturlig« mognad. Vid för tidigt påtvingad sexualitet rör det sig om brådmognad som ger upphov till instabila, ångestladdade självtillstånd som kan leda till sexuella utageranden, medan »naturlig« mognad utgör mera stabila och harmoniska självtillstånd. Winnicotts begrepp för utifrån kommande skadliga angrepp på psyket är *impingement* (1952).

Med ett socialkonstruktivistiskt kunskapsantagande blir den terapeutiska uppgiften att hjälpa patienten att leva med sin historia. Man arbetar från patientens subjektiva minnen och oftast är det omöjligt att göra en korrekt historisk konstruktion. Det finns möjligen extrema fall där patienten helt dissocierat bort ett sexuellt övergrepp som fullständigt skulle skriva om patientens historia om det kom i dagen. Men mera sällan går det att komma fram till konkreta, tydliga minnen när det handlar om dissocierade erfarenheter. Tidiga barndomsminnen härstammar från en pre-verbal tidpunkt i livet. Dessa är pre- eller osymboliserade och kommer kanske aldrig att gå att sätta ord på eller tänka kring, utan bara finnas kvar som affektiva eller psykosomatiska tillstånd (Pizer 1996 s. 129). Man får nöja sig med att försöka få patienten att komma i känslomässig kontakt med denna nivå, något som Winnicott med »regression to dependence« (1963), och Balint med »the area of creation« (1968) tidigt varit inne på.

Ofta måste man arbeta med vaga minnen, där patienten aldrig kommer att bli klar över vad som faktiskt har hänt, utan måste lära sig att leva med osäkerhet. Donald Spence (1982) förordade att terapin skulle fokusera på den narrativa sanningen, vilket har stöd i anknytningsteorin (Wallin 2007 s. 34). Den traditionella psykoanalysen har varit alltför ensidigt inriktad på det förflutna, vilket har påpekats av den relationella psykoterapin, som menar att det måste råda ett dialektiskt perspektiv i terapin mellan: då- nu- och framtid. Redan Jung talade om en framåtblickande (prospective) funktion hos drömmen (Atlas & Aron 2018). Den eviga psykoanalytiska frågan: Vad betyder det här egentligen? måste också kompletteras med Edgar Levensons (1991 s.155) fråga: Vad är det som pågår här?

Ett sorgligt exempel på vad otydligheter och kunskapsbrister har medfört är den vantolkning av objektrelationsteorin som här i Sverige förfäktades av Margit Norell och hennes elever (Andersson m.fl. 1999). Deras tolkning var starkt inspirerad av Ferenczis kliniska dagbok och ledde till många konstigheter vad gäller fallet Thomas Quick. Till exempel blandade man ihop eventuella offertrauma från barndomen med senare trauman som kunnat uppstå i förövarrollen. Man fixerade sig vid att försöka rekonstruera den historiska sanningen, och höll inte strikta gränser gentemot polisens och rättssystemets arbete.

Som terapeut får man ibland höra: »jag har aldrig berättat detta för någon« från patienter som utsatts för övergrepp – även om händelserna ligger långt bakåt i tiden. Att ensam bära ett trauma och inte kunna dela det med någon utgör en av de mest ihållande och plågsamma skadorna av ett övergrepp. Det är dessvärre inte särskilt ovanligt.

Om övergreppet är så outhärdligt att det överstiger individens förmåga till affekthantering försvarar sig psyket automatiskt, i första hand med dissociation. Detta innebär att offret kan hålla det på avstånd från sig själv i många år. Minnet eller erfarenheten kanske »finns där någonstans i bakhuvudet«, men gör sig inte påträngande. När det senare i livet händer något som väcker affekter som är kopplade till det som dissocierats, kan historien komma ifatt offret. Detta kan, men behöver inte nödvändigtvis vara dramatiska händelser utan även »naturliga« förändrade livomständigheter. Till exempel när man blir gravid eller förälder, kan man få kontakt med nya sidor i sin person som leder till en omvärdering av tidigare erfarenheter. Dissocierade händelser finns bevarade i obearbetad form och kan inte ta sig tydliga symboliska uttryck. Snarare blir det starka affekter som överväldigar patienten i form av en ångest som kan vara svår att förknippa med tydliga konkreta minnen.

Det har betydelse om övergreppet skett före eller efter puberteten. Ett barn före puberteten kan till exempel ha blivit utsatt för lättare intima smekningar, utan att uppfatta dessa som sexuella vid tidpunkten när det skedde. Det är först när barnet senare kommer i puberteten, eller debuterar sexuellt och därmed har utvecklats till en (vuxen)-sexuell person, som handlingen kommer att uppfattas som sexuell till sitt innehåll. Detta kan vara en mycket chockartad och plågsam upptäckt. Freud (1918) talade om *efterhandsverkan*, eller fördröjd verkan (Nachträglichkeit) som innebär att betydelsen av en erfarenhet i efterhand kan omvärderas.

Ett problem i Freuds driftsteori var att förklara varför individen initialt strävar efter att stegra (affekt-)spänningen eftersom det slutgiltiga driftsmålet var spänningsreduktion. I puberteten sker en omvandling från autoerotik till relationell erotik (objektserotik), vilket är en känslig historia. Det uppstår ett nytt yttre sexualmål, varvid »de erogena zonerna underordnar sig genitalzonen,« skriver Freud (1905 s.126 ff.) Retningarna som leder till sexuell upphetsning är en blandning av somatiska och psykiska faktorer. Freud nämner tre olika vägar: 1. från yttervärlden, 2. från organismens inre och 3. från själslivet (ibid s.127). Omvandlingen skall i bästa fall starta med den unge individens eget upptäckande av sin sexualitet via »spontana« ageranden (Newman 1995 s. 391). Men om barnets erogena zoner tidigare har provocerats utifrån kan det uppstå retningsfixeringar som försvårar den genitala samordningen av sexualiteten. För att lösa teoriproblemet införde Freud en distinktion mellan *förspelslust* som avsåg excitationen av erogena zoner och *slutlust* (eller tillfredsställelselust) som avsåg genital excitation, med orgasmen som mål (ibid. s.129)

Sexuella övergrepp i barndomen kan ta sig många uttryck eftersom erfarenheten av dem finns registrerade i skärningspunkten mellan en outvecklad biologisk kropp och ett outvecklat psyke. Detta gör det extra svårt att symbolisera, förstå och minnas det hela. Skadorna är ofta en blandning av kroppsliga och psykiska symtom, härstammande från olika biologiska och psykologiska utvecklingsnivåer, vilket gör dem svåra att förstå och kan få dem att framstå som märkliga. Ett exempel är den unga kvinna som blev upphetsad av att kissa på sig. Hon hade blivit utsatt för mildare övergrepp i unga år, vilket stämmer tidsmässigt väl med när det uretrala utgjorde den dominerade erogena zonen.

Masud Khan (1963 s. 40) skriver om tillstånd av »magiska inkorporationer« och »arkaiska sammansmältningar med objekt«. I hans fallbeskrivning hade patienten en depressiv moder som inte svarade på barnets kommunikation. Övergrepp utgör en annan slags vuxenrespons. Den gemensamma nämnaren är att sinnestillstånd och känslor blir »felregistrerade«. En variant av detta är att känna njutning vid sexuella aktiviteter som sker mot ens vilja. Detta upplevs som synnerligen skamfullt, vilket gör det oerhört svårt för offret att tala om händelsen. Den promiskuitet som ibland förekommer hos företrädelsevisa unga personer som mår psykiskt dåligt kan ses som ett sätt att försöka komma till rätta med sin sexualitet.

Den relationella psykoanalytikern Galit Atlas (2022 s. 44ff) har en fallbeskrivning om en liten flicka Lara där mormodern Masha projicerade sitt obearbetade dissocierade sexuella övergrepp på sitt barnbarn. Projektionen innehöll en falsk anklagelse från mormoderns sida mot Laras halvbror Ethan för övergrepp. Detta förvirrade Lara starkt och fick sorgliga konsekvenser för hela familjen. Dramat pågick i flera år och visar på hur ouppklarade familjehemligheter kan få långvariga förödande konsekvenser över generationsgränserna. Den kommande generationens värld blir ofta sexualiserad på samma sätt som offret (Masha) en gång blev sexualiserat som barn. Barnet blir känslomässigt överbelastat (flooded) av förälderns ointegrerade sexualitet och förvirrande gränser och blir till ett nytt offer (Lara), skriver Atlas (ibid. s. 68). Atlas valde kapitelrubriken språkförbistring och här kan vi tala om språkförbistring eftersom Lara ursprungligen blev traumatiserad utan att något övergrepp hade ägt rum på henne. Men i botten fanns ett faktiskt obearbetat övergrepp på mormodern sedan lång tid tillbaka. I Ferenczis (1932) fallbeskrivningar handlade det också om faktiska övergrepp. Vad gäller benämningen av Mashas agerande så utgör *enactment* det mest lämpliga begreppet enligt den relationella teorin (Wånge 2019).

Effekten av sexuella övergrepp är ett svårt och komplicerat kapitel och det finns mycket att säga och diskutera om ämnet. Jag har här påtalat några allvarliga brister i psykoanalysen och kompletterat med perspektiv från den relationella psykoterapin. En bra introduktion till ämnet är Jody Davies och Mary Frawleys arbete (1994). Mycket återstår för att bättre kunna förstå de plågsamma erfarenheter som vi bär med oss men som inte symboliserats – sådant vi varken kan minnas, glömma eller bli av med. Dessbättre kan de transformeras i en terapi och därmed bli hanterbara.

Efterskrift

Även om den relationella psykoanalysen har riktat mycket kritik mot Freuds driftsteori så betraktar man likväl sexualiteten som en av våra främsta drivkrafter. I det kliniska arbetet går det knappast att undvika ett möte med sexualitetens destruktiva baksidor. Denna artikel skrev jag under hösten 2021. Jag hade långt tidigare avslutat mitt drygt tioåriga arbete med sexualbrottsförövare på Skogomeanstalten. Jag var då hjärtligt trött på kriminalvårdens behandling som uteslutande skulle vara kognitivt och behavioristiskt inriktad. Sedan några år tillbaka handledde jag poliser som utredde sexualbrott och gjorde förhör med små barn. På Skogome träffade jag förövare och på min privatpraktik hade jag haft offer för sexuella övergrepp, vilket gav mig en inblick i dynamiken från två olika perspektiv.

Generellt sett upplevde jag frustration över bristande teoribildning om sexuella trauman och sökte efter nya influenser och mitt läsande och skrivande gick som så ofta hand i hand. Under 2005–2006 deltog jag på seminarier med den kleinianske psykoanalytikern Christopher Gibson. Under 2006 fortsatte jag med en kurs i sexologi för familjerådgivare vid Göteborgs universitet. I oktober var jag i Stockholm på tvådagars psykoanalytisk konferens i ABF-huset. Jag var på två *spaf*-föreläsningar på Folkets Hus i Göteborg på temana: »Sexualiteter« och »Kärlek och andra svårigheter«.

2005 hade jag publicerat en artikel: »Sexualiteten idag – symbolisk, imaginär eller real« (Wånge 2005) där jag bland annat med hjälp av Ethel Person och André Green konstaterade att sexualitetens centrala betydelse »inte alls har matchats med motsvarande teoribildning«. Green (2000) menar att libidoteorin varken har kunnat tillbakavisats eller vidareutvecklas. Jag reflekterade också över symboliseringens roll för sexualiteten och dess status. I februari 2007 publicerade jag en artikel som bland annat innehöll vad jag då kände till om teorier om pedofili och sexuella övergrepp – en översikt (Wånge 2007). Där nämner jag en teori av Charles Socarides (1922–2005) då helt ovetandes om att han var en av de amerikanska psykoanalytiker som försökte »bota« homosexualitet med terapi, vilket jag naturligtvis tar avstånd ifrån. Paradoxalt nog visade sig hans son Richard Socarides vara homosexuell och dessutom aktivist. Richard arbetade sedermera i Vita Huset som Bill Clintons rådgivare i frågor om homosexualitet. Så här i efterhand är jag mycket tveksam till Charles Socarides teori om pedofili som utgör en slags typlära.

Temat för nr 1–2/2021 av tidskriften *Divan* var språk och språkförbistring. Förutom en svensk nyöversättning av Sandor Ferenczis välkända artikel om barnövergrepp fanns en artikel av psykoanalytikern Jacob Staberg där han följde upp Ferenczis artikel. Men Staberg fastnade i en spekulativ språkförbistring mellan Freud och Ferenczi och det handlade inget om det som borde stått i fokus: offren för sexuella övergrepp – patienterna. Vid barnövergrepp består den stora skadan av *affektkollision*, inte av språkförbistring. Det barnet varken kan förstå eller hantera är den vuxnes *sexuella upphetsning*. Efter att Freud övergav sin förförelseteori på 1890-talet blev faktiska övergrepp ett mer eller mindre icke-ämne inom psykoanalysen och dessutom ett tämligen tabuladdat område efter Ferenczis föreläsning 1932. Freud koncentrerade sig på det inre och på bortträngning och utvecklade aldrig begreppet dissociation som ofta är förenat med sexuella övergrepp. Jag tyckte i alla fall att de svenska psykoanalytikerna borde ha haft betydligt mer att säga om saken så här mer än ett sekel senare. Alltså fattade jag pennan själv för att formulera vad jag lärt mig, i första hand av den relationella psykoanalysens reflektioner över ämnet.

13. Själv-, jag- och identitetsbegreppen i den relationella psykoterapin (2024)

Psykoterapi 2024:1–2 s. 15–20.

Själv, jag och identitet är nödvändiga psykologiska begrepp. Men det finns ingen konsensus om vad man avser och det finns ingen som lyckats beskriva vår själverfarenhet på ett entydigt sätt, menar den relationella psykoanalytikern Stephen Mitchell (Wånge 2019 s. 98ff).

För den psykodynamiska teorins del (läs: den psykoanalytiska efter att Freud på 1890-talet övergav förförelseteorin) har svårigheterna bland annat bestått i dess ovilja, att ta sig utanför en individualpsykologisk kunskapsram. Den relationella psykoterapin (REL) var en reaktion på detta och man har utvecklat en ny syn på ämnet.

Nuförtiden är många personer starkt upptagna av sin identitet och frågan vem man är. Till exempel är de traditionella benämningarna man eller kvinna, hetero- eller homosexuell för snäva och det verkar inte finnas någon gräns för hur man försöker (upp-)finna nya definitioner. »Vi lever i en era som är höggradigt beroende av bilder.« /.../ »Det vore ett misstag att förhastat avfärda nutida fenomen som ytliga, narcissistiska eller i sig själva patologiska«, skriver psykoanalytikern Charlotta Björklind (2023 s. 124; s. 128). Vidare menar hon att idealjaget utgör den rådande tillfredsställande jagsituationen – ett tillstånd av perfektion. Jagideal är den självbild man strävar efter att uppnå – en del av överjagssystemets styrande kompass.

Jag kan hålla med Björklind om att fenomenen inte kan avfärdas. De är livsviktiga för många personer, men de kan likväl vara ytliga, narcissistiska eller patologiska. Jag skulle närmast vilja beteckna ett omfattande sysslande med den egna identiteten som ett symtom på psykisk ohälsa som idag utgör en omfattande samhällelig patologi. Frågan »vem är jag« är uttryck för en människans vilsenhet som vi måste ta på högsta allvar. Men botemedlet är av ett annat slag än att fortsätta söka svar och definitioner baserade på cartesianska antaganden om vårt psyke och vår personlighet som isolerade individuella behållare (Cushman 1995; Stolorow Atwood & Orange 2002).

Identitetsbegreppet inom psykoanalysen tillhör individualpsykologin. Erik Erikson försökte på 1950-talet att bredda begreppet och inkludera individens sociala kontext. Men det utvecklades inte och det är först nu med REL som identitetsbegreppet återigen trätt i förgrunden, skriver Björklind (2023 s. 129). REL har en annorlunda självteori än den traditionella psykodynamiska enpersonspsykologin. Frågan: vem är du, är inte i fokus? Istället försöker man få patienten mera pragmatiskt intresserad och den centrala frågeställningen är: hur fungerar du ihop med andra?

Teoretiska överväganden

Åter till teorin. Harry Stack Sullivan var en av REL förgrundsfigurer. Han ansåg att psykoanalysen lade för *mycket* vikt vid vårt inre och för lite vid vårt yttre. Vidare betonade han utvecklingen under ungdomstiden, medan psykoanalysens utvecklingspsykologi upphörde efter oidipuskomplexets lösning och ingången till latensen. Vi kan påminna oss om hur vanligt det är att vuxna personer berättar om erfarenheter från skol- och tonår (mobbing, förluster, tidiga kärleksrelationer, sexuell debut, med mera) som påverkat deras självbild med helt avgörande konsekvenser för senare livs- och partnerval.

Sullivan var delvis i opposition med psykoanalysen och hans bidrag blev dessvärre aldrig integrerade med den psykodynamiska teorin. Vår medvetna självbild om en beständig sammanhållen personlighet är en missuppfattning (the mother of illusions) som hindrar oss att förstå vad som händer mellan oss och andra, menar Sullivan. Han bygger sitt självbegrepp på hur vi agerar tillsammans, vilket innebär att vi har lika många »personligheter« som vi har relationer. Självsystemet skapas genom våra ansträngningar att undvika ångest framför allt med hjälp av selektiv (o-) uppmärksamhet och dissociation (Wånge 2016).

Inom REL tyckte man att Sullivan lade för *lite* vikt vid det inre och man har därför behållit de flesta intrapsykiska begreppen. Till skillnad från den traditionella psykoanalysens starka fokus på psykets *struktur* betraktar REL vårt psyke som bestående av växlande själv*tillstånd* – den så kallade multipla självteorin (Wånge 2019 s. 98ff). Självet består av organiserade meningskonstellationer från relationella sammanhang. Det är mångfaldigt och betraktas som samtidigt varande socialt, interpersonellt, individuellt, privat, offentligt, medvetet och omedvetet (Mitchell & Harris 2004).

Philip Bromberg (1998) är en relationell teoretiker som har utvecklat den multipla självteorin. Han talar om *standing-in-the-spaces*, som avser i vilken grad vi samtidigt kan tolerera medvetenheten av flera andra självtillstånd, där hög tolerans anses som hälsosam medan låg är förenad med psykisk ohälsa. Idag talas det ofta om förmågan att kunna ha mer än en tanke samtidigt. Och när det gäller psykoterapi handlar detta mer om emotionella tillstånd än om tankar som ju är kognitiva. Vårt psyke är uppbyggt av olika överlappande självtillstånd, samtidigt som vi försöker bevara en känsla av att vara en enhetlig person: *feeling-one-while being many*.

För att skapa kontinuitet och sammanhang i vår självbild försöker vi hålla borta, sådant som inte passar in i helheten, från medvetandet. Detta görs framför allt genom selektiv (o-) uppmärksamhet och dissociation snarare än genom bortträngning, menar Bromberg. Om vi hamnar i en situation med för hög emotionell spänningsnivå (arousal) till exempel vid trauman, så reagerar vårt psyke automatiskt och förlägger delar av händelsen utanför vårt medvetande och i grava fall också utanför hela vårt jag/själv(-system) – det Sullivan benämnde icke-jag.

Idéerna har stöd i neurologisk forskning. Neuropsykoanalytikern Mark Solms menar att vårt medvetande, det vill säga våra självtillstånd i relationell terminologi, i grunden styrs av den rådande affektstyrkan («the fundamental form of consciousness is affect, which enables us to 'feel' our way through unpredicted situations«) (2021 s. 141). Han menar att vår hjärna delvis fungerar som ett självorganiserande metasystem vars kommunikation mellan inre och yttre tillstånd passerar olika lager enligt en princip kallad *Markov blanket*. Tillämpat på våra självtillstånd innebär detta att vi bara kan registrera vad som finns utanför oss »filtrerat« genom våra affekttillstånd (se: Kinet 2024; Solms 2021 för en allmän översikt). Detta innebär ett mera komplicerat samband mellan vårt inre och den yttre verkligheten, än den enkla korrespondenslära som antagits i den psykoanalytiska teorin till exempel vad gäller internalisering i objektrelationsteorin. Den relationella självtillståndsteorin stämmer bättre med Markov blanket-principen.

Omedvetet lever dissocierade erfarenheter inom oss som påverkar oss utan att vi kan kunna minnas, glömma eller bli av med den – ett fenomen som sysselsatt många teoretiker. Donnel Stern är en relationell analytiker som har avhandlat detta i flera arbeten (1997; 2010; 2015; 2019). Han talar om *oformulerade erfarenheter*. Från början förstod Stern dessa som brister i den språkliga symbolförmågan, men har senare kompletterat med idéer om andra icke-verbala former av symbolisering. Frågan är alltså hur man kommer åt, neutraliserar, transformerar, eller integrerar dessa dissocierade och oformulerade erfarenheter i psykoterapin.

Terapeutiska överväganden

Den traditionella psykoanalysen skulle hjälpa patienten att medvetandegöra de bortträngda omedvetna motivationskrafterna. Men när detta inte botade patienten, kunde man differentiera mellan intellektuell och verklig (emotionell) insikt. Psykoanalytikern Johan Eriksson (2023) menar att Freud »tidigt insåg att självkunskap som blott har en observerande karaktär inte har någon som helst betydelsefull terapeutisk verkan« (2023 s. 138). »/g/enuin *självk*unskap är någonting annat än /bara/ kunskap om sig själv« (s. 140). Terapin »handlar alltså om att både bli en annan människa och samtidigt förbli sig själv«, skriver Eriksson (s. 141). Det är skillnad mellan en vetskap/kunskap om sig själv och att vara/leva sig själv.

Man kan alltså känna till hur man fungerar utan att kunna vara ett med det man vet om sig själv, menar han.

Det som behövs är något mera än tolkningar och insikt. Och detta mera handlar om att återuppliva bortträngda konflikter eller komma i kontakt med dissocierade erfarenheter. Eriksson inser detta och problematiserar psykoanalysen med hjälp av en distinktion gjord av Thomas Ogden (2022). »Psykoanalytisk behandling är /traditionellt sett/ ett i grunden epistemologiskt företag« där man förnuftets hjälp skall vinna (själv-)*kunskap* (Eriksson, 2023, s. 135). Med en ontologisk inställning handlar det snarare om *tillblivelse* än om kunskap även om dessa inte kan åtskiljas helt.

Eriksson tar upp Bion och Winnicott som varit ontologiskt inriktade med »utmaningen av att försöka generera liv, vara och blivande« (s. 136). Båda var originella tänkare, men ingen av dem utmanade öppet den psykoanalytiska metapsykologin. Bions begrepp tillhör huvudsakligen enpersonspsykologin, medan Winnicotts centrala begrepp *mellanområde* beskriver hur vår kontakt med yttervärlden etableras via en »speciell form av mellanmänsklighet« med »en öppning mot vårt inre och en annan mot yttervärlden« (Rolf Holmqvists uttryck 2022 s. 47). De italienska postbionska fältteoretikerna Antonino Ferro och Giuseppe Civitarese talar också i »tillblivelseterminologi« (se: Wånge 2017; 2019). Ferro menar att terapeutens uppgift är att dagdrömma tillsammans med patienten för att sortera materialet via de *karaktärer* som utvecklas i det terapeutiska fältet. Berättelsen kan handla om det förflutna, det nuvarande eller peka mot framtiden (Ferro 1999).

Men Eriksson har inte mycket att säga om hur en tillblivelse terapeutiskt skall gå till mer än att löst hänvisa till nya erfarenheter med en analytiker som »på ett kärleksfullt sätt är öppen inför, riktad mot och intresserad av individen och patientens individuella utveckling« (s. 142). Idéer om nya emotionella erfarenheter har tidigare varit högst kontroversiellt inom psykoanalysen. Man tog bestämt avstånd från Franz Alexanders beskrivning av *corrective emotional experience* som betraktades som anti-analytisk (Palvarino 2010). Alexander betonade den emotionella och relationella aspekten i terapin, men menade ibland att terapeuten avsiktligt skulle försöka agera annorlunda än de primära anknytningspersonerna, vilket ansågs manipulativt.

Förutom att de psykoanalytiska verktygen bestått av isolerade individual-psykologiska begrepp har det strikta, avståndshållande analytiska sättet förhindrat eller åtminstone försvårat arbetet med affekter och den pågående icke-verbala kommunikationen. REL har med sin utvecklade två-och flerpersonerspsykologi en bredare teoretisk bas än den traditionella psyko-dynamiska individualpsykologin. Och när man använder sig av individu-alpsykologi så försöker man tillämpa den så relationellt som möjligt. Till exempel betraktar man överföring- och motöverföring som en och samma dimension och man betraktar projektiv identifikation som dubbelriktad. Det som psykoanalysen kallat motstånd eller icke-analyserbara patienter diskuteras inte utan koppling till kontext och den terapeutiska relationen i REL psykoterapi.

En ny terapeutisk praktik

REL har en annorlunda rollfördelning mellan terapeut och patient. Den terapeutiska relationen måste vara asymmetrisk och det skall inte finnas privata mellanhavanden. Men inom denna definition bör terapin sträva efter så mycket ömsesidighet och jämlikhet som möjligt, menar REL (Aron 1996). Man relaterar till patienten som en deltagande observatör och inte som en utifrån kommande expert. *Tillsammans* med patienten försöker man förstå vad som händer i terapin genom att *gemensamt* diskutera det samspel som utvecklar sig och ibland koppla detta till relationsmönster utanför terapin, i nutid och till barndom och uppväxt. Den relationella terapeuten är tämligen öppen med sina tankar, känslor och sårbarheter, för att kunna skilja ut vad varje part bär med sig in i terapirummet.

Vårt handlingsutrymme, vår möjlighet till påverkan på omgivningen och på varandra är helt avgörande relationella aspekter för vår psykiska ut-veckling och tillblivelse. Redan från det första levnadsåret börjar vi undersöka detta. Terapeuten måste låta sig påverkas och också kommunicera detta till patienten på lämpliga sätt under terapins gång. Den traditionella psykoanalytiska tekniken där terapeuten skulle agera som en neutral projektionsskärm är utformad för att förhindra sådan kommunikation. Inom REL har man infört begreppet *selfdisclosure* som handlar om hur personlig terapeuten kan vara i relation till patienten (Cohen 2005). Patientens behov av transparens är högst varierande med omständigheterna i varje enskild terapi. Begreppet har diskuterats mycket och dessvärre ofta misstolkats av personer utanför REL.

För att komma åt trauman och dissocierat psykiskt material krävs en blandning av individual-och flerpersonspsykologi. Freud utvecklade aldrig begreppet dissociation. Det handlar om att vi någonstans och i någon form kan bära med oss vissa erfarenheter som påverkar oss bortom vår egen kontroll. Men vid dissociation handlar det inte om att medvetandegöra något som bortträngts i vanlig psykoanalytisk mening. Det som dissocierats har aldrig kunnat bearbetats eller symboliserats. Winnicott beskrev detta i artikeln *fruktan för sammanbrott* där han menade att »fruktan för sammanbrott kan vara fruktan för en händelse i det förflutna som ännu inte upplevts« (1974 s. 26), vilket utgör en aspekt av det man i REL benämner *oformulerade erfarenheter.*

Inom REL arbetar man med begreppet *enactment* som enkelt sett innebär att det som ännu inte gått att formulera verbalt uttrycks i handling (Bass 2003; Jacobs 1986). Inom psykoanalysen kallades detta utagerande (när det gällde patienten) eller rambrott (om det avsåg analytikern) som fördömdes och reglerades med strikta terapeutiska restriktioner. I REL försöker man istället förstå och formulera innehållet i det som utspelats.

Enactment består av dissocierade tillstånd som inte kunnat symboliseras och därför inte kunnat bli till inre konflikt (som kräver symbolisering). Det är ett mellanmänskligt iscensättande genom att skapa en konflikt mellan två psyken, menar Donnel Stern (2010). Enactment blir patientens försök att nu få hjälp med den affektreglering som en gång misslyckades eller uteblev när traumat ägde rum – denna gång utan att bli återtraumatiserad, menar Bromberg som gör en allt större koppling mellan enactment, affekt-reglering och bristande mentalisering, i sina senare arbeten (2006 2011). Enactment kan förekomma både från patient och terapeut, ofta i samspel när deras gemensamma sårbarheter möter varandra i terapin.

Den emotionella innebörden av dessa erfarenheter är inte tillgängliga för vårt vanliga episodiska minne som kräver symbolisk kodning. Det som krävs är en slags transformation till en ny psykisk nivå, en inre omorga-nisation. Men patienten eller terapeuten kan inte utföra någon medveten målinriktad handling för att bearbeta eller komma åt dessa erfarenheter. Enactments kan inte framkallas utan är emergenta processer. Terapeuten måste försöka skapa ett terapeutiskt klimat som tillåter enactments att inträffa och låta sig dras med i ett visst händelseförlopp vilket kräver hög emotionell tillgänglighet och stark närvaro. Terapeutens affektintoning är avgörande. James Stracheys (1934) gamla rekommendation att arbeta där affekten är som starkast blir på detta sätt fortfarande giltig.

Det paradoxala är att enactment både kan hindra och befrämja den terapeu-tiska processen. Det är varken normalt eller patologiskt utan en produkt av två motstridiga krafter: en som försöker bevara självsystemet intakt och en annan som försöker få till en förändring, det Bromberg uttrycker som: *to change and stay the same.* Den multipla självteorin hjälper terapeuten att samtidigt rikta sig till flera olika »personligheter« i patienten: det verkar som om en del av dig skulle vilja ... men att en annan del av dig vill något annat?

Även Jessica Benjamin (2017; 2018) betraktar enactment som en kom-munikation – en dramatisering av något som inte kan berättas verbalt. I terapisituationen uppstår ofta komplementära mönster mellan patient och terapeut som hon benämner *den-som-gör och den-som-blir-gjord-med.* Detta innebär att varje parts handling utgör en respons på den andres handlingar. Om man upptäcker och kan lägga detta mönster i dagen i terapin, kan man ta sig till en ny situation, det Benjamin kallar *det Tredje.* Då kan i bästa fall tidigare dissocierat material symboliseras och kommuniceras verbalt. Det räcker inte med att tolka utan terapeuten måste också låta sig dras med och spela en roll i dramat. Det var detta som Freud inte tillät sig i fallet Dora, menar Benjamin (2018).

De relationella psykoanalytikerna Galit Atlas & Lewis Aron (2018) talar om generative enactments där de betonar de konstruktiva och produktiva funktionerna med enactment. Enactment blir här inte bara ett försök att förstå en patologisk bakgrund utan kan fylla en prospektiv funktion – ett sätt att förbereda eller träna sig inför framtiden. De ger möjlighet till nya erfarenheter och nya uttrycksmöjligheter som förstärker patientens egen handlingskraft (agency).

Sammanfattningsvis kan sägas att REL har utvecklat en rad nya interaktiva terapeutiska begrepp till hjälp att bearbeta trauman och komma i kontakt med dissocierade erfarenheter som ger patienten möjlighet att pröva nya relationella strategier och ge bättre självkunskap.

Några avslutande kunskapsteoretiska övervägande

Samtliga självbegrepp brottas med avsevärda varierande kunskapsteoretiska definitions-och innehållsproblem, som jag försökt diskutera i min relationella introduktionsbok (Wånge 2019 s. 106–109). För den relationella multipla själv(tillstånds-)teorin kan problemet förenklat illustreras med frågan: vem är det som står i mellanrummen (standing in the spaces)? Mark Solms (2021) neuropsykologiska forskning visar att hjärnan primärt styr oss med sina inre modeller och bara sekundärt via våra sinnesintryck utifrån (se: van den Eng 2024). (Jämför med anknytningsteorins internal working models, se: Wallin 2007). Hjärnan väljer (prioriterar) och producerar de affekter som har störst psykologiskt överlevnadsvärde för oss. Affekterna gör oss uppmärksamma och riktar krav på agerande vilket tillsammans skapar våra självtillstånd som tillhör vår subjektivitet. Analogt sett måste en terapi ta sin utgångspunkt i patientens subjektivitet och därefter successivt närma sig den yttre verkligheten. Detta skulle innebära att kunskapsteorin för psykoterapi borde ha ett starkt inslag av socialkonstruktivism.

Frågor om själv, jag och identitet är synnerligen viktiga för individen men kanske svårare än någonsin att komma till rätta med i en tid som så starkt strävar efter att vara mångkulturell.

Efterskrift

I skrivande stund är detta min senast publicerade artikel. *Själv, jag, ego, handlingskraft (agency), identifikation* och *identitet* är svårfångade och komplicerade begrepp, men samtidigt helt oumbärliga och ständigt aktuella inom psykoanalysen.

För mig hade identitetsbegreppet tidigare aktualiserats när jag på hösten 2019 fick en förfrågan om att anmäla en bok: »Det maskulina projektet« (2019) av psykoanalytikern Gunnar Karlsson. Jag recenserade boken i tidskriften *Psykoterapi* (Wånge 2019). Karlsson svarade med en replik och det utmynnade i en liten diskussion oss emellan om maskulinitet i kommande nummer. (Karlsson 2020; Wånge 2020).

Denna gång var inspirationen till artikelskrivandet tidskriften *Divan* 2023:3–4: »Tema verkligheter«, där det fanns två artiklar om identitet och självkunskap av psykoanalytikerna Charlotta Björklind och Johan Eriksson.

Enligt neuropsykoanalysen passerar kommunikationen mellan vårt yttre (perceptionen) och vårt inre olika lager enligt en princip kallad *Markov blanket*. Detta är ett annorlunda och mer komplicerat samband än den enkla »fotografiska« korrespondenslära som man ofta får intrycket av exempelvis vid beskrivningar av de psykoanalytiska begreppen internalisering, inkorporering, introjektion och identifikation (se: Solms 2021; van den Eng 2024).

14. Brandchafts Patologiska Anpassningssystem (2018)

Opublicerat manus

Begreppet *patologiska anpassningssystem* (systems of pathological accomodation) (*pas*) är tillämpbart såväl på individuella som på kollektiva processer. Den intersubjektiva teorin menar att alla fenomen måste förstås såväl i en historisk som i en aktuell kontext och att en teori inte kan skiljas ut från sin upphovsman och dennes levnadshistoria.

Intersubjektiv systemteori (IST)

All psykologisk mening uppstår i ett mänskligt sammanhang. Detta är utgångspunkten för det intersubjektiva synsättet som oftast kallas: den intersubjektiva systemteorin (IST). Perspektivet kan kallas psykoanalytisk fenomenologi, eftersom det tar fasta på fenomenologins centrala idé om *intention*: att tänka, känna, vilja handlar om att tänka, känna, vilja *någonting* (Orange 1995). Upphovsmännen är Robert Stolorow och George Atwood som på 1970-talet arbetade under affektteoretikern Silvan Tomkins (1911–1991) på Rutgers universitetet i New Jersey. Senare tillkom Bernard Brandchaft (1916–2013) och Donna Orange.

Naturvetenskapen försöker differentiera tydligt mellan forskaren, förklaringssystemet och de empiriska observationerna. Men en sådan skillnad går inte att göra när ämnet handlar om vårt psyke, eftersom forskningsobjektet då är en del av oss själva. Atwood och Stolorow (1979; 1993) menar därför att den teoretiska basen finns att hämta i teoretikerns personliga, subjektiva värld, som sedan transformerats till något universellt i teorin. Detta behöver inte betraktas som en anomali, men det medför begränsningar för teorins tillämpningsområde, vilket måste analyseras. Speciellt psykologiska teorier har ofta en stark förteoretisk omedveten subjektiv förhistoria med djupa rötter i upphovsmannens personliga erfarenheter. Detta relativt sett starka subjektiva inslag skiljer psykoterapeutiska teorier från andra vetenskaper och är något som motiverar analys av och biografier över teoretikernas personliga liv (Wånge 2018).

Metapsykologi

IST är kritiska till den traditionella metapsykologin. Atwood och Stolorow (1979; 1993) menar att den handlar om spekulationer och antaganden om vår mänskliga natur som blivit symtomatiska för de svårigheter psykologin har haft med att definiera sig som en självständig disciplin. Det har rört sig om förmodade naturlagar och kvasiobjektiva energier som från teoretikerns subjektiva erfarenheter transformerats till immateriella reifierade antaganden om objektivt existerade, reella, konkreta fenomen, som mest ställt till problem. Istället vill författarna formulera psykoterapeutiska teorier på en ren psykologisk bas. De talar därför om *erfarenhetsstrukturer* som organiserar vår personliga subjektiva värld. Metateorin påverkar vad vi letar eller inte letar efter, och därigenom vad vi faktiskt observerar och hur vi agerar. Inom den relationella psykologin brukar man tala om selektiv (o-)uppmärksamhet.

Freud

Atwood och Stolorow (1979) hävdar att Freuds personliga livshistoria går igenom i hans teorier. Som oss alla hade Freud sina blinda fläckar och var ett barn av sin tid (Wånge 2018). Psykoanalysen utgör ett vetenskapligt försök att förstå ursprunget av våra (för-) föreställningar och psykoanalytisk kunskap börjar alltid med en omedveten önskan, menade han (Phillips 2014 s. 60).

Freud utgick ofta från sig själv – sin självanalys och tolkning av sina drömmar – när han skapade sina teorier. Psykoanalysen lägger en avgörande vikt vid barndomen och (kärn-) familjen, men trots detta gör Freud få hänvisningar såväl till sin primärfamilj som till sin egen familj som vuxen. Under åren när han skrev sina viktigaste arbeten pågick samtidigt ett intensivt familjeliv, bland annat blev Freud far till sex barn.

Det finns väldigt lite skrivet om Freuds mor Amalia Nathanson (Phillips 2014). Freud var den förstfödde sonen och blev det mest prioriterade och priviligierade barnet: »*Golden Sigi*« (Breger 2000 s. 24). Freud skriver: »[en moders relation till sin son är] överhuvudtaget den fullkomligaste, mest ambivalensfria av alla mänskliga relationer.« (!) (1932 s. 544f). Det finns starka skäl att ifrågasätta om hans uttalande också gällde för honom själv. Freud fick sju syskon, det vill säga hans mor Amalia var i stort sett ständigt gravid under hans tidiga uppväxt. Hur tillgänglig kunde hon ha varit som mor? Freuds primära anknytningsperson –barnjungfrun, försvann plötsligt när han var tre år. Dessutom dog hans lillebror när Freud var 19 månader gammal.

Men Sigmund var det favoriserade barnet – den ende som hade ett eget rum. Han hade stor makt över sina syskon. De två betydligt äldre halvbröderna hade flyttat hemifrån. Fadern Jacob var en relativt svag person som frånvarande kämpade hårt med arbete och försörjning (Breger 2000). En teori som ställde far och son emot varandra, skulle utfalla till Freuds egen fördel. Från valda delar av sina egna erfarenheter uppfann Freud en teori om ett Oidipuskomplex, en modifikation av Sofokles myt, som fokuserade på rivaliteten mellan far och son. I Freuds eget fall kan man tala om en oidipal triumf. Förvissad om sin idé förbjöd han sina tre söner att bli läkare och därmed inte heller psykoanalytiker. Endast Anna, hans yngsta dotter fick tillåtelse att föra sin fars verk vidare. Freud var också ytterst observant på och snar till att analysera sina lärjungars eventuella oidipala strävanden.

Freud kunde alltså tämligen så lätt och konfliktfritt själv identifiera sig med sitt eget Oidipuskomplex. Men hur var det då med hans relation till sin moder? Det mesta pekar på att den inte var så fullkomlig och ambivalensfri som han framställt den i teorin. Amalia var en kraftfullperson som ibland kunde vara arrogant och auktoritär (Roudinesco 2014). Freuds äldste son Martin har vittnat om att Freud, även som vuxen, hade en väldig respekt för Amalia – han sade aldrig emot sin mor. Familjen åt »obligatorisk« söndagsmiddag hos Amalia, vilket var något Freud ofta fick »ont i magen« inför.

Freuds postulerade ett generellt Oidipuskomplex och med detta kunde han befästa sin psykosexuella driftsteori där den idealiserade relationen till modern kom helt i skymundan. Undvikande och projektion av (omedvetna) negativa känslor mot modern går som en röd tråd genom Freuds teorier, menar Atwood & Stolorow (1979). Samtidigt finns det ett ömhetstabu inom psykoanalysen och fadern dominerar redan i Freuds teorier om spädbarnet (Young-Bruehl 2004). »Avvisande av kvinnligheten« utgör fundamentet i den klassiska psykoanalytiska utvecklingspsykologin (Aron & Starr 2013). Psykoanalysen i USA blev fixerad vid oidipuskomplexet och har överbetonat sexualitetetens betydelse på bekostnad av betydelsen av trauman och (objekts-)förluster (Benjamin 2018; Breger 2000). Hade Freud dykt lite djupare i analysen av sin relation till modern hade den psykoanalytiska utvecklingsteorin troligen sett ganska så annorlunda ut. Kanske hade han inte heller övergivit sin förförelseteori (Wånge 2018)?

Stephen Mitchell har följt Freuds vacklande mellan drifts- och relationspsykologi. I förförelseteorin från tiden före 1897 är det något *utifrån* som påverkar. Han överger denna teori och skapar fantasiteorin där psyket producerar sina egna konflikter *inifrån* och introducerar en driftsteori om lust/olust. Freud går därefter åt relationshållet, talar om identifikation, men offrar slutligen den relationella delen och fastslår sin driftspsykologi för att få till en enhetlig metapsykologi, istället för att försöka integrera det hela, menar Mitchell (1988 s. 41ff). Brandchaft hänvisar till *The Ego & The Id* (1923) där Freud växlar mellan drifts- och identifikationspsykologi. Han talar om att »de första identifikationerna, som ägde rum i mycket tidig ålder [kommer] att ha en allmän bestående verkan.« (s. 324), sedan vänder han på resonemanget och menar att identifikationerna med modern eller fadern förklaras av »den relativa styrkan i båda könsanlagen« (s. 326). Freud verkar omedveten om att han blandar inre och yttre orsaker och biologiska och psykologiska begrepp – medvetande och identifikation är *psykologi*, objektladdning och könsanlag är *biologi*. I alla fall diskuterar han inte detta. Psykoanalysen har därefter genomsyrats av dilemmat mellan den metapsykologiska driftsteorin och kliniska data som ofta talat för ett relationellt perspektiv (Wånge 2013).

Tvångsneuros

Svårigheterna att behandla tvångsneuros utgjorde slutet på psykoanalysens guldålder efter Andra Världskriget, menar Brandchaft (2010 s. 165; Wånge 2016). Psykoanalysen byggdes till stor del på studier av hysteri och tvångsneuros. Freud konstaterade att tvångsneurosen »alltjämt [utgjorde] ett obemästrat problem« (1926 s. 183) och att omedveten skuld var »det starkaste hindret mot ett tillfrisknande« (1923 s. 339). Brandchaft är kritisk till denna idé och menar istället att tvångsneurosen kan spåras till de tidiga anknytningsrelationerna. Freuds egna observationer gav stöd åt en kontextuell och intersubjektiv utvecklingspsykologi. Men han marginaliserade det han såg eftersom det motsade driftsteorin om aggression som förklaring och utforskade därför inte bakgrunden till patienternas identifikationer. Här ser vi ett exempel på hur det metapsykologiska antagandet begränsade teorin och hämmade sökandet av nya perspektiv, fenomen och data.

Freuds regler för analys utmynnade i tre grundpelare: neutralitet, abstinens och anonymitet, som alla innebar restriktioner i terapeutens roll (Aron 1996; Mitchell 1997). IST kallar dessa »psykoanalysens kollektiva överjag« och anser att synen på psykoanalys som en slags instrumentell teknik är felaktig (Orange, Atwood & Stolorow 1997 s. 21). Den relationella psykologin betraktade grundpelarna både som ouppnåbara och oönskade. I den klassiska modellen skulle analytikern inte samspela med patienten utan uppträda som en neutral *utomstående* observatör och undvika att bli indragen i terapiprocessen. Sullivan var en av de första som ifrågasatte detta och menade att terapeuten var en *deltagande* observatör (Wånge 2016).

Heinz Kohut

Kohut gick inte lika långt som Sullivan men hävdade att analytikern utgjorde ett självobjekt i patientens värld. Freud talade om att »övertyga den sjuke« (1923 s. 340), medan Kohut tvärtom menade att man ständigt måste lyssna på patienten och försöka förstå och spegla patientens subjektiva upplevelser. Istället för att som Freud betrakta psykosen som en flykt från verkligheten, ser Kohut och IST-teoretikerna denna som ett sätt att skydda en hotad personlig verklighet (Atwood & Stolorow 1984 s. 107). Kohut definierade psykologins område som »den aspekt av verkligheten som är tillgänglig genom introspektion och empati« (1977 s. 30f) och psykoanalysens metod som »[undersökandet av] komplexa psykiska tillstånd genom att samla in data och förklara dessa med hjälp av iakttagarens ihärdiga, empatiska introspektiva inkännande i människans inre liv« (1977 s. 232f). I Kohuts begreppsvärld skulle terapeuten följa patienten genom att spegla och försöka bli till ett (idealiserat) självobjekt. Men sättet hade sina begränsningar, menade IST teoretikerna. Kohuts modell saknade ett intersubjektivt perspektiv och IST utvecklade istället det centrala begreppet: *fortlöpande empatiskt undersökande* (sustained empathic inquiry). Det innebär en noggrann kontinuerlig, minut-för-minut uppmärksamhet på patientens icke-verbala uttryck och ett undersökande av patientens upplevelse av terapin och terapeuten.

Brandchaft citerar Thomas Browne (1605–1682): »kunskapens största fiende är den naiva och okritiska tilliten till auktoriteter«. Brandchaft deltog i en studiecirkel med Kohut och frågade vad som utgjorde vändpunkten när Kohut insåg att det klassiska psykoanalytiska paradigmet inte längre höll måttet. Kohut svarade sorgset: »Det är något jag alltid har vetat. Men jag har inte förmått att ta konsekvenserna av det hela.« – alltså en variant på en anpassning i Kohuts falls som vi nu skall avhandla (Brandchaft, et.al. 2010 s.21).

Patologiska anpassningssystem (*pas*)

Noggranna kliniska upptäckter var grunden till Brandchafts utveckling av begreppet *pas*. Även teoretiskt korrekta tolkningar, som dessutom accepterats av patienten, kunde visa sig dölja bakomliggande defensiv dynamik. Kohut hade varit inne på detta när han skrev: »Många gånger när jag trott att jag hade rätt och mina patienter fel har det visat sig, fast ofta först efter ett länge sökande, att *jag* hade rätt på ett ytligt sätt men *de* hade rätt på djupet« (1984 s. 109f).

Anpassning är något vi lär oss mycket tidigt i livet. Framgångsrik anpassning innebär såväl inlärning som en utmaning av rådande accepterade visdomar och kunskaper, menar Brandchaft (2010 s. 196). I den sensomotoriska perioden (de första 18 månaderna) etableras »förväntansmönster« (patterns of expectations) som automatiseras och därefter lever kvar utan att kunna bli föremål för symboliskt hanterande (Brandchaft, m.fl. 2010). Negativa förväntansmönster kan påverka hur patienten framställer sig själv, med George Atwoods ord: »vad människor visar oss beror till en del på vårt gensvar« (2015 s. 139).

Både IST och den relationella psykoterapin talar om *relationella trauman* (t) till skillnad från stora trauman (T) skapade av till exempel olyckor och objektsförluster. Vid T-trauman har man (i bästa fall) sina anknytningspersoner »med på sin egen sida« och kan få hjälp att bearbeta det som skett. Men vid relationella t-trauman råder en missmatchning mellan barnet (patienten) och anknytningspersonerna (terapeuten). Anknytningsteorin har betonat vikten av trygg anknytning. Men denna behöver inte vara positiv till sitt innehåll – eftersom barnet är helt hänvisat till att knyta an till de omständigheter och de personer som faktiskt finns till hands. Styrkan i dessa krafter kan ibland ses hos vuxna exempelvis i det så kallade *Stockholmssyndromet*, där gisslan knöt an till sina förövare.

När anknytningspersonernas psykologiska organisation inte tillräckligt kan anpassas (accomodate) efter förändringarna i barnets (fas-)specifika utvecklingsmässiga behov, skapar barnet en omedveten, formbar, bräcklig psykologisk erfarenhetsstruktur för att anpassa sig efter rådande omständigheter (Atwood & Stolorow 1984 s. 55). Anknytningen är livsviktig och om den är utsatt för starka hot, formar barnet sin uppfattning och sina känslor efter vårdgivaren, till och med på bekostnad av att förneka eller dissociera sina egna erfarenheter och perceptioner. Dessa erfarenheter bildar sedan automatiserade relationsmönster där hotfulla erfarenheter »struktureras bort« från medvetandet. Men själva *organisationsprinciperna* för hur liknande erfarenheter hanteras finns kvar, »lagrade« oåtkomliga för medvetandet i det IST-teoretikerna benämner *det för-reflektiva omedvetna* långt efter att själva händelserna som skapat det hela är bortglömda.

Organisationsprinciperna kan vara såväl positiva – som *skapar* vissa medvetna föreställningar eller negativa – som *förhindrar* vissa föreställningar att uppstå (Atwood & Stolorow 1979; 1984; Brandchaft m.fl. 2010; Stolorow, Atwood & Brandchaft 1994). Vi kan alltså inte själva se på vilket sätt vi konstruerar vår verklighet, utan uppfattar oss snarare som oberoende och objektiva, utan större insikt om de organisationsprinciper som styr våra erfarenheter (Brandchaft m.fl. 2010 s. 52). Det är dessa försvarsmässiga relationsmönster som Brandchaft benämnt *pas*. Gemensamt är en nedsatt självreflektiv förmåga hos patienten, men i övriga avseende finns inga iögonfallande symtom. Snarare rör det sig om subtila och svårupptäckta mönster med uttryck som överdriven självkritik, glädjelöshet, avsaknad av motivation, nedstämdhet efter framgångar, etcetera. Inte desto mindre betraktar Brandchaft (2010) *pas* som »den vanligaste orsaken till kronisk depression, speciellt i slutet av medelåldern« (s. 51) eller som »den mest genomträngande och handikappande åkomman i vår tid« (s. 92), som gör oss ständigt osäkra på vem vi är och som skapar brister i självkänsla, mod, frihet med mera.

Hur kan man arbeta terapeutiskt med en patient som uppvisar *pas*? Det grundläggande förhållningssättet är det självpsykologiska *fortlöpande empatiskt undersökande*. Det är inte nödvändigt att till exempel göra speciella manövrar för att etablera en självobjekt-överföring i Kohuts anda, menar Brandchaft (2010 s. 238). Trygghet är viktigt för den terapeutiska processen så att det är möjligt att undersöka skillnaderna i patientens och terapeutens upplevelser (s. 216). Helt avgörande för att kunna upptäcka *pas* är terapeutens minutiösa uppmärksamhet på förändringar i patientens affekter (s. 220). Att följa den klassiska rekommendationen att tolka där affekten är som störst («directed to the point of urgency« Strachey 1934, s. 150), det vill säga att fokusera på en *enskild* affekt kan hindra terapeuten från att upptäcka affektiva *sekvenser*, menar Brandchaft. Det är precis dessa mönster, till exempel när glädje och framgång alltid åtföljs av ångest och skam, som avslöjar *pas*. (se fallbeskrivningen Mr. N. s. 56ff). Brandchafts terapeutiska förhållningssätt är helt i linje med de relationella psykotera-peuternas, med skillnaden att dessa istället talar om skiftande *jagtillstånd* (Bromberg 1998; 2006).

Två kliniska vinjetter: Erik är en drygt tjugoårig man med traumatisk uppväxt. Han har gått i terapi i några månader. Ett tema, vid sidan av hans låga självkänsla, har varit hans uppfattning om att vara skadad, att inte kunna förstå eller kunna lära sig något. Eriks skoltid var ett enda långt misslyckande. Han fick mest spendera denna tid förvarad i mindre grupper utan någon direkt undervisningsambition, eftersom han inte klarade av att vara i helklass. Vid något tillfälle hade han frågat sina för-äldrar varför han fick besöka BUP när han var i mellanstadiet. Han fick till svar att det berodde på att han var lätt utvecklingsstörd. Terapeuten ifrågasatte denna »diagnos« och undrade om Erik genomgått något be-gåvningstest. Erik var lite osäker på vad det hela rörde sig om, men det visade sig senare att han själv gjort ett IQ-test som visade en begåvning långt utöver normalbegåvning! Men Erik hade lärt att anpassa sig efter föräldrarnas bild. Detta blev också något som avlastade deras ansvar och eventuella skuldkänslor för Eriks situation – något som väl känns igen från dagens alla bokstavsdiagnoser.

Anna är en trettioårig kvinna. Hon berättar om ett antal traumatiska hän-delser under uppväxten som hon aldrig fått bekräftade eller hjälp med att bearbeta av sina föräldrar. Det är omöjligt att inte identifiera sig med den unga flickans upprepade lidande och terapeuten säger kommentarer som: »Du måste ha känt dig väldigt ensam« eller »Det kan inte varit en lätt situation att vara i« etcetera. Anna stannar bara en mycket kort stund i detta tillstånd av förstående för att mycket snabbt skifta till att rodna och se skamsen ut. När terapeuten påpekar detta och undrar över hennes reaktion svarar hon genast: »Det är ju så pinsamt«. Anna vänder sig automatiskt mot sina egna empatiska känslor, som hon lärt sig att anpassa efter att inte få föräldrarnas förståelse eller bekräftelse. I båda fallen har barnet (patienten) tvingats att »offra« sina egna erfarenheter för att bevara den livsnödvändiga anknytningen till föräldrarna.

Pas-begreppet verkar också ha relevans för Kevin-fallet och Thomas Quick-affären här i Sverige. I båda dessa fall verkar anpassning från de anklagande i polisförhören ha spelat en avgörande roll för händelseutvecklingen och de fällande domarna.

Doctors & Sorter tycker sig tre olika uttryck av pas: undergivet, rebelliskt eller ambivalent (Brandchaft m.fl. 2010 s. 258ff). Brandchafts begrepp pas är ovärderligt (indispensable) inte bara för terapi med patienter med svåra problem utan också till hjälp för att förstå en rad psykologiska tillstånd och processer, menar man. Pas bygger på Brandchafts långvariga kliniska arbete och på tidigare mera individualpsykologiska begrepp som kumulativt trauma (Khan), falskt/sant själv (Winnicott), komplementär/konkordant överföring (Racker), med flera. Men pas är både ett bredare, djupare, mera övergripande och komplext begrepp än dessa. Pas är alltså ett intersubjektivt processbegrepp – en tankemodell som förutom en klinisk användning även kan användas för att analysera tillämpbarhet och begränsningar i andra teorier och begrepp.

Efterskrift

Artikeln blev aldrig publicerad. Den handlar lika mycket om personologi som om begreppet pas och kunde kanske lika gärna hamnat under idéhistorierubriken ovan (Del I.). Artikeln skrevs när jag studerade den intersubjektiva systemteorin (IST) där Brandchaft är en av de fyra upphovspersonerna. IST ligger nära den relationella psykoterapin och brukar ibland medräknas dit. Det hände rätt mycket samtidigt i mitt yrkesliv när jag skrev artikeln som därför hamnade i skymundan. Jag kommenterar lite mer om detta i efterordet till essän *Meningsfull psykologi* (2017) som finns längre fram i boken (Del III., kapitel 18, sid. 256).

Här är en presentation av Brandchaft hämtad från min introduktionsbok: *Relationell Psykoterapi* (2019 s. 344):

»Bernard Brandchaft (1916–2013) är den tredje upphovsmannen bakom IST. Han utbildade sig till psykoanalytiker på 1950-talet vid Los Angeles Psykoterapeutiska Institut, i en klassisk Freudiansk-amerikansk jagpsykologisk tradition som satte oidipalkonflikten i centrum för den psykologiska utvecklingen (Brandchaft, m.fl. 2010). Brandchaft var en av de första amerikanska analytiker som studerade den brittiska objektrelationsteorin. Han spenderade därför en tid i London, i mitten av 1960-talet. Denna skola betraktades då som »oren« (with contempt and hostility) i USA. Han träffade de flesta av objektrelationsskolans främsta företrädare: Donald Winnicott, Hanna Segal, Paula Heiman, Masud Khan, med flera och blev också personligen god vän med Wilfred Bion. Brandchaft genomgick en kortare kleiniansk analys. Han utvecklade en nära professionell och personlig relation med Herbert Rosenfeld (1910–1986) som arbetade med psykotiska patienter och som hade en tilltalande förståelse av negativa terapeutiska reaktioner. Rosenfeld var väldigt uppmärksam på detaljerade minut-för-minut-skiftningar i patientens kommunikation. Men med tiden blev Brandchaft alltmer kritisk till den kleinianska teorins metateoretiska förklaringar (avund och aggressionsdrift), som inte stämde med vad han upplevde i sitt kliniska arbete. Tillbaka i Los Angeles deltog han i Heinz Kohuts studiecirklar för utvecklandet av självpsykologin. Han kom så småningom i kontakt med Atwood och Stolorow som arbetade med att ta Kohuts teorier ett steg längre mot ett intersubjektivt perspektiv och blev sedermera deras medarbetare. Brandchaft vidareutvecklade den självpsykologiska empatisk-intraspektiva observationsmetoden till att också undersöka terapeutens ständiga inflytande på patienten: *fortlöpande empatiskt undersökande* (sustained empathic inquiry), som ledde till utvecklandet av hans mest kända begrepp *patologiska anpassningssystem* (systems of pathological accomodation) (Brandchaft, m.fl. 2010, Doctors, 2016).«

I en fotnot till artikeln hade jag skrivit att det fanns »ett växande forskningsstöd« för omedvetna automatiserade relationsmönster. Det finns mycket mer av detta till exempel hos spädbarnsforskarna Bebee & Lachmann (2002; 2013) och från neurologin exempelvis Allan Schore (1993) och neuropsykoanalytikern Mark Solms (2021) (se även: van den Eng 2024).

15. Dissociation eller bortträngning – skilda kvaliteter i det omedvetna. (2024)

Psykoterapi 2024:3–4

Psykoanalysen utgår från *medvetandet* och menar att *bortträngning* är en av psykets främsta funktioner. Neuropsykoanalysen utgår tvärtemot från ett *omedvetet* och menar att vårt medvetande uppstår för att uppmärksamma oss på olika åtgärdsalternativ att ta ställning till när hjärnan inte kan agera självständigt. Om hjärnan inte kan hantera situationen automatiskt eller när den saknar åtgärdsförslag registreras våra sensoriska rådata utan (symbolisk) bearbetning och erfarenheterna (för-)blir *dissocierade* utan att uppmärksammas. Dissociation och bortträngning kan således sägas utgöra två olika lagringssätt (symboliskt material respektive rådata) med olika implikationer för psykologisk teori och praktik.

Freud och naturvetenskap

Sigmund Freud (1856–1939) kräver ingen närmare presentation. Relevant för diskussionen här är att han startade som nervforskare och var livslångt upptagen av relationen mellan psyket och hjärnan. Freud gav aldrig upp hoppet om att det skulle gå att förklara vårt psyke med hjälp av biologi, fysik eller kemi (Wånge 2022c).

När Freud år 1895 utövade hypnos upptäckte han att patienterna gjorde motstånd mot eller inte ville minnas vissa erfarenheter. I sin autobiografi skriver Freud att han benämnde fenomenet *bortträngning* och tillägger: »Detta var något nytt, något liknande hade man aldrig lärt känna i själslivet« (1925 s. 525). Frank Sulloway ifrågasätter nyhetsvärdet men erkänner begreppets betydelse för den psykoanalytiska teorin (1979 s. 75). Freud skilde mellan psykoneuroser som uppkommit i barndomen och aktualneuroser som han antog berodde på pågående återhållen sexualitet som gav toxiska symtom. Han sökte efter ett somatiskt svar på bortträngnings-problemet (Sulloway 1979 s. 171–237). I tre anteckningsböcker, varav två återfunnits gjorde han neurologiska teoretiska skisser som publicerats postumt som *Project for a Scientific Psychology*, i svensk översättning: Utkast till en psykologi (1950 [1895]).

Mark Solms och neuropsykoanalys

Mark Solms är en sydafrikansk läkare, hjärnforskare och psykoanalytiker. Han myntade begreppet *neuropsykoanalys* år 1999 – en ny vetenskap med mål att »återföra subjektiviteten inom neurovetenskapen« och att integrera de båda disciplinerna (Solms 2021 s. 44). Neurovetenskapen hade då främst varit kognitivt och reduktionistiskt inriktad, det vill säga hävdat att psykologi i grunden handlar om fysik, biologi eller kemi. Solms har i sin forskning om drömmar, REM-sömn, hjärnskador, free energy, etcetera genomgått en anmärkningsvärd teoretisk metamorfos från ett kognitivt till emotionellt synsätt på medvetandet. Som fyraåring upplevde han ett svårt trauma när hans bror Lee föll ner från ett hustak och blev hjärnskadad. Lee återfick sitt medvetande, men blev helt personlighetsförändrad. Efter detta har Solms varit livslångt upptagen av frågor om vårt medvetande. Vad består det av? Hur, när och varför uppstod det fylogenetiskt sett?

Det har hetat att vårt medvetande är det som skiljer oss från djuren. I hjärnforskningen har medvetandet huvudsakligen lokaliserats till cortex som evolutionärt sett är en sen skapelse. Solms menar att medvetandet är kopplat till den gråa substansen i hjärnstammen, PAG (Periaqueductal Gray Substance) som utgör en tidig del av hjärnan som vi delar med många djur, vilka därför kan tillskrivas någon grad av medvetande. Det finns ett två kubikmillimeter stort område i PAG som om det skadas, helt slår ut vårt medvetande, hävdar Solms (2021 s. 302). Detta innebär *inte* att hela vårt medvetande sitter här, men området är helt avgörande för vårt medvetande samt för våra affekter.

Kärnfrågan om medvetandet kallas *the hard problem*. Den handlar inte om *att* det finns korrelat i hjärnan utan om förklaringarna om *varför* och *hur* detta sker? Hur kan våra subjektiva upplevelser (av glädje, sorg, minnen och ambitioner, vår känsla av personlig identitet och fri vilja, upplevelsen av vår existens) härstamma eller kopplas till de objektiva neuropsykologiska processerna (Solms 2021 s. 238)? Eller som filosoferna David Chalmers och Thomas Nagel uttryckt det: Hur känns det att vara en fladdermus? (What is it like to be a bat?) (Kinet 2024 s.72, Solms 2021 s.239).

Relationen mellan neurologi och psykologi

Relationen mellan naturvetenskap och psykologi är och förblir komplicerad och det är lätt att hamna i reduktionism. Frågan har skapat svåra och utdragna problem för den psykodynamiska psykologin med start angående lekmannaanalysen i slutet på 1930-talet (Freud 1926; Lane & Meisels 1994; Steiner 2000; Wallerstein 1998; Wånge 2019). Att en CD-skiva består av ettor och nollor innebär inte att skönheten i Bachs Matteuspassion försvinner, skriver Mark Kinet (2024 s.15). En roman består förvisso av bokstäver men är samtidigt en litterär berättelse. Det rör sig om olika kvaliteter. Det vore förstås felaktigt att hävda att den *bara* består av bokstäver eller att bokstäverna är *orsaken* till romanen. Varje sätt att beskriva eller gestalta ett fenomen har sina begränsningar. På ett högre plan skapar detta en ömsesidig påverkansrelation mellan de olika sätten. Kognitionsforskaren George A. Miller formulerade en lag som säger att vårt medvetande bara kan rymma 7 ± 2 bits information, vilket alltså skapar fysiska begränsningar för vårt minne (1994). Det finns symboliska begränsningar där olika språk har olika konceptuella områden, exempelvis har eskimåerna flera ord för snö än vad vi har. Lingvistiska begränsningar kan göra det svårt att översätta Tomas Tranströmmers poesi till ett främmande språk. Den lacanska teorin handlar till stor del om de språkliga symbolfunktionerna och menar att man aldrig fullt ut kan beskriva sina erfarenheter. Språket är begränsat och det finns alltid en slags brist eller rest kvar som inte går att utrycka verbalt eller imaginärt som kallar Lacan det reala.

Psykoanalysens studieobjekt är det *omedvetna* och neuropsykoanalysens är *medvetandet*. Freud tog medvetandet för givet för att sedan utforska det omedvetna. Ibland har man sagt att han *upptäckte* det omedvetna, vilket är en sanning med modifikation eftersom många föreställningar om det omedvetna hade funnits långt före honom (Ellenberger 1970). Däremot utvecklade Freud begreppet det *dynamiska* omedvetna som utgör fundamentet för hela psykoanalysen (Wånge 2022b). Psykoanalysen kallats ibland för vetenskapen om det omedvetna. Upplevelsemässigt befinner vi oss i ständig medvetenhet. Det skulle vara meningslöst att tala om omedveten känsel eller smärta. Men samtidigt opererar våra sinnen också utanför vårt medvetande.

Solms menar att vår hjärna strävar efter att automatisera. Medvetandet uppstår bara när detta behövs för att ge signaler till att vi har handlingsalternativ att ta ställning till. Signalerna består av känslor och deras intensitet/laddning (arousal) som annonserar större eller mindre avvikelser eller fel som måste åtgärdas med viljehandlingar. Till exempel sker vår andning normalt helt automatiskt och vi blir bara medvetna om den när vi får för lite luft. (Vi kan förstås bestämma oss för att studera vår andning, men detta tillhör *agency*-funktionen som jag inte diskuterar här). Känslorna uppmärksammar oss på vad som är fel och intensiteten (arousal) visar hur akut problemet är. Vi kan inte leva utan syre någon längre tid men kanske hela livet utan sex? Ju mera psykologiskt sett krävande handlingsalternativen är – desto mera av avancerat medvetande behöves för reflektion över hur vi skall agera. Det är lättare att förstå vad som behövs för att åtgärda hunger än hur man skall hantera besvikelse, skuld, ånger, och liknande känslor i relationella sammanhang. Våra handlingsalternativ lagras, samlas, associeras och prövas ständigt och det är på så sätt instansen *vårt medvetna psyke* uppstår och byggs upp. (Solms 2012; van den Eng 2024)

Känslor – ett mycket besvärligt kapitel

Freuds driftsteori med sexualiteten som den enda eller huvudsakliga motivationskraften är begränsad. Jag vill inte helt ta avstånd från driftsteorin, men den måste integreras med aktuella motivationsteorier, kompletteras och omformuleras. Jag är långt ifrån ensam om min ståndpunkt om detta.

Redan Rank, Ferenczi, Groddeck & Jung menade att driftsteorin var för smalspårig (se till exempel Rudnytsky 2002). Inom den relationella psykoanalysen, som jag sympatiserar med har driftsteorin diskuterats mycket flitigt (Wånge 2019 s. 53ff; s. 91ff). I den som brukar kallas för »den första relationella boken«, Greenberg & Mitchell (1983) argumenterade författarna för att driftspsykologi och relationspsykologi, tillhörde två oförenliga kunskapsparadigm. Senare backade Mitchell (1988 s. 94ff) något från denna strikta antingen-eller-polarisering och Greenberg (1991) hävdade tvärtom att all motivation kunde sägas ha driftsaspekter. Flera relationella teoretiker menar att man initialt sett »kastade ut barnet med badvattnet« när man kritiserade driftsteorin och har därefter brottats mycket med hur man skall kunna integrera moderna drifts- och affektaspekter med relationell psykologi (se till exempel Atlas 2016).

Freud var på jakt efter *generella* förklaringar och övergav därför förförelseteorin på 1890-talet. Istället koncentrerade han sig på intrapsykologin och utvecklade den psykoanalytiska teorin. Därefter lämnade han *teoretiserandet* kring sexuella övergrepp. Men jag har hitintills inte funnit något hos Freud som skulle tyda på att han därför menade att sexuella övergrepp skulle vara oskadliga eller oproblematiska för vårt psykiska fungerande. Freud fokuserade på det inre (Eriksson 2020 s. 69) och uttalade sig helt enkelt inte om ämnet. Hans personliga motiv för detta är inte så intressanta för teorin. I driftsteorin kommer sexualitetens »kärna« inifrån även om den kanske kan triggas utifrån till exempel av erotik och pornografi. I förförelseteorin handlade sexualiteten om drifts- och önsketillfredställelse vilket inte är tillämpligt på sexuella övergrepp som när en vuxen ger sig på ett barn. Men som vi konstaterat tidigare handlar Freuds driftsteori om intrapsykologi som behöver kompletteras med relationella perspektiv.

Enligt neuropsykoanalysen ger hjärnan oss signaler via våra känslor när det krävs att vi måste agera. Men känslor är ett komplext begrepp och man talar ibland synonymt om affekter, emotioner och sensationer. Ämnet är i starkt behov av ytterligare grundlig forskning. Det finns ingen konsensus runt benämning, kategorisering, definitioner, diskriminering av dessa fenomen. Känslor är olika och skiljer sig i uttryck, psykologiskt innehåll, komplexitet, med mera (McGilchrist 2009). Kanske bör vi anta en inbyggd hierarki så att vissa känslor är viktigare än andra – åtminstone i stunden.

Silvan Tomkins definierade nio grundkänslor som han menade var universella för alla individer (Nathanson 1992). Likheten bestod här av deras kroppsliga uttryck. Men man kan inte förutsätta att det psykologiska *meningsinnehållet* är konsekvent korrelerat till kroppsuttrycket. Solms (2021) redogör för Jaak Panksepps taxonomi som består av sju affekter på tre nivåer: homeostatiska, sensoriska och emotionella. Det är till exempel skillnad på att sakna sin bror som är ett emotionellt tillstånd jämfört med kroppsliga tillstånd som hunger och smärta, skriver han (s. 102). I sin sista bok skriver Daniel Stern om olika dynamiska vitalitetsformer (explosivt, pulserande, avklingande) som han ser som en ny egen dimension när vi talar om känslor – eftersom dessa former inte kan klassificeras renodlat som: tillstånd, perceptioner, sensationer, kognitioner, eller handlingar (2010 s. 8). På liknande sätt uppmärksammas fenomenet/begreppet vitalisering i en antologi från 2021 (Schwartz Cooney & Sopher) (se även: Wånge 2024 s. 17 om *tillblivelse*).

Ångest är ett svårdefinierat fenomen. När man är arg eller rädd så har detta oftast en tydlig objektanknytning. Man vet i regel vad man är arg på eller rädd för. Men ångest är betydligt mera diffust och kan möjligen kopplas till en situation. I terapin har jag ofta förstått patientens (panik-)ångest som en slags undvikande- eller försvarsmanöver mot att komma i kontakt med »djupare« obehagliga erfarenheter och känslor. Ångesten måste förstås hanteras och nedregleras eftersom höga nivåer omöjliggör ett terapeutiskt arbete. Men jag har mestadels funnit det meningslöst att lägga ett längre arbete på att försöka analysera något slags meningsinnehåll i själva (panik-) ångesten.

Avvärjningsmanövrar och försvar

Freud och Solms startar från två motsatta normaltillstånd – medvetet respektive omedvetet. Freud är upptagen av de krafter som *håller borta* oönskade föreställningar, medan Solms tvärtom undrar vad som krävs för att de skall *komma i dagen*. (Freud diskriminerade visserligen mellan primärt och sekundärt omedvetet. Det första var sådant som aldrig blivit medvetet och det andra var sådant som dolts med bortträngning/repression. Men Freud vidareutvecklade inte det primära omedvetna till ett psykoanalytiskt begrepp).

Freud brottades tidigt med frågor om psykologiska avvärjningsmanövrar i sitt samarbete med Josef Breuer och Wilhelm Fliess (Freud 1893; 1894). Här uppstod idéerna som utvecklades till begreppen om bortträngning och försvarsmekanismer. Frågorna gällde: Varför skapas försvarsmekanismer? Vad försvarar de emot? Vilken är instansen som försvaret riktas mot?

Freud talade om hypnoida tillstånd men utvecklade inte dissociations-*begreppet* även om idéerna ibland kretsade kring själva fenomenet (Freud & Breuer 1895 s. 60f; 88; 316; Freud 1896 s. 337; s. 596 not 5). Istället koncentrerade han sig på försvar och censur. Freud skriver om »en klyvning av medvetandet« som som »resultatet av en viljeakt hos patienten« – ett försvar mot oönskade föreställningar (1894 s. 35). Klyvningen är mellan normala och hypnotiska medvetandetillstånd och avser förnekandet av kausala samband mellan verkliga orsaker och hypnotiska suggestioner. Freud diskriminerade inte heller tydligt mellan bortträngning och försvar som oftast används synonymt i hans skrifter (Madison 1961). Dissociation finns inte med i Anna Freuds (1936) klassiska sammanfattning av de psykoanalytiska försvarsmekanismerna. Inte heller i Laplanches & Pontalis (1973) lexikon över de psykoanalytiska begreppen.

Freuds patienter i slutet av 1880-talet var hysteriska kvinnliga patienter. »Det borgerliga 1800-talet var som besatt av det kvinnliga och i synnerhet kvinnans sexualitet«, skriver Jurgen Reeder (1997 s.10) i inledningen av Freuds tidiga skrifter på svenska. Om man inte förnekade kvinnans sexualitet helt och hållet så var den i stället omättlig och utgjorde en fara för civilisationen! Förnekandet av sexualiteten drabbade inte männen på samma sätt. Deras sexualitet var erkänd (om än inte officiellt.) De kunde tämligen ogenerat gå till prostituerade eller ha sex med tjänstefolk lite i skymundan. Samtliga fallbeskrivningar i Freuds & Breuers »Studier i hysteri« (1895) handlar om kvinnor och förnekad sexualitet. Det måste ha varit väldigt svårt för en kvinna i Wiens fin-de-siècle att bejaka några som helst sexuella önskningar sett både ur egna och andras ögon, om vi jämför med idag. Redan blotta tanken på någon form av självförverkligande var bannlyst i en tid där kvinnan förväntades ingå självuppoffrande äktenskap. Det fanns mycket starka skäl till avvärjningsmanövrar.

Freud återkommer till klyvning i sina sista skrifter (1940a & b). Då handlar det om klyvning av jaget för att separera oförenliga (krav-)föreställningar om driftstillfredsställelse kontra yttervärldskrav det vill säga *konflikt-* eller *överjagsprocesser.* Jaget klyvs varvid »två psykiska förhållningssätt bildats, ett det normala som tar hänsyn till realiteten, och ett annat som under drifternas inflytande lösgör jaget från realiteten«, skriver Freud (1940a s. 450) På så sätt består båda förhållningssätten »sida vid sida utan att ömsesidigt påverka varandra« (s. 452). Freuds klyvningsbegrepp vidare-utvecklades senare av kleinianerna som använder begreppet som ett tidigt försvar i den schizo-paranoida positionen där man antingen fragmenterar (hindrar association och integration) eller klyver objektet eller jaget i en ond och en god del (Hinshelwood 1989). Detta tillhör normalpsykologin och är inte en traumareaktion som leder till dissociation. Det finns gene-rellt sett två olika grundantagande om jaget: 1. att jaget från början är helt och därefter splittras, eller 2. att jaget från början består av delobjekt som senare succesivt integreras. Oavsett vilket man väljer så kan vi konstatera att jaget från början är outvecklat och inte består av någon mera avancerad psykologisk instans.

Dissociation består enligt Donnel Stern av det som man inom relationell psykoterapi benämner *oformulerade erfarenheter* (Stern 1997; 2010; 2015; 2019). Det finns många teoretiker som försökt närma sig problemet och skapat snarlika begrepp (Wånge 2022 s. 26). En annorlunda variant är Bions idéer om tänkandet: α- och β-element och deras funktioner. Han talar om projektioner av råmaterialet och attacker på de associationskedjor som bildats. I en antologi från 2016 ger ett tjugotal teoretiker sin syn på dissociation (Howell & Itzkowitz 2016; Wånge 2016).

Dissociation eller bortträngning – skilda kvaliteter i det omedvetna?

Jag menar att försvarsmanövern vid *dissociation* är annorlunda än vid bortträngning. Det handlar inte om konflikter mellan olika handlingsalternativ (som vid bortträngning) eftersom det saknas föreställningar om möjliga ageranden. Det skapas bara tomhet eftersom det inte finns minnen av liknande situationer att jämföra med – vilket är hjärnans sätt att fungera enligt neurologin (Solms 2021). Inom den relationella psykoterapin skiljer man mellan svag och stark dissociation. *Svag dissociation* tillhör normalpsykologin, är lågaffektiv och föreligger när vårt psyke automatiskt kan hantera situationer som därför inte är uppmärksammas (medvetandegörs). Detta bidrar till psykisk stabilitet genom att ignorera sådant som stör vår enhetskänsla. *Stark dissociation* som är högaffektiv uppkommer vid trauman där psyket inte förstår vad som pågår och inte kan finna någon handlingsutväg. Denna senare är skadlig och bestående. Den uppstår när psyket övermannas av så starka affekter att vi inte mäktar med situationen och blir överväldigade känslomässigt sett, varvid sensoriska rådata registreras inom oss utan att bli medvetna. Det finns ingen psykisk instans som kan hantera situationen (Bromberg 1998; 2006; 2011; Stern 1997; 2010; 2015; 2019; Wånge 2022).

Försvarsmekanismer däremot riktar sig mot en redan etablerad psykisk instans av oönskade eller oförenliga *föreställningar*. Dessa är baserade på minnen från tidigare erfarenheter som är någorlunda bearbetade och så mycket symboliskt kodade att de har skapats ett innehåll som kunnat värderats som oönskat eller hotande. För inre konflikter krävs symbolisering av olika handlingsalternativ vilket saknas vid dissociation. Därför bör vi särskilja dissociation från försvarsmekanismerna.

Instansen vi talar om är ur ett neuropsykoanalytisk perspektiv vårt medvetna psyke. Ur ett psykoanalytiskt perspektiv är denna instans vårt jag och överjag – psykiska instanser som succesivt byggts upp av associationskedjor med olika kontinuerligt utvärderade lagrade handlingsalternativ i hjärnan. Den mest utvecklade delen av psyket/jaget innehåller bland annat färdigutvärderade handlingsstrategier som blivit till försvarsmekanismer som är unika för människan.

Sammanfattningsvis, vid dissociation behöver vi eller har vi inga handlingsalternativ till hands och det uppstår därav inget medvetande. I normalfallet handlar det om situationer som hanteras automatiskt utan att behöva uppmärksammas. Men vid trauman rör det sig om ohanterbara erfarenheter som bara kan registreras inom oss som obearbetat, osymboliserat, sensoriskt råmaterial – utan meningssammanhang. Det är inte ett försvar mot någon oacceptabel föreställning som vid bortträngning. Vid bortträngning finns det olika handlingsalternativ och försvarsmekanismerna hjälper oss att automatiskt röja undan oacceptabla handlingsalternativ i så god tid att vi inte ens kommer i kontakt med önskningarna eller driftsimpulserna.

Olika terapeutiska förhållningssätt

Spelar skillnaderna någon praktisk roll eller är detta bara ett metapsykologiskt hårklyveri? Ja, det gör det! Det krävs olika förhållningssätt från terapeuten. Vid bortträngning kan man till stor del förlita sig på traditionell psykodynamisk teknik med tolkning och undersökning av patientens historia, eftersom det handlar om talbara symboliserade inre konflikter. Vid dissociation är materialet icke-verbalt och oformulerat och måste därför gestaltas i terapin vilket kräver ett annorlunda terapeutiskt förhållningssätt – en mera aktiv och närvarande terapeut som samspelar som en deltagande observatör. Terapeuten kan inte bara agera som en neutral expert. Det finns inte utrymme här för en djupare diskussion av denna skillnad så jag får hänvisa till mina tidigare beskrivningar av den relationella psykoterapin (Wånge 2024; 2020; 2019).

Efterskrift

Jag skrev artikeln i början av 2024 efter att ha läst Mark Solms bok *The Hidden Spring.* (2022). Jag hörde honom föreläsa på Psykoterapicentrums höstkonferens i Stockholm 2019. Då presenterade han sju olika motivationskrafter/behov. Jag hade för länge sedan läst Solms & Turnbulls bok *Hjärnan och den inre världen* (2002) och också lyssnat på ett föredrag *Consciousness and the Unconscious* från 2015, där Solms vände upp-och-ner på Freuds topografiska modell, där Detet var medvetet och Jaget strävade efter att bli omedvetet.

Det finns förstås mycket att fundera på runt neuropsykoanalysen och framförallt att vara vaksam på reduktionism. Men jag uppfattar inte Mark Solms (och Allan Schore) som reduktionister utan som forskare som genuint försöker integrera psykoanalys med neurologi. De båda disciplinerna borde ju ha en del att lära av varandra. Freud utvecklade aldrig begreppet dissociation, medan de relationella psykoanalytikerna Philip Bromberg och Donnel Stern (och tidigare Harry Stack Sullivan) med flera, ofta talat om nödvändigheten av begreppet dissociation och begränsningarna med begreppet bortträngning. Jag hade också läst filosofen David Chalmers *Virituella världar: filosofiska problem* (2023) som bland annat diskuterar frågan om *varför* vi har ett medvetande. Freud tog vårt medvetande för givet, medan filosoferna och Solms frågar sig varför vi har ett medvetande. Så jag funderade på vad som händer med psykoanalysen när vi ställer dessa perspektiv i dialog med varandra?

Appendix

Det kan kanske tyckas märkligt (eller fånigt) med två efterskrifter, men det blev lättare för mig att textmässigt hantera det hela så här. Det kan också finnas ett värde i att *jämföra* olika utgångspunkter istället för att jag skulle *omformulera* mig. Bakgrunden är som följer.

I samband med en föreläsning av psykoanalytikern Johan Eriksson i Göteborg i april 2024 köpte jag hans bok »Psykoanalysens filosofi« (2020) som jag av någon anledning inte kommit mig för att läsa innan dess. Efter

att ha läst boken konstaterade att jag att jag kunde haft nytta av hans defi-
nitioner och distinktioner i min artikel. Som relationell psykolog har jag
dessutom en integrerande ambition och hade kanske därför formulerat
mig lite annorlunda. Eriksson kommer från filosofin och jag från idé- &
lärdomshistorien som utgör åtskilda akademiska institutioner. Ibland talar
man likväl om samma eller närliggande fenomen men från olika perspektiv
och med olika språkbruk. Eriksson har läst Heidegger, Husserl, Kant, med
flera. Dessa tunga filosofer kräver speciella kunskaper för att begripas och
hanteras, medan idéhistoriens begrepp inte är lika svårtillgängliga.

Jag är samstämmig med Eriksson i många avseenden och min artikel och
hans bok avhandlar flera gemensamma fenomen och teman. Jag är överens
med Eriksson om att psykoanalysen snarare är ideografisk än nomoetetisk
(2020 s. 23). Vi hävdar båda att den terapeutiska kunskapen är unik och
varken kan underordnas naturvetenskapen eller humanvetenskapen (se
min artikel »Till psykoterapins vetenskapsteori« längre fram i kapitel 17,
Del III.). Jag har tidigare anammat benämningen av psykoanalysen som
»vetenskapen om det omedvetna« medan Eriksson beskriver psykoanalysen
som »en vetenskap om subjektiviteten« (2020 s. 129ff) vilket är mer bely-
sande. Psykoanalys/psykoterapi handlar dessutom om ett möte mellan två
subjektiviteter: patientens och terapeutens.

Jag skall diskutera några punkter i Erikssons bok och därefter göra en jäm-
förelse mellan dissociation och bortträngning i hopp om att bättre kunna
förtydliga deras olika kvalitéter.

Eriksson skriver om intentionalitet, meningsinnehåll och menar att våra psy-
kiska yttringar har »formen att vara svar på ett tilltal« (s. 44f) som »uttrycker
någonting« (s. 44). Psykologiska fenomen »karaktäriseras väsentligen av att
handla om något (s. 45). Intentionalitet handlar om första-persons auktori-
tet – det som brukar benämnas »agency« i den relationella psykologin, det
vill säga en persons »handlingskraft« i form av avsikt, vilja, önskning, etce-
tera. Eriksson menar också att »intentionala upplevelser inte kan existera
isolerat /.../ utan måste vara infogade i ett /.../ sammanhang av andra inten-
tionala upplevelser.« (s. 46). Jag kan bara hålla med, men måste tillägga att

det mesta av detta också måste sättas in i interpersonella sammanhang – då duger det inte enkom med en-personpsykologi, som Eriksson håller sig till.

Eriksson avhandlar också *subjektivitet* och *självmedvetande* och menar: »Vårt självförhållande är /.../ inte /.../ en kvalité eller kapacitet som /.../ kan adderas till det mänskliga livet, utan är snarare någonting konstitutivt« (s. 56). På samma sätt är våra relationer i högsta grad konstitutiva för vårt psyke och ingenting som bara kan adderas till vårt psyke. Vidare argumenterar Eriksson för nödvändigheten av en *person-psykologi* till skillnad från en psykologi som förklarar psyket i »opersonliga termer« (s. 60). Javisst, men det räcker inte med individualpsykologi – även här krävs en komplettering med relationella perspektiv.

Freud utvidgade vardagspsykologin med tre innovationer, enligt Eriksson (s. 72ff). En av dessa är Freuds föreställning om att det psykiska livet fortgår på olika »organisationsnivåer« (s. 74) med olika (funktions-)kvalitéter. För det omedvetnas del diskriminerade Freud mellan »urbortträngning« (primär) och den egentliga eller sekundära bortträngningen som konstituerar det *dynamiskt* omedvetna. Jag hävdar alltså att dissociation och bortträngning fortgår dels på olika organisationsnivåer, *utanför* självsystemet («not-me«, enligt Sullivan) respektive som en *inre* konflikt, dels med olika kvalitéter, *oformulerat* respektive *symboliserat*.

Enligt driftpsykologin består »systemet Omv« av driftimpulser som psykologiskt sett är *ointegrerade, outvecklade* och *oformade*, menar Eriksson (s. 89f). Detta gäller möjligen för det som kommer *inifrån* och är bortträngt, men inte för dissociation vars material består av *utifrån* kommande erfarenheter som antingen avvisats för att psyket övermannats av för starka affekter eller för processer som vårt psyke hanterar helt automatiskt och därför aldrig behöver medvetandegöras (Bromberg 1998; 2006; 2011; Stern 1997; 2010; 2015; 2019; Wånge 2022). Detta lagras som råmaterial och brukar benämnas *oformulerade erfarenheter* inom den relationella psykoterapin.

Vid dissociation saknas infantil laddning och det finns ingen censur eller motladdning – det handlar om ett avvisade av ett övermäktigt affektivt laddat material. Det blir inte korrekt att tala om »en *utvecklingshämning*« (Eriksson 2020 s. 91). Psyket är möjligen för outvecklat för att kunna hantera situationen när det handlar om sexualitet, men ett barns normala sexualitet före puberteten skall inte kallas för hämmad. När det gäller chockerande affekter i samband med trauman, övergrepp, katastrofer, etcetera, så handlar det om affektiva nivåer som är övermäktiga. Men effekten beror inte på en psykisk utveckling som är hämmad.

Eriksson konstaterar (s. 206) och citerar Freud: »det finns olika sorters kunskap som inte är psykologiskt likvärda« och »man kan vara ovetande om något på mer än ett sätt.« Eriksson följer den freudianska traditionen där man inte avhandlar dissociation (som ett självständigt begrepp).

Jämförelse mellan dissociation och bortträngning

I syfte att förtydliga mitt resonemang har jag i nedanstående uppställning försökt att göra en schematisk sammanställning över de teoretiska skillnaderna mellan dissociation och bortträngning. Från dessa olikheter försöker jag analysera och tillämpa dessa på Erikssons formuleringar och begrepp. Sidhänvisningarna är till Erikssons bok (2020).

sid:	Dissociation:	Bortträngning:
89ff	primär bortträngning urbortträngning	sekundär bortträngning
99	oformulerat, icke kodat råmaterial,	symboliskt organiserat material, en dold symbolisk berättelse
48ff	pre-verbalt, icke språkligt utanför självsystemet, »not-me« bortom jaget/självet har aldrig varit medvetet	möjligt att tala om omedvetet, förmedvetet har varit medvetet

	avskilt, oordnat råmaterial, lagrat i vårt psyke avskilt & utestängt från våra normala psykiska funktioner inga motladdningar, ingen censur (som tillhör »psyket«: jaget/över-jaget)	dynamiska processer i materialet motladdningar, censur
98	undvikande, skyddande av jaget, utifrånkommande hot, skydd mot övermäktiga affekter, främmande, obegripligt, icke bekant	lustprincip, realitetsprincip, driftsimpulser inifrån, lustbaserat
92	inga psykologiska processer, bara avvisande, utestängande	psykologiska processer, associativ förbindelse
95; 178; 188	ingen intrapsykisk (själv-)konflikt ingen intrapsykisk kommunikation	intrapsykiska konflikter intrapsykisk direktkommunikation
188; 191	utifrånkommande	inifrånkommande
181; 126	barriär mot övermäktiga stimuli, är inte relaterat till moral- eller överjagsinstanser, inga omedvetna fantasier	riktad mot förbjudna fantasier och affekter bottnande i den infantila sexualiteten på moralisk grund, omedvetna fantasier
181ff	ett sätt att stänga av, eller kortsluta psykets funktioner, värderingsfritt	riktar sig mot förbjudna fantasier, moraliskt agerande
42ff; 103; 203ff	man drabbas utifrån, passiv offerroll, automatisk process bortom »agency« dvs. ingen	en psykologisk aktion, aktivitet, ett psykologiskt symboliskt yttryckmed-vetandet, ingen första-persons auktoritet

44; 185	automatisk respons på ett yttre hot	ett svar på ett tilltal
180ff	avvärjande av intensiva affekter	moraliskt, etiskt lidande
141	patientens agerande: iscensättning, enactment, utagerande	patientens agerande: fri association, berättande, den analytiska grundregeln
141	terapeutens agerande: affektintoning, enactment, self disclosure	terapeutens agerande: lyssnande, jämnt svävande tolkande uppmärksamhet,

Min uppställning är alltså skapad för att påvisa skillnaderna mellan begreppen dissociation och bortträngning. Detta innebär inte att det samtidigt finns en del likheter dem emellan. I båda fallen är det något som skyddas eller döljs.

Eriksson skriver i Bionsk anda om vikten av att *vara* och *leva* i sanning, och i avsaknad av sanning »förfaller personligheten« (Eriksson 2020 s.192). Sanning är ett svårt begrepp, men utan sanning regeras vi av ett psyke som vi inte känner till – av krafter som styr oss i blindo, begränsar vår frihet och ofta allvarligt saboterar våra nära relationer. Att till exempel o(med-)vetandes bära på dissocierade erfarenheter av sexuella övergrepp kan styra oss till promiskuitet, sexuell förnedring eller helt blockera vår sexualitet. Dissocierade erfarenheter av våld kan göra oss omotiverat aggressiva, våldsamma, sadistiska, etcetera. Det är med andra ord av stor vikt att vi terapeutiskt kan arbeta med dissociation. Min poäng med att särskilja dissociation och bortträngning handlar om att dessa kräver *olika terapeutiska förfaringssätt* av terapeuten, vilket jag också avslutar min artikel med ovan.

Sammanfattning

Vid dissociation befinner sig en del av vår person(-lighet) i exil utanför självet. Det som dissocierats har aldrig bearbetats och symboliserats, och är med Winnicotts uttryck: »en händelse i det förflutna som ännu inte upplevts« (1974 s. 26). I den relationella psykoanalysen benämner man detta *oformulerade erfarenheter.* Den dissocierade delen har inte uppstått på grund av inre konflikter utan av trauman. Här finns ingen driftsmässig press på att uttryckas eller medvetandegöras – inga driftsderivat eller någon »återkomst från det omedvetna« som det hette i den klassiska driftsteorin (Stern 2010; Wånge 2019 s. 121–137; 269ff; se även: Atlas & Aron 2018).

De omedvetna försvarsmekanismernas uppgift »är att hindra tankar, önskningar och känslor från att överhuvudtaget *formas* och nå medvetandets nivå«, skriver Eriksson (2020 s. 200). När det gäller traumatiskt baserad dissociation är det händelsen med dess affekter och upplevelser som avvisas eller utestängs i sin helhet, snarare än innehållet som framstår som helt främmande – fullständigt otänkbart. Detta kan till synes likna försvaret »förnekande i fantasi« (av till exempel könsskillnader) (se: A Freud 1936). Skillnaden är att fantasier är tänkbara. Dessa kan naturligtvis kretsa runt yttre objekt (pappas penis är större än min, pappa är starkare än mig) men det handlar normalt sett inte om akuta plötsliga händelser med höga affektnivåer som vid dissociation vid ett trauma.

Nachträglichkeit – efterverkan eller fördröjd verkan är ett viktigt psykoanalytiskt begrepp. Det innebär att en erfarenhet, som vid tidpunkten för den händelse där den uppstod inte var traumatisk, i efterhand kan få en ny innebörd som kan bli traumatisk. (Eriksson nämner också detta, 2020 s. 67f). Det tydligaste exemplet är kanske en kroppslig smekning (tafsande) från en vuxen på ett barn till exempel i mellanstadiet. Det kanske inte upplevdes som särskilt obehagligt, bara verkade lite konstigt eller till och med knappast uppmärksammades av barnet när det skedde. Av en eller annan anledning kan denna erfarenhet aktiveras senare. Om detta sker efter att barnet kommit i puberteten förstår den unge personen plötsligt nu att det då rörde sig om en sexuell handling från den vuxnes sida som *först därefter* får en traumatisk kvalitét. Denna insikt kan leda till omfattande störningar i sexualiteten och närrelationerna. Kanske tvingas den unge personen också helt omvärdera relationen till en vuxen person – som nu blivit till en förövare – en person som tidigare varit viktig och stått nära under uppväxten. Konsekvenserna kan bli en allvarlig skada på tilliten till andra personer, generellt sett. Jag har ett exempel på detta i min artikel: »Sexuella trauman ...« tidigare i kapitel 12, sid. 162.

Andra exempel kan vara att man i efterhand får reda på nya fakta som fullständigt förändrar tillvaron till exempel att den man trott varit ens biologiske förälder är någon annan, att man har ett halvsyskon, etcetera. Här rör det sig i så fall inte om stark högaffektiv dissociation utan om svag *lågaffektiv* dissociation, som jag tidigare nämnt. Det handlar alltså om erfarenheter (till exempel information eller fakta) som kanske varit betydelselösa, inte varit värda att noteras och därmed inte medvetandegjorts tidigare. »Råmaterialet« var alltså inte affektladdat när erfarenheten skapades, utan informationen lagrades passivt »någonstans i bakhuvudet« i osymboliserad, okodad – det vill säga icke-meningsbärande form. Affektökningen tillkommer på grund av själva insikten.

Som jag påpekade i inledningen, menar man inom den relationella psykoanalysen att dissociation skall tillmätas ett betydande förklaringsvärde för vårt psykiska fungerande, både vad gäller dess hög- och lågaffektivitetsvarianter. Donnel Stern har till och med diskuterat *möjligheten* att helt ersätta bortträngning med dissociation? Hans resonemang handlade då om hur man förstår och arbetar terapeutiskt med enactments, där dissociation utgör den avgörande försvarsmanövern. Dissociation är centralt i flera terapeutiska sammanhang. Begreppet borde utvecklas och få ett betydligt större utrymme i den kliniska diskussionen. Men att offra bortträngningsbegreppet helt är att gå för långt, enligt min uppfattning.

Det kan (och bör) diskuteras om man kanske borde skilja mellan *egentlig* dissociation (i det förstnämnda högaffektiva fallet) och benämna det senare (det lågaffektiva) för något annat? Dissocierat material som avvisats på grund av dess starka affekter har en kraftigare och annorlunda påverkan på psyket än material som inte uppmärksammats eller betraktats som irrelevant. Starka affekter måste hanteras och nedregleras vilket »tar på krafterna«.

Jag kommer att tänka på en episod i mitt eget liv. När jag var i 4–5 års åldern minns jag att jag ganska så plötsligt »vände mig inåt« och blev ledsen eller bekymrad. Min mamma upptäckte det hela och efter ett tag kröp det fram att jag var rädd för att mamma eller pappa skulle dö. Jag vet inte vad som triggat det hela? Kanske hade jag sett något dött djur? Plötsligt insåg jag att min mor och far var dödliga – vilket troligen var något som aldrig tidigare hade kommit för mig. En ny erfarenhet hade formulerats. Vi kan fråga oss med vilka begrepp man skall beskriva detta psykologiskt? Vad är inre, vad är yttre? Vad är lågaffektivt, vad är högaffektivt? Skall vi kalla det för trauma eller inte?

Relationen mellan dissociation, bortträngning och efterhandsverkan (Nachträglichkeit) är komplex och begreppen är överlappande. I första kapitlet av »Partners in Thought« (2010 s. 1–24) problematiserar Donnel Stern relationerna mellan dessa. Han skriver att boken inte beskriver dissociationsbegreppet som specifikt relaterat till trauma. Den erfarenhet som undanhålles («not-me«) behöver inte nödvändigtvis måste härstamma från en *yttre* faktisk händelse (s. 19). Något tidigare i boken hävdar han att en stor del av den omedvetna motivationen inte kan betraktas som dissocierad eftersom den inte är omedveten på grund av *defensiva* orsaker (s. 16 not 1), vilket jag uppfattar som motsägelsefullt med det förstnämnda. I Sterns (konstruerade) illustration med mannen som aldrig blivit medveten om – det vill säga kunnat formulera sina egna behov och intressen (self-interest) – så startar ju historien med *yttre* händelser i anknytningen till föräldrarna (s. 14). Längre fram kan man ju tänka sig att ämnet på ett eller annat sätt aktualiseras intrapsykiskt, via mannens fantasi, kanske utan några speciella triggers utifrån.

Jag tror »affekt« och »mening« utgör huvudingredienserna. De erfarenheterna som formuleras på ett sådant sätt att meningsinnehållet blir affektivt övermäktigt måste avvisas. Men det handlar inte om ett försvar mot en *enskild* känsla, fantasi, etcetera, utan något som mera övergripande hotar identiteten, självbilden eller levnadssättet: »not-me« – »detta är inte jag« eller »jag är inte en person som ...« (Bromberg 1998; 2006; Stern 2010 s. 13). Det handlar dessutom inte bara om patientens utan även om terapeutens affekter.

Stern menar att det omedvetna inte är färdigformulerat och väntar på att bli avtäckt (se ovan kapitel 11, sid. 150, »Det omedvetna ...«). Istället är dess mening potentiell som aktualiseras under de »rätta« omständigheterna (s. 7). Med de rätta omständigheterna menar Stern den rätta interpersonella kontexten, vilket alltså innebär att olika erfarenheter aktualiseras beroende på *vem man är tillsammans med* det vill säga för terapins del att man får olika erfarenheter med olika terapeuter. Det handlar inte bara om att man talar om olika *saker* med olika terapeuter, utan också att man talar om samma sak på olika *sätt* med olika terapeuter. Jag har flera gånger haft patienter som talat med tidigare terapeuter om en traumatisk händelse (till exempel ett sexuellt övergrepp) utan att ha »bearbetat« det. Men jag hävdar inte att jag nödvändigtvis måste varit en bättre terapeut, utan bara att varje terapiprocess är unik till sitt innehåll. Dessutom är många patienter är känsliga för vad de utsätter terapeuten för och berättar inte om erfarenheter som de inte tror terapeuten orkar med att hantera.

Var finns de oformulerade erfarenheterna, frågar Stern (s. 3f). Är frågan ens meningsfull? Nej, svarar han – eran av psykisk geografi är död. Oformulerade erfarenheter utgör källmaterialet till våra erfarenheter, men det kan inte sägas vara lokaliserat till någon speciell plats – inte ens i hjärnan. Om vi talar metaforiskt är »platsen« *relationer* (relatedness) inte bara mellan människor, utan till alla relevanta affektiva, kognitiva och konnotativa processer, menar Stern. Mening existerar bara potentiellt, det är först när den artikuleras, mellan människor och mellan olika självtillstånd eller mellan inre och yttre objektrelationer, som den blir »verklig«.

All erfarenhet är tolkad – mer eller mindre processad. Mening skapas med en kombination av (för-)existerande strukturer och emergent inflytande från den aktuella situationen, skriver Stern (s. 29). Vårt minne omformuleras varje gång vi »konsulterar« det. Detta har stöd av neuropsykoanalysen som menar att vår perception först jämförs med tidigare inre lagrade förståelseschema (av snarliknande situationer) och därefter korrigerar sig efter de nya yttre intrycken (se: *Markov blanket-principen* i Solms 2021; van den Eng 2024). Dessa förståelseschema består av erfarenheter som tidigare formulerats som nu fungerar som begränsande ramar eller strukturer på vilket sätt erfarenheterna kan formuleras på nytt.

De flesta psykoanalytiker verkar inte vara så intresserade av neuropsykoanalys. Kanske vill man undvika reduktionism? Vad gäller innehållet i meningsskapande tror jag inte hjärngeografi och hjärnforskning har mycket att bidraga med till psykoanalysen. Men det är viktigt att känna till hjärnans funktionssätt och processer eftersom dessa kan utöva restriktioner på innehållet, det vill säga vad som kan formuleras (Till exempel kapacitets begränsningar i medvetandet – c:a 7 bits). De kan alltså få konsekvenser för vår metapsykologi och begreppsbildning. När vi talar med varandra (in real life) kommunicerar våra hjärnor samtidigt icke-verbalt med varandra utanför vårt medvetande (se Allan Schore i förordet i Bromberg 2011 s. ix-xxxvii). Det är också fascinerande att hela vårt medvetande står och faller med ett två kubikmillimeter stort område i hjärnbarken om vi kan tro Mark Solms (2021 s. 302).

Teorier skall vara betjänter, inte våra herrar, som Harry Guntrip uttryckte det. Iain McGilchrist parafraserar Wittgensteins elev Friedrich Waismann som menade att: »Problemet med psykologi är att våra vanliga begrepp är för stränga; vi behöver något som är lösare, och mer obestämt. Sådan är också psykets grundläggande beskaffenhet; allt är förhandlingsbart, obestämt och flytande. För att kunna beskriva psyket krävs ett lika flexibelt *språk* ...« (McGilchrist 2009 s 704 not 85). Alla begrepp måste användas med förstånd och reflektion – *holding theory light,* som man brukar säga inom den relationella psykoterapin.

Några avslutande kommentarer och ett varningens ord för dikotomier!

För att kunna isolera, undersöka och analysera ett psykologiskt fenomen krävs generellt sett initialt en avgränsning eller definition av fenomenet ifråga. Redan här stöter man ibland på stora svårigheter, exempelvis de psykoanalytiska begreppen överföring och motöverföring.

Samtidigt tvingas vi att förenkla för att inte bli helt handlingsförlamade. Rene Descartes separerade kropp (materia) och själ (psyke) vilket vi har fått leva med i några hundra år och som idag ter sig problematiskt på flera sätt. Descartes ansåg sig ha upptäckt filosofins första princip med sin sats: *»jag tänker, alltså existerar jag«* (cogito, ergo sum). I den neurologiska *Polyvagal Theory* (Porges 2022) och i neuropsykoanalys (Solms 2021) vill man istället ersätta denna sats med *»jag känner, alltså existerar jag«* (I feel myself, therefore I am). Det är snarare våra känslor än vårt tänkande som får oss att agera och därmed i första hand definierar vår existens.

Efter en tid, när vi uppnått en viss kunskapsnivå börjar binära antingen-el-ler-kategoriseringar som kropp-själ ofta att bli ofruktbara. Det som tidigare hette arv *eller* miljö, blir till arv *och* miljö. Det som tidigare var *antingen* intra-psykiskt *eller* inter-psykiskt blir till intra-psykisk *och* inter-psykisk, etcetera. Fenomenet har ibland beskrivits i Hegels termer som: tes-anti-tes-syntes.

Iain McGilchrist har problematiserat dikotomisering (som är en vänster-hjärnhalve-funktion) och menar att detta är en begränsande kategorisering som har dominerat »majoriteten av alla västerländska filosofer sedan Platon och fram till 1800-talet ...« (2009 s. 197ff; 700 not 3). Denna, antingen-el-ler-uppdelning, den så kallade »Lagen om det uteslutna tredje« leder till att sådant som är processer betraktas som statiskt, förtingligat och fragmenterat, vilket skapar ett filosofiskt huvudbry: *paradoxer*. Inom psykoterapin har Do-nald Winnicott (1971) och Emmanuel Ghent (1992) betraktat uppdelningar av detta slag som anti-terapeutiska. Paradoxer är utvecklingspsykologiskt nödvändiga och måste därför respekteras och inte dekonstrueras.

Som vi sett kategoriserade Greenberg & Mitchell (1983) de psykoterapeutiska teorierna *antingen* som drifts- *eller* relationspsykologi som man bestämt hävdade var helt oförenliga. Men efter några år började man ifrågasätta denna strikta uppdelning och började istället att försöka integrera de två perspektiven. På liknande sätt tänker jag kring min uppdelning av dissociation och bortträngning här. Kanske kan en person ha en blandning från en traumatisk händelse där en del är dissocierat och annat bortträngt. Ett psykiskt material behöver inte vara antingen symboliserat eller rent råmaterial, utan kan vara mer eller mindre symboliserat, bearbetat och organiserat – eller vara symboliserat och organiserat på olika sätt. De relationella företrädarna har givit ut två antologier »De-Idealizing Relational Theory: A Critique From Within« och »Decentering Relational Theory: A Comparative Critique« där man kritiskt och självkritiskt försöker reflektera över denna typ av frågor vad gäller den egna teorin (Aron, Grand, & Slochower 2018a & b).

En annan slags »binär uppdelning« handlar om att betrakta vårt psyke som en slags avgränsad behållare och isolerad apparat, lokaliserad i hjärnan. Vårt psyke skulle inte vara mycket till psyke om vi inte var involverade i mellanmänskliga relationer, redan från födseln. Många psykologiska fenomen, går inte enkelt att hänvisa till en enskild individ. Man brukar ibland säga att våra känslor är smittsamma och det är ibland omöjligt att spåra hur en viss känslomässig situation mellan två personer har uppstått eller startat. Den som har arbetat med parsamtal eller parterapi har sannolikt upplevt hur parterna ofta anklagar varandra för att ha startat en konflikt som leder till en ändlös regress bakåt i tiden: – Du sa att … – Men, det var efter att du hade… – Jamen, du var ju arg redan när du kom hem från jobbet och steg igenom dörren! – Jo, men det var ju för att du inte talade om för mig i morse att du skulle … Och så vidare.

Eriksson skriver: »… även om *jag* inte kan uttrycka det omedvetna så *tar det sig* uttryck« (2020 s. 205). Enligt den relationella psykoanalysen formas det omedvetna av patient och terapeut *tillsammans*. Det är därför ofta svårt att tillskriva endera partnern en första-persons auktoritet här. »Avundsjuka« (som Eriksson också avhandlar, s. 204f) kan få tjäna som ett exempel. Det är inte sällan den som tillskriver någon för att vara avundsjuk, egentligen själv »lider« av avundsjuka. Den kan förstås även vara dubbelriktad.

Första-persons perspektiv är nödvändigt i en terapi – men det är inte tillräckligt. Eriksson beskriver terapin som ett »mellanmänskligt sekulariserat samtal« (s. 213) och menar senare att »det blir möjligt för patienten att få *kontakt* – med analytikern och med sig själv« (s. 216). Jag kan inte se att mellanmänsklighet och kontakt kan etableras i en terapi utan att vi också använder oss av den relationella psykoanalysens/psykoterapins teori, begrepp och praktik. Det kan dessutom finnas påverkansfaktorer på en nivå bortom både det individuella och det relationella. Det handlar om omgivande kontext, samtalsklimat, tidsanda, kultur, språk, med mera, som delvis avhandlas i den så kallade *fältpsykologin* – där man menar att det är det för närvarande rådande psykologiska fältet som bestämmer de yttre ramarna för vad som är möjligt att uttrycka under en terapisession (se: Stern 2015, Wånge 2017).

Artikeln är accepterad för publicering i *Psykoterapi* 2024:3–4 i ett något annorlunda format utan appendix. Jag tackar *Psykoterapi* som medgivit att den finns med i boken.

Del III.

KUNSKAPSTEORI

16. Psykoanalys – Vetenskap eller vad? (1995)

Psykologtidningen 1995:14 s. 4–9.

Psykoanalysen är rätt märklig som vetenskap betraktad och dess vetenskapsteori har väl egentligen alltid varit ett mycket kinkigt kapitel. När en av de psykoanalytiska föreningarna i Sverige presenterar psykoanalysen för allmänheten, föreläser man utifrån Freuds klassiska fallbeskrivningar. I ingen annan av dagens vetenskaper torde man i så hög grad som inom psykoanalysen stödja sig på och hänvisa till vad som uträttades omkring sekelskiftet mellan 1800- och 1900-talet, och det finns nog ingen annan vetenskap, där ortodoxi i förhållande till vetenskapens grundare har så hög status som inom psykoanalysen, skriver Lennart Nilsson i sin filosofiska avhandling.

Är psykoanalysen överhuvudtaget en vetenskap, i så fall en naturvetenskap, en hermeneutisk disciplin eller någon annan slags humanvetenskap? Vad för slags kunskap representerar den psykoanalytiska teorin och praktiken? Vari består det råmaterial som psykoanalytikern arbetar med: patientens beteende, ord och språk eller affekter?

Om vi betraktar den specifikt svenska situationen måste man konstatera att frågor av detta slag alltför sällan har ställts och det har knappast funnits någon svensk vetenskapsteoretisk debatt bland psykoanalytiker och psykoterapeuter.

En internationell utblick

Internationellt sett har ovannämnda diskuterats mera rikligt och många både inom och utanför psykoanalysen har gjort försök att klargöra psykoanalysens status som vetenskap. Det är ofta en ganska stor skillnad på ett vetenskapsteoretiskt arbete som gjorts av en psykoanalytiker och ett som gjorts av en vetenskapsteoretiker eller filosof. Jag tror detta är ett uttryck för ett dilemma som framför allt hänger samman med att en psykoanalytiker vanligen är förhållandevis obildad i vetenskapsteori och filosofi, och vice versa, att en vetenskapsteoretiker eller filosof vanligen saknar den »firsthand« kunskap om psykoanalysen som är nödvändig för att förstå de delar av den psykoanalytiska processen som ej går att läsa sig till, utan som fås i psykoanalytisk praxis till exempel egenterapi, handledning på patientarbete och liknande. Såväl psykoanalysen som vetenskapsteorin/filosofin är ju dessutom så omfattande discipliner i sig, att det ställs nästan omänskliga krav på beläsenhet och praxis för att en person skall kunna behärska de båda domänerna samtidigt.

Bland de mera moderna psykoanalytiker som intresserat sig för psykoanalysens vetenskaps- och kunskapsteori kan nämnas Otto Fenichel, André Haynal, R.D. Hinshelwood, J. Laplanche & J.B. Pontalis, Humberto Nagera, Charles Rycroft, Joseph Sandler som har sysslat med begreppsbeskrivning, begreppshistoria & begreppsutveckling. Otto Kernberg, Robert Langs och Roy Schafer kan få utgöra exempel på teoriutvecklare. J.E. Gedo & A. Goldberg har fram-ställt en hierarkisk serie av modeller av psyket som korresponderar med en hierarkisk serie av psykiska utvecklingsnivåer. Ignacio Matte-Blanco har konstruerat en matematisk-geometrisk bild av psykoanalysen. Harry Guntrip, har med hjälp av en enkel modell med fem koncentriska cirklar beskrivit hur det psykoanalytiska kunskapsområdet fördjupats genom sex stadier från Freuds ursprungliga teori från sekelskiftet t.o.m. Donald W. Winnicotts teorier i början på 1970-talet.

Karaktäristiskt för beskrivningar som är skrivna av psykoanalytiker är att också själva fram-ställningssättet i hög grad är psykoanalytiskt, med tämligen lite gemensamt språkbruk, begrepp och hänvisningar utanför den egna psykoanalytiska domänen till exempel den traditionella (kunskaps-)filosofin och vetenskapsteorin. Ett undantag utgör Arnold Modells *Psychoanalysis in a New Context* från 1984 där en del av boken ägnats åt det psykoanalytiska kunskapsproblemet, med hänvisningar till kunskapsfilosofiska arbeten också utanför psykoanalysen. Modell gör där bland annat en tillämpning av Kuhns paradigmutvecklingsteori på den psykoanalytiska teorin och gör hän-visningar till modern filosofi.

Utanför psykoanalysen har flera filosofer från Karl Popper, Jürgen Habermas, Paul Ricoeur, Adolf Grünbaum med flera gjort mer eller mindre välvilliga eller kritiska försök att granska det psykoanalytiska fundamentet. Dessutom finns det ett litet antal mindre seriösa författare, ofta med en tämligen affektiv argumentationston, som skrivit om psykoanalysen. Ett exempel på det sistnämnda gör den insinuante och öppet fientlige Hans Eysenck, som verkar tagit som sin livsuppgift att med alla medel försöka nedgöra psykoanalysen, till exempel genom att argumentera för att Freud och Fliess var två enfaldiga kokainmissbrukare.

I den tyska filosofin under 1900-talet har analysen av den mänskliga kunskapen och förståelsen stått i centrum. Vid Institut für Sozialforchung i Frankfurt arbetade, under 1930-talets första år ett antal filosofer bland annat Max Horkheimer, Theodor Adorno, Erich Fromm och Herbert Marcuse, med att försöka förena psykoanalysen med en marxistisk samhällssyn. Ur denna Frankfurterkrets uppstod en tradition med filosofin som en kritisk teori. Senare har Jürgen Habermas, en efterkrigsföreträdare för Frankfurterskolan, i sin *Erkenntnis und Interesse* från 1968, bland annat diskuterat psykoanalysen som ett exempel på en modern uppfattning av vad vetenskap är. Habermas utgår från de tre tänkarna C. S. Pierce, Wilhelm Dilthey och Sigmund Freud, som var och en har bidragit till att klarlägga en form av mänsklig kunskap. Ingen av de tre kunskapsformerna kan reduceras till någon av de andra och de tre kunskapsformerna täcker alla former av mänskligt vetande, menar Habermas. Ingen av de tre tänkarna har emellertid förmått att ge en tillfredsställande redogörelse för någon av de tre kunskapsformerna som är *tekniskt kunskapsintresse* (Pierce) *praktiskt kunskapsintresse* (Dilthey) och *befrielseintresse* (Freud). Det är karakteristiskt för psykoanalysen är att den kombinerar de båda andra kunskapstyperna. Hos denna kunskapstyp är förståelse och förändring det samma, teori och praxis utgör en enhet, menar Habermas.

Den psykoanalytiska historien

Freud hade en stor intressesfär av ämnen också utanför psykoanalysen. I Freuds miljö rådde ett bildningsideal som hade sina rötter i renässansens Europa, med kunskaper i latin, grekiska och klassisk litteratur som ett fundament för högre studier. Men hans öppet uttalade relation till filosofin var likväl tämligen kylig. Freud var både misstänksam och ibland öppet fientlig till intellektuellt arbete utanför psykoanalysen. Detta gällde kanske speciellt filosofin eftersom denna ju på många sätt är en konkurrerande disciplin till psykoanalysen till exempel vad gäller kunskaps- och moralfilosofi och estetik. Det var först på äldre dagar som Freud läste eller gav erkännande till Nietzsches och Schopenhauers inflytande på psykoanalysen.

Överhuvudtaget får man ofta från Freud och senare också från psykoanalytiskt håll ett intryck att psykoanalysen var en helt ny uppfinning, vilket den naturligtvis på ett sätt också var. Men samtidigt ges dessutom ibland intrycket att psykoanalysen är den första och *enda* disciplin som har begripit något som helst om människans psyke. Freud betonar gärna dels sitt eget skapande, dels att de upptäckter som psykoanalysen vilar på, har framtagits på egen hand.

I den mån man ger intrycket av att psykoanalysen saknar starkare rötter i tidigare traditioner så är det i alla fall inte riktigt rättvisande. Upptäckten av »det omedvetna« har ofta från psykoanalytiskt håll tillskrivits Freud. Men »det omedvetna« är i själva verket en tämligen vanlig föreställning som sysselsatt filosofin i Europa före Freud, från och med mitten av 1800-talet, ett faktum som utretts av bland annat Lancelot Whyte och Henri Ellenberger. Psykologihistorikern Thomas Leahey hävdar att det egentligen inte var mycket av det Freud uttryckte som var alldeles nytt, snarare var det hans syntes och användande av gamla idéer som utgjorde det originella. Till exempel Freuds föreställning om sexuell energi – libido – var en kombination av victoriansk moralitet och fysik.

Att en vetenskap uppstår och utvecklas i tio år av och kring en enda person är ett av de drag som gör psykoanalysen unik. Sigmund Freud är psykoanalysens »urfader«. Detta innebär att alla psykoanalytiker efter Freud måste stå i någon slags relation till sin urfader och att denna relation bland annat (enligt den psykoanalytiska teorin) är bestämd av »den psykoanalytiska studentens« oidipala dynamik. Om en person motsätter sig Freuds teorier kan detta förstås som att denne agerar ut mordiska önskningar mot fadern, och motsvarande kan den som försvarar Freuds teorier sägas agera ut en idealiserad underkastelse av fadern.

Ett tidigt exempel på en argumentation av detta slag från den psykoanalytiska historien, utgör eleven Otto Ranks rundbrev år 1924, till (Den Hemliga) Kommittén kring Freud. Detta brev skrevs en kort tid före Ranks brytning med psykoanalysen. Diskussionen hade börjat med att Rank 1922 föreslagit en egen teori, en *födelsetrauma teori* som en ny psykoanalytisk delteori, något som succesivt blivit till en konflikt, vilken kulminerade i rundbrevet där han deklarerar sina affektiva reaktioner och omedvetna konflikter. Ett exempel på liknade argumentering finns i Freuds föreläsningar från *Orientering i Psykoanalys*, där åhörarna bland annat behandlas som »dessa sjuka neurotiker«.

De personliga motiven

Freud använde sig alltså själv ibland av en personinriktad argumentering, en typ av argumentering som också senare inte varit ovanlig i psykoanalytiska kretsar. Att en argumentering av detta slag *kan* missbrukas är naturligtvis fullständigt uppenbart för alla och en var. Men kärnfrågan är i stället om en argumentering av detta slag omgående kan avfärdas, eller alternativt under vilka omständigheter den kan legitimeras. Som jag ser det är problemet följande: *Om* den psykoanalytiska teorin (i härför relevanta delar) är *felaktig* så kan denna argumentering avfärdas men *om* den psykoanalytiska teorin är *sann* (i härför relevanta delar) måste man ibland ta hänsyn till en argumentering av detta slag.

Psykoanalys är *inte* en renodlat intellektuell akademisk disciplin. För att tillägna sig psyko-analytiskt tänkande, måste »studenten« bli affektivt indragen, annars kan vissa delar av teorin inte förstås. Enligt den psykoanalytiska teorin *kan* ju faktiskt en person ha en omedveten attityd mot psykoanalysen (djupare sett mot någon primär person i det förflutna), som utgör den huvudsakliga anledningen till dennes argumentation mot den psykoanalytiska teorin. Alltså innebär detta ibland att till exempel de personliga motiven hos mottagaren av den psykoanalytiska teorin faktiskt är relevanta att granska vid överförandet av den psykoanalytiska kunskapen. Detta torde utgöra ett annat helt unikt och måhända mycket märkligt drag hos den psykoanalytiska vetenskapen jämfört med de flesta andra discipliner. Socialantropologi och i viss mån historia är kanske två vetenskaper som kommer närmast psykoanalysen i detta hänseende, där man till exempel måste försöka lära känna en främmande kultur eller en tidsperiod »inifrån«, vilket kan innebära ett personligt uppgörande med egna fördomar och allt vad man tidigare fått lära sig.

Ett av psykoanalysens fundament utgörs ju av antagandet om *ett omedvetet*, ett begrepp som är oerhört svårhanterligt ur vetenskaplig och kunskapsteoretisk synvinkel. Men att ett begrepp är svårhanterligt innebär ju på intet sätt, varken att det för den skull behöver vara felaktigt, att det skulle kunna gå att eliminera eller ersätta med ett annat mera lätthanterligt begrepp. En mängd forskarambitioner är naturligtvis härav också nedlagda på att försöka hålla detta bångstyriga element utanför teorierna. Mycket av den kognitiva psykologin går väl just ut på detta, så vitt jag förstår. Gudmund Smith uttrycker sin förundran över att det är så vanligt i psykologernas led med det han benämner *psykologisk psykofobi*, dvs. psykologer som envetet sysslar med psykologi i hopp om att kunna visa på psykologins irrelevans.

Man kan konstatera att psykoanalysen kanske inte direkt var en mans verk, men väl att den utvecklades *kring en man*, Sigmund Freud själv, under den första perioden. Detta innebar att det fanns »en yttersta auktoritet« att relatera till och de som inte var överens med eller inte underkastade sig denna auktoritet hamnade *utanför* psykoanalysen. Så skedde till exempel med Wilhelm Fliess, Alfred Adler, Wilhelm Stekel, Carl G. Jung och ovannämnde Otto Rank. Av dessa blev det ju endast Jung som vidareutvecklade en egen konkurrerande psykologisk teoribildning av större omfattning.

En ny situation i psykoanalysens historia uppstod med början omkring 1910–20 när man började inse att dess grundare Sigmund Freud inte skulle leva för evigt. Frågan om vem eller vad som skulle ersätta denna »yttersta psykoanalytiska auktoritet« aktualiserades gradvis. Det hela sammanföll också med att psykoanalytikerskaran som först funnits i Wien, började spridas över ett större geografiskt område.

Döttrarnas uppgörelse

En naturlig arvtagare efter Freud utgjorde Anna Freud som följt faderns arbete i många år. En ytterligare kandidat utgjorde Melanie Klein som var kraftigt oense med Anna Freud såväl i teorin som i praktiken och utmanade både hennes teori och arbetssätt. Kleins nya psykoanalytiska begrepp kunde inte omgående införlivas med den befintliga psykoanalytiska teoribildningen. Ur detta uppstod efter Freuds död en maktkamp som utmynnade i *De kontroversiella diskussionerna* 1942–44. Ur ett psykoanalytiskt perspektiv är det naturligtvis mycket intressant att det just blir två »döttrar« och inga »söner« som gör upp om det psykoanalytiska arvet.

Det hela slutade med en maktuppdelning mellan parterna så att de fick ett likartat inflytande över utbildningen i den psykoanalytiska föreningen. Diskussionerna avtog men de egentliga motsättningarna mellan klassisk och kleiniansk teori utreddes inte tillräckligt och löstes inte. (Jag har avhandlat detta ämne i en tidigare artikel i *Psykologtidningen* nr 11/1993 om fram-växten av den så kallade objektrelationsteorin.) (se del I ovan: *All You Need Is Love*). Det uppstod därmed en klyvning i den brittiska psykoanalysen som till stor del bibehållits sedan dess, och också haft en avgörande påverkan på hela den psykoanalytiska rörelsen. Det *nya* i situationen blev att det hädanefter uppstod olika skolbildningar *inom* psykoanalysen som tidigare under Freuds levnad hade varit en sammanhållen disciplin. Man hamnar nu vid ett vägskäl där olika utvecklingsvägar för psykoanalysen står öppna.

Steget mot disciplin

Psykoanalysen tar också, enligt mitt förmenande, först i denna situation, i realiteten klivet ut till den teoretiska möjligheten att bli en vetenskap, trots att Freud själv tidigare med förkärlek kallade sitt verk för vetenskap. Det steg som tas är från en psykoanalys som i princip ytterst avgöres utifrån en persons (Freuds) personliga uppfattning till en möjlig intersubjektiv disciplin. Så länge det fanns *en enda* yttersta auktoritet på området måste det mer eller mindre per definition, enligt det vetenskapliga intersubjektivitetskriteriet, vara principiellt omöjligt att hävda att psykoanalysen skulle kunna utgöra en vetenskap. Det är kanske viktigt att här påpeka att detta inte har någonting att göra med huruvida Freuds teorier är riktiga eller inte.

Den fortsatta utvecklingen av psykoanalysen sker därefter i en mängd olika riktningar från ortodox »Freudnära« psykoanalys till mer självständiga skolbildningar. Det uppstår stundtals inbördes konflikter som vanligen löses genom att nya skolbildningar uppstår och varvid de olika psykoanalytiska strömningarna därefter fortlever, sida vid sida i relativ lugn och ro, men oftast utan någon större inbördes kommunikation. För en utförlig genomgång av psyko-analysens utveckling och (nutids-)historia hänvisar jag till norrmannen Svein Haugsgjerds imponerande: *Den nya psykiatrin. Bakgrund & utveckling* från 1986. Det är väl inte speciellt våghalsigt att antaga att denna bristande kommunikation måste utgöra en starkt bidragande orsak till att det vetenskapsteoretiska fundamentet för psykoanalysen är så outvecklat som det faktiskt är.

Med bland annat uppväxten av en ny generation psykoanalytiker verkar det till och från uppstå ett behov av en ökad integration av den psykoanalytiska kunskapen vilket förutsätter en ökad kommunikation mellan skolbildningarna. Ett sådant uttryck är framväxten av objektrelations-teorin och objektrelations-«skolan« som egentligen inte är någon direkt skolbildning, utan snarare ett slags mötesplats för många psykoanalytiker och andra, som har ett psykoanalytiskt fundament för sin verksamhet, men svårt att helhjärtat hänge sig till endast en speciell psykoanalytisk skolbildning.

Diskussionen i Sverige

Det har varit magert såväl med svensk debatt som med litteratur på det psykoanalytiska vetenskapsteoretiska området och man kan fundera över varför det förhållit sig så. Psykoanalysen är och har alltid varit kontroversiell. Förutom den egna stormiga historien och de interna motsättningarna så har psykoanalysen ständigt mötts med skepsis och motstånd från omgivningen och dessutom dödförklarats i flera omgångar. Franz Luttenberger (1989) har beskrivit psykoanalysens mottagande i Sverige 1900–1924. Också här var mottagandet kyligt och »inte så få svenska läkare torde omkring tjugotalets mitt varit övertygade om att Freud i stort sett spelat ut sin roll inom medicinen«.

Drygt ett halvsekel senare vittnar Clarence Crafoord i boken *Psykoanalytiker utan soffa* fort-farande om samma svårigheter för psykoanalytiker att nå ut på de områden de beträder. Men psykoanalysen låter sig, trots alla domedagsprofetior och motstånd, inte utrotas, samtidigt som det nog vore felaktigt att påstå att psykoanalysens inflytande skulle ha varit så speciellt stort. Möjligen skulle man kanske kunna säga att psykoanalysens idémässiga »marknadsandel«, åtminstone tills rätt nyligen, varit något så när konstant, betraktad under en längre tidsperiod, och om man bortser från mera tillfälliga och trendmässiga upp- och nedgångar i dess popularitet. Det är förstås alltid lite vanskligt att säga för mycket om den egna tidsandan, men sannolikt skedde det en ordentlig förstärkning av psykoanalysens ställning inom behandlingsområdet, med införandet psykoterapeutlegitimationen, varvid psykoanalysen etablerades på ett helt annat sätt än tidigare på universitet och högskolor. Detta bidrog säkert också till att det blev en ökning av svenska översättningar av tämligen modern psykoanalytisk litteratur.

En annan följd måste ha blivit att det hädanefter uppstått en relativt stor och starkt växande skara personer, framför allt med anknytning till psykiatri och socialt arbete, som börjat studera och ägna sig åt psykoanalysen, *utan* att vara medlemmar i någon av de två psykoanalytiska föreningarna i Sverige. Dessa grupper har naturligtvis en betydligt friare inställning till psykoanalysen jämfört med personer som inhämtar psykoanalys via en mera traditionell psykoanalytisk träning. Utvecklingen är väl, som så ofta på ont och på gott, där risken förstås är att psykoanalysen »tunnas ut«. En möjlighet däremot, skulle kunna vara att psykoanalysen i stället utvecklas och vitaliseras av detta, något som väl framtiden får utvisa.

Det finns två akademiska avhandlingar i filosofi som avhandlar psykoanalysens vetenskaps-teori: *Contemporary schools of metascience* av Göteborgsfilosofen Gerhard Radnitzky från 1970 och *Förklaringar inom psykoanalysen* av Stockholmsfilosofen Lennart Nilsson från 1980. Dessa arbete verkar inte vara så välkända, vad det nu kan bero på, i Radnitzkys fall kanske för att avhandlingen är för omfattande för att ta sig igenom. Jag har själv inte heller läst Radnitzky, där psykoanalysen spelar en paradigmatisk huvudroll som illustration av en vetenskap inom humanvetenskapen.

Lennart Nilsson sätter in psykoanalysen i ett idéhistoriskt sammanhang och översätter delar av den psykoanalytiska teorin till vissa filosofiska begrepp, något jag också anser vara avhandlingens största värde. Arbetet är inte särskilt problematiserat vad gäller de frågeställningar som diskuterats ovan och inte heller finns det, i denna avhandling något utförligare resonemang om hur klyftan mellan naturvetenskap och humanvetenskap skall hanteras.

Lesche mest uppmärksammad

Det mest betydande, i bemärkelsen det mest uppmärksammade och refererade, psykoanalytiska vetenskapsteoretiska arbetet i Sverige är sannolikt Carl Lesches, där »Om psykoanalysens vetenskapsteori« publicerat i *Häften för Kritiska Studier* 1971, troligen utgör den mest kända versionen. Detta arbete har närmast haft en paradigmatisk status inom den svenska psykoanalysen och jag kommer därför att ge det ett tämligen stort utrymme i det kommande. Jag vill ändå redan här betona att dess starka ställning måste förklaras med att det utgör det *enda* försöket från psykoanalytikerhåll, till vetenskapsteoretiskt arbete, snarare än att Lesches modell på något sätt skulle vara speciellt hållbar eller oantastlig.

Arbetet skrevs alltså under en period när striden mellan å ena sidan psykiatri och å andra sidan anti-psykiatrin och psykologin stod på sin höjdpunkt. »Positivist« var kanske det grövsta skällsord som en psykolog vid denna tidpunkt kunde kallas. I stället läste han troligen Ronald Laings böcker och såg entusiastiskt på filmerna *Gökboet* och *Family Life*, där psykiatrins patienter framställdes på ett nytt sätt. Ur vetenskapsteoretisk synpunkt ifrågasatte man om det logisk-empiristiska vetenskapsidealet, som då var det dominerade, verkligen också var tillämpligt inom psykiatrin.

Carl Lesche kan sägas företräda ett slags dialektisk-hermeneutisk modell av psykoanalysen som är influerad av filosoferna Karl-Otto Apel och Jürgen Habermas. Vidare utgår Lesche från den sedan Wilhelm Dilthey, i slutet på 1800-talet, välkända uppdelningen av vetenskaperna i *naturvetenskaper* och *humanvetenskaper*. Naturvetenskaper söker *förklaringar* (kunskap) i naturen, som består av ting som i sig inte är meningsbärande. Humanvetenskaper söker *förstå* den historiskt-sociala verkligheten som består av meningsbärande företeelser. Forskningsobjekten och frågeställningarna är *väsensskilda* i de båda vetenskapstyperna och de måste därav utveckla sina egna speciella metoder. Huvudalternativet till denna uppdelning skulle vara den så kallade *enhetsvetenskapstesen,* som innebär att alla vetenskaper i princip skall använda sig av samma grundläggande förklaringsschema. Båda dessa ståndpunkter innebär kraftiga överförenklingar.

Carl Lesches framställningssätt är inte helt lättillgängligt och hans många figurer är för mig mer förvillande än klargörande. Lesches huvudpoäng är i alla fall att analytikern antas växla mellan att inta en hermeneutisk förstående position visavi analysanden och en »kvasinaturalistisk« (kunskaps-) position där analysanden inte längre betraktas som »en samtalspartner utan, han objektiveras och distanseras till ett naturfenomen«. Därefter övergår analytikern »åter till det hermeneutiskt-emancipatoriska kunskapsintresset och den hermeneutiska fasen«. Den veten-skapliga kunskapen framställes i ett *extensionellt* språk, medan humanvetenskapernas begrepp är *intentionellt*. Dessa olika språk kan inte översättas till varandra, menar Lesche.

Kritik av Lesches modell

Hans Sjöbäck har i en uppsats kallad: *Att »förstå« och att »begripa«*, från 1978 gjort några kritiska reflektioner över Lesches artikel. Sjöbäck menar att relationerna mellan kunskap och förståelse i Lesches modell är oklara på väsentliga punkter, och det är väl bara att hålla med. Flera av de begrepp Lesche använder: *förstå, mening, intention, innebörd, betydelse, begripa*, med mera är svårhanterliga begrepp i sig. Sjöbäck kritiserar dessutom Lesche (i likhet med andra hermeneutiker) för att sammanföra och sammanblanda olika grundläggande betydelser av *mening*, och samma sak gäller för *förståelse*.

Han kritiserar vidare Lesche för att ignorera människan som bio-social varelse. Om man kastar detta biologiska perspektiv över bord »kastar man ut barnet med badvattnet«. Slutligen menar Sjöbäck att Lesches modell egentligen inte lever upp till en status som vetenskapsteori, eftersom den behandlar problemen som fixa och inte diskuterar dem. Lesches »vetenskapsteori om psykoanalysen är en teori om hur man i den psykoanalytiska *tillämpar, utnyttjar* ett givet psykologiskt vetande, men han berör inte med ett ord de vetenskapsteoretiska problem som gäller hur detta vetande *uppbygges*.«

Från marxistiskt håll har en ytterligare vetenskapsteoretisk snarlik kritik för idealism, riktats mot Lesches modell. Den levererades riktats av Kenneth Hultqvist & Lars-Christer Hydén 1982 i artikeln: *Har människan börjat gå på huvudet?* Vidare anser de att Lesches projekt genomgående är av ideologisk karaktär och bygger på den felaktiga föreställningen »att världen ändras om världsåskådningen ändras«. Det besynnerliga, enligt Hultqvist & Hydén, är att de naturnödvändigheter och lagbundenheter som tidigare varit styrande i ens liv plötsligt upphör att vara verksamma krafter när de ertappas, precis som om till exempel gravitationen plötsligt skulle upphöra när vi förstod oss på den. »Genom förändringar i världsanden åstadkommes förändringar på jorden. Och det är uppenbarligen på det viset att subjektet skapar världen. Här har vi plötsligt fått en värld som inte längre är underställd vare sig naturens eller samhällets lagar«, menar man.

Denna kritik uttrycker, enligt mitt förmenande precis det kunskapsgap som finns mellan psykoanalytikern och filosofen eller vetenskapsteoretikern. Via den psykoanalytiska begreppsapparaten till exempel om upprepningstvång och de omedvetna krafterna som styr, något som man skall befrias ifrån i terapin, blir detta förståeligt och ses (kanske egentligen) som (alldeles *för*) självklart, *inom* psykoanalysen. *Utifrån* sett, framstår detta naturligtvis som ren magi. Men detta kan kanske, än så länge, betraktas som ett språkförbistringsproblem. I nästa steg ankommer det förstås på psykoanalysen att försöka förklara också i ett *utompsykoanalystiskt språkbruk* hur detta går till, om den psykoanalytiska teorin skall kunna bli trovärdig. Man kan i alla fall i detta sammanhang konstatera att Lesches modell inte lyckas med detta.

En annan kritik från Hultqvist & Hydén som jag också tror hänger samman med ovanstående språkförbistring, gäller psykoanalysens emancipatoriska anspråk. Kritikerna menar att psyko-analysen ingalunda befriar utan tvärtom förtrycker, genom att ideologisk omdefiniera samhällsproblem till individproblem, utan någon koppling till den materiella verkligheten utanför terapirummet. Jag vill här ge båda sidor rätt eftersom de troligen talar om olika saker. Kritikerna har väl rätt i att psykoanalysen (såsom den bedrivs här i Sverige) inte liknar en politisk rörelse, utan huvudsakligen sker i form av behandlingsarbete. Om vi rimligen förutsätter att det materiella välståndet är begränsat, så leder den psykoanalytiska praktiken inte till att *grupper* i vårt samhälle skulle få det bättre i denna bemärkelse. Däremot ger jag psykoanalysen rätt i att *individer*, genom en framgångsrik terapi ökar sina egna möjligheter, får en ökad kvalitet i sina relationer till andra och kanske i en förlängning också skaffar sig en högre materiell standard.

Vid en närmare granskning anser jag slutligen att Lesches modell faller på sina egna förutsätt-ningar. Hans lyckas inte själv upprätthålla sin distinktion mellan natur- och human-vetenskap, eftersom det inte går att få någon klarhet i vad som egentligen kan bokföras under naturvetenskapen. Så vitt jag kan se blir där inget substantiellt kvar under denna kategori. Lesches »kvasi-naturvetenskapliga« fas är just »kvasi-« och inte »natur«-vetenskaplig. Detta är vad jag förstår ett begrepp på samma nivå som Freuds meta-psykologi och skall då rätteligen bokföras under den humanvetenskapliga sidan. Dessutom är det som också tidigare framförts synnerligen oklart hur relationen mellan de båda sidorna ser ut. Lesches modell har däremot, enligt min mening, främst ett värde som kritik mot ett för trångsynt vetenskapsideal, men ger som framhållits inte i sig själv något tillräckligt bra alternativ.

Natur- kontra humanvetenskap

År 1973 utgavs av Hans Dahmer: *Psykoanalys som samhällsvetenskap. Studier över Freud och den freudianska vänstern*. I denna gör Peter Lundmark en värdefull inledning med en viss vetenskapsteoretisk diskussion. Hans Sjöbäck utkom 1988 med ett mycket omfattande arbete: *The Freudian Learning Hypotheses*, vars tema är »heredity versus environment«. Detta skulle möjligen delvis och indirekt kunna betraktas också som en diskussion av naturvetenskap kontra humanvetenskap, fast i annorlunda termer.

Det mesta av debatt kring psykoanalysens vetenskapliga ställning, som annars kan spåras på senare tid, fördes på våren 1987 i Svenska Dagbladet, huvudsakligen mellan psykoanalytikern Bo Larsson och filosofen Germund Hesslow där bland annat Popper och Grünbaum avhandlades. Diskussionen utmynnade delvis till en personfejd och det tillfördes väl inte så mycket nytt på det vetenskapsteoretiska området. I ett av de sista debattinläggen *Överdrivna rykten om Freuds död* gör Kaj Glans följande sammanfattande bedömning av läget: »Jag hävdar sålunda att psykoanalysen är vid liv, men – åtminstone för tillfället – inte speciellt välmående.« Och på den vägen är det.

I boken *Psykoanalys och Kultur* från 1991, och vars redaktörer är Hans Reiland & Franziska Ylander, finns några bidrag om psykoanalysen som vetenskap och värdesystem. Bo Larsson försvarar här, i två av bidragen, Lesches modell utifrån en distinktion mellan ett subjektivt och ett objektivt förhållningssätt, som jag inte finner hållbar. Larsson har visserligen en poäng i det faktum att man kan stå i dialog med sitt forskningsobjekt, utgör ett utmärkande drag hos humanvetenskapen till skillnad från naturvetenskapen. Men fortsättningen ser jag som en illusion. Om forskaren i detta fall har ett naturvetenskapligt eller humanvetenskapligt perspektiv är *inte* bara en fråga om forskarens personliga attityd eller vilja, utan detta måste också relateras till vad som faktiskt studeras hos forskningssubjektet. Så vitt jag förstår studerar varken Lesche eller Larsson något *utöver* en slags syntes av forskarens (psykoanalytikerns) och forskningssubjektets (patientens) »subjektiva« föreställning, något som sammantaget alltså skulle befinna sig endast på hermeneutikens planhalva.

Objektivister och relativister

Den amerikanska filosofen Richard J. Bernstein anknyter till denna frågeställning i sin bok: *Bortom objektivism och relativism*. Även om han kanske inte kommer fram till en slutgiltig lösning, så refererar jag gärna till detta arbete, där Bernstein tydligt belyser och diskuterar ett antal viktiga kunskapsteoretiska problem med utgångspunkt hos en del moderna filosofer, bland annat Hans-Georg Gadamer, Jürgen Habermas, Hannah Arendt och Richard Rorty. Bernstein menar att det försiggår en kamp mellan objektivister och relativister som grundar sig på en bakomliggande oro: »rationalitet kontra irrationalitet, objektivitet kontra subjektivitet, realism kontra antirealism«. Huvudorsaken till detta är den växande känslan av att det inte finns något – en Gud, en vetenskap, filosofi eller poesi – som tillfredsställer vår längtan efter en yttersta grund, en arkimedisk punkt på vilken vi kan förankra vårt tänkande och handlande. Han benämner detta fenomen *den cartesianska oron*. Bernstein är alltså mycket kritisk till dikotomier av detta slag och menar, (även om jag tycker han är ganska oklar på denna punkt) att en rörelse förbi objektivism och relativism låter sig göras genom en slags kollektiv praxis.

Behovet av en vetenskap

Avslutningsvis kan man faktiskt starkt ifrågasätta om psykoanalysen verkligen skulle ha något att vinna på att försöka vara en vetenskap i nuläget. Ett av de vetenskapliga kriterierna är ju intersubjektivitet dvs. att det skall finnas en överensstämmelse i hur vi uppfattar omvärlden. Men poängen är väl just att vi människor *inte* uppfattar omvärlden på samma sätt, så snart vi diskuterar något utöver det rent materiellt banala. Men att våra föreställningar om omvärlden i många avseenden är subjektiva förhindrar inte att de utövar ett mycket starkt inflytande på oss. Vi agerar ju enligt de föreställningar vi har, oavsett deras sanningshalt för någon utanför oss själva och detta påverkar ju i sin tur hur vi handlar och därmed i slutänden också hur det blir i verkligheten. En djupare psykologisk teori om människan, måste därför ta hänsyn till dessa subjektiva element och psykoanalysen är också en av de mycket få teorier som förmår att göra detta. Om det nu i stället är det rådande vetenskapsidealet som är inadekvat skulle psykoanalysen snarare argumentera för att vara ovetenskaplig och nöja sig med att vara »beprövad erfarenhet«. »Den rena psykoanalysen« har ju inget tekniskt kunskapsintresse, ej heller någon prediktiv- eller behandlingsambition. Paradoxalt nog tror jag ändå att en psykoanalytisk praxis *utan* dessa styrande inslag har den största förändringspotentialen för patienten.

En hermeneutisk modell av Carl Lesches slag, liksom försök att förankra psykoanalysen endast som en språklig historia har internationellt kritiseras av till exempel Arnold Modell för att vara *a-biologiska*. Som jag antytt i början av denna uppsats tror jag man måste börja med frågan: Vilket utgör det råmaterial som den psykoanalytiska processen består av? Det finns kanske inte bara ett svar på detta. Kanske kan man utöva psykoanalys endast som en textdechiffreringsprocess där endast patientens ord, texten analyseras. Det finns emellertid en annan modern syn på en psykoanalys också »bortom orden«, där sådant *utöver orden* anses vara det dominerande råmaterialet för det psykoanalytiska arbetet.

Kanske kan affekterna leda oss åt rätt riktning. Bertram Karon skriver: »Freud once said 'Psychoanalysis deals with feelings. What else could it possibly be dealing with?'« Otto Kernberg hävdar också: »the most important thing to understand in the analytic hour is the affect.« Ovannämnde Modell menar till exempel att psykoanalysens fundamentala rådata består av analytikerns medvetna eller omedvetna perception av patientens affekter: »Affects are at the crossroad of biology and history«. Mardi Horowitz är en psykoanalytisk psykoterapiforskare som också utgår från den affektiva sidan i det han kallar »states of mind«. Men vad jag förstår är problemet här bland annat att psykoanalysen på det hela taget saknar en ordentligt utbyggd affektteori. Silvan Tomkins och Donald Nathanson lär vara forskare som arbetar med detta.

Den psykoanalytiska spädbarnsforskningen, till exempel i spåren av John Bowlby och den psykoanalytiska kroppsterapin i spåren av Wilhelm Reich, är två »biologinära« områden som kanske kan visa sig fruktbara i framtiden för att utveckla en psykoanalytisk vetenskapsteoretisk »secure base« (för att använda Bowlbys terminologi). Daniel Sterns intressanta pionjärinsatser ska förstås också nämnas här.

Efterskrift

Jag har aldrig accepterat den konstlade uppdelning som de kognitiva psykologerna ofta gör mellan det kognitiva och det känslomässiga, eftersom alla psykiska yttringar, utöver rena banaliteter, har såväl kognitiva som affektiva aspekter. Kunskapsteori har varit ett eftersatt ämne under hela min högskoletid. När jag gick på psykologen i Lund på 1970-talet kände vi oss så svältfödda att vi anordnade en kurs i vetenskaps- & kunskapsteori med filosofen Arno Werner vid sidan om psykologstudierna. Dessa är teman som har följt mig under hela min yrkeskarriär.

Min första publicerade bokrecension var av Arnold Modells (1924–2022): *Psychoanalysis in a new key* (1984). I Modells böcker har kunskapsteori varit ett kärt ämne och i hans sista bok: *Imagination and the Meaningful Brain.* (2003) argumenterar han för att metaforer har en central betydelse för meningsskapandeprocessen i vårt psyke. Hans böcker har inte uppmärksammats så mycket här i Sverige. 2004 skrev jag en artikel (Wånge 2004) som till stor del inspirerats av Modells båda böcker *Other Times, Other Realities.* (1990) och *The Private Self.* (1993).

Min artikel här från 1995, bygger på en omarbetning av min C-betygsuppsats i idé- och lärdomshistoria. Det har förstås hänt mycket både med psykoanalysen och med mig sedan jag skrev detta. Idag uppfattar jag texten som lite omogen och har nu mycket mera kunskap generellt sett om det som avhandlas i artikeln. Men oavsett detta har jag inte funnit något som jag för stunden måste ändra på eller ta avstånd ifrån.

Det saknas en del litteraturhänvisningar till artikeln som var sparsamma vid publiceringen i *Psykologtidningen* där man hänvisade till författaren. En del av dessa referenser härstammar från mitt uppsatsskrivande som jag inte har kvar.

17. Till psykoterapins vetenskapsteori. (2006)

Psykisk Hälsa 2006:1 s. 29–38.

Psykoanalytiskt tänkande representerar en slags unik kunskapsproduktion. Det är en kombination av utifrån och inifrån kommande data om patienten, som kräver en specifik epistemologi, det vill säga vad kunskap är och hur vi tillägnar oss den, »kunskap om kunskap«, menar Tomas Wånge.

Först angrips ju en ny teori som absurd, sedan erkänns den vara sann men självklar och oviktig, till slut ses den som så betydelsefull att motståndarna själva gör anspråk på att ha upptäckt den.

William James

Dagens psykoterapeutiska praktik har sina rötter drygt hundra år tillbaka, i Sigmund Freuds arbete med sin patient Anna O. Hon kallade detta för *talking cure*. Freud laborerade med hypnos och med kokain. Freud och Wilhelm Fliess sysslade med siffermystik, var klantskallar till kirurger och spekulerade kring hysteriska blödningar hos en stackars patient Emma Eckstein, innan det uppdagades att de glömt kvar ett stycke gasbinda i näsan på henne vid en operation. Det går att läsa om hur Wilhelm Stekel och Oskar Pfister avgudade eller idealiserade Freud. Man kan konstatera att Freud inte tålde mycket kritik från Sandor Ferenzci, Otto Rank och Carl Gustav Jung. Freud utövade psykoanalys på sin dotter Anna. Melanie Klein skrev om sig själv och sina barn i kliniska fallbeskrivningar. Hon ville att Donald Winnicott skulle ta hennes son i terapi under sin egen handledning. (Han vägrade!) Många kritiker har försökt använda sådana historiska fakta som argument för att psykoanalysen är förlegad och ovetenskaplig. (se till exempel Eysenck 1985; Larsson 2004; Videgård 2000) Men säger nedslag i den psykoanalytiska idéhistorien verkligen något om dess ställning idag?

Att misskreditera Freud som vetenskapsman är orättvisande. Freuds ambition var absolut vetenskaplig. Han arbetade dessutom betydligt hårdare än de flesta. Freud var utbildad till naturvetenskapsman och hade nog helst velat förbli en sådan. Han hoppades till och från att psykologin var ett epifenomen, det vill säga att det hade gått att reducera människans psyke till i grunden fysiologi. Men Freud var klokare än så och upptäckte därför, om än motvilligt via sitt kliniska arbete, att denna reduktionism inte lät sig göras. Han hade också modet att fullfölja konsekvenserna av sina upptäckter.

Freud hade förvisso monopol på sin psykoanalys, spekulerade djärvt och till och från gjorde han sig av med oliktänkare. Han var en skicklig »psykoanalytisk politiker«. Detta gör det tveksamt att kalla psykoanalysen för vetenskap, åtminstone för traditionell vetenskap, så länge han levde. Men oavsett hur vi klassificerar, eller vad vi tycker om Freuds agerande, så gjorde han ett stort antal banbrytande upptäckter. Hans intellektuella gärning och inflytande på det psykologiska (och kulturella) området saknar motstycke. Det finns ingen teoretiker inom psykologin som kommer i närheten. Detta innebär inte att Freud alltid hade rätt eller att han kunde undkomma att vara »ett barn av sin egen tid« precis som alla andra. Många av Freuds upptäckter hade sannolikt inte gjorts om han hade tagit mera hänsyn till sina kritiker eller inväntat »evidensbaserad« forskning på sina »upptäckter«. Evidensbaserad forskning leder inte till några avgörande nyupptäckter.

Freuds »vetenskapliga« förhållningssätt hade naturligtvis inte varit hållbart i längden. När han dog uppstod en ny situation och hans monopol ersattes av ett oligopol, med Anna Freud och Melanie Klein som de stora företrädarna. Successivt uppstod allt flera psykoanalytiska inriktningar, vilket resulterat i en situation som inte är så olik den övriga akademiska världen, med sina olika skolor och olika teoretiska ansatser. (se: till exempel Mitchell & Black 1995)

De enda fullständigt gemensamma psykoanalytiska grundpelarna är troligen antagandena om ett dynamiskt omedvetet med den utvecklingspsykologiska tanken om tidigare erfarenheters centrala betydelse. Dessutom delar man naturligtvis en större gemensam begreppsapparat. Samtliga inriktningar har till exempel någon slags jag/självbegrepp och erkänner fenomenet överföring. För övrigt har den psykoanalytiska teorin »stötts och blötts« och diskuterats »ur alla tänkbara vinklar och vrår« – ett arbete som ständigt fortgår. Men det är trots allt förvånande hur väl flera av Freuds centrala upptäckter står sig än idag.

Komplicerad epistemologi

Människan lever simultant i en subjektiv och en objektiv verklighet. Hon lever dessutom sam-tidigt i en privat och i en gemensamt konstruerad symbolisk verklighet. Psykoanalysen, är mig veterligen, den enda teori som försöker innefatta dessa tre verklighetsaspekter samtidigt.

Inom psykiatrin och psykologin (framför allt den akademiska), fortlever ett ålderdomligt mekanistiskt vetenskapsideal. Delvis har man ur vetenskap- och kunskapsteoretisk synpunkt fastnat ungefär där Freud startade för drygt hundra år sedan. Med den psykoanalytiska riktningen grundlades »ett vetenskapsideal som på ett originellt sätt förenade deskriptiva och förklarande moment med tolkande. I den meningen sprängde [Freud] den gräns mellan naturvetenskap och humaniora som på denna tid tycktes svår att överskrida.«, skriver Sven-Eric Liedman i sin bok om människans kunskaper. (2001 s. 188) Psykoanalytiskt tänkande representerar en slags unik kunskapsproduktion – en kombination av utifrån och inifrån kommande data om patienten, som kräver en specifik epistemologi.

Vetenskapsideal

Åtminstone efter Thomas Kuhns paradigmteori från 1962, har de flesta insett att synen på kunskap och vetenskap utgör mänskliga konstruktioner som förändras över tid och innefattar olika kunskapsintressen. Det finns ingen »utommänsklig« objektivt neutral vetenskap. Trots detta råder det på det hela taget en orealistisk tilltro till vetenskapens förmåga, kopplat till en föreställning om vetenskapen som en »överordnad« sanning. Dessutom har det traditionella akademiska bildningsidealet dvs. att kunskap har ett värde i sig själv, utan att man från början sneglar åt dess tillämpbarhet, successivt övergivits till förmån för styrd tillämpad forskning. I takt med att vetenskapen har slagit följe med teknologin har den degenererat till en fundamentalistisk lära som Georg Henrik von Wright benämner *scientism*. Denna scientistiska fundamentalism innebär en övertro på förnuftets makt och »att naturvetenskap och teknologi förmår lösa problem som deras framgångar till stor del bär ansvaret för.« (2000 s. 83)

En enhetlig vetenskaplig metodologi var positivisternas ideal. Wilhelm Dilthey (1833–1911) var en av de första som gjorde en indelning i olika vetenskapsformer. Han framhöll istället att naturvetenskaper och humanvetenskaper var väsensskilda – vi förklarar naturen och vi förstår själslivet. Detta innebär att dessa discipliner måste ha olika förhållningssätt och metoder. Dilthey avfärdade alltså enhetsvetenskapstesen det vill säga att alla vetenskaper skulle kunna fogas samman i en allomfattande teoretisk struktur, som skulle kunna rymma dem alla och garantera vetenskapligheten. Så långt hade han rätt men hans uppdelning utgör likväl en förenkling.

Vetenskapsteori för psykoterapi

Psykoterapivetenskap är långt ifrån ett entydigt eller problemfritt begrepp. För att det skall vara meningsfullt att tala om en vetenskap måste ämnet kunna definieras. För att kunna utgöra en speciell vetenskap måste ämnesområdet avgränsas i relation till övriga vetenskaper. Hur definierar vi det psykoterapeutiska vetenskapliga ämnesområdet? Hur definierar vi dess ontologi (hur ser varandets väsen ut) och dess epistemologi (vad kan man skaffa sig kunskap om)? Vad utgörs »råmaterialet« i psykoterapi av? Är det språk, tankar, beteende, affekter eller vad? Hur skiljer sig den psykoterapeutiska vetenskapliga domänen från den psykologiska? Skall den psykoterapeutiska vetenskapen betraktas som natur- human- eller samhällsvetenskaplig? Detta kan man tycka mycket olika om. Vetenskaplighet innebär att man försöker medvetandegöra, analysera och deklarera var man står och vilka grundantaganden man själv förutsätter.

Den psykologiska vetenskapens studieobjekt är komplicerat vilket har implikationer för dess metodologi. Psykoanalysens antagande om ett dynamiskt omedvetet är inte förenligt med den akademiska psykologins vanligaste grundantagande om att människan är en rationell varelse, som fattar ändamålsenliga beslut och vet sitt eget bästa – homo oeconomicus.

Själv utgår jag ifrån att det finns kunskaper av många olika slag och att alla teorier från grunden bygger på mer eller mindre godtyckliga antaganden. Kunskap kan inskaffas genom varierande förhållningssätt i relation till det man valt att studera. Jag skall under nedanstående rubriker diskutera några nödvändigheter, omöjligheter och problem som ett försök till en »grov precision« av den psykoterapeutiska vetenskapliga domänen.

Demarkationskriterium

Finns det ett demarkationskriterium för psykoterapeutisk vetenskap, det vill säga ett kriterium för att skilja mellan vetenskap och pseudovetenskap eller icke-vetenskap. Detta är inte så lätt att hitta inom psykologin och det är sannolikt ännu svårare för en tänkt psykoterapeutisk vetenskap. Karl Popper (1902–1994) hävdade det så kallade falsifikationskriteriet det vill säga att falsifierbarhet eller testbarhet skulle kunna utgöra ett kriterium för en teoris vetenskapliga status. Det kan tyckas tilltalande men är likväl för snävt. Det skulle till exempel kräva att man ställde ett krav på psykoterapin att motbevisa existensen av det mänskliga psyket, eller medvetandet. Ovannämnde Kuhn har hävdat följande kring demarkationsdiskussionen: »om varje brist på överensstämmelse är en anledning att förkasta teorin, borde alla teorier alltid förkastas.« (Christensen 2004 s. 27)

Rationalism/Empirism – Kan vi lita på våra sinnen?

Traditionellt har man talat om två principiellt olika sätt att skaffa sig kunskap, genom förnuftet, vilket kallas rationalism eller genom sinneserfarenhet, vilket kallas empirism. Empirikravet är en av de metoder man använder sig av för att försöka eliminera subjektiviteten. Logiska positivismen ansåg att målet för alla vetenskaper är att finna lagbundenheter mellan iakttagbara fenomen och att enhetsvetenskap var möjlig. Men generellt sett måste man alltså erkänna att det inte går att säga något absolut objektivt om verkligheten som den är i sig själv, oberoende av det upplevande subjektet.

Hur mycket kan vi lita på våra sinnen? Det behövs kunskap för att förstå vad man ser. Om man till exempel tittar i en stjärnkikare eller i ett mikroskop ser man bara en massa prickar om ingen förklarar vad man ser. Ibland ser vi trots allt sådan som inte finns! DMT-testet (Defensive Mechanism Test) visar att vi i försvarssyfte kan lägga till information som inte finns, speciellt när vi känner oss hotade. Gunnar Karlsson (2004) ger ett annat intressant exempel. Vi ser en sjö på vägen en het sommardag, trots att vi är väl medvetna om att vi faktiskt ser fel!

Ett exempel på rationalistisk kunskap var upptäckten av planeten Pluto. Detta gjordes, år 1930 av Clyde Tombaugh efter en lång tids kalkylerande och sökande grundat på »inkorrekta« iakttagelser. (Idag ifrågasätter man inom astronomin om Pluto finns eller om det är en planet.) Den psykodynamiska teorin antar att människans psyke endast är indirekt iakttagbart och rör sig därför med en hel del avancerade begrepp till exempel projektiv identifikation, överföring, inre objekt med mera Dessa begrepp har med nödvändighet en starkare rationalistisk grund än en enklare empirisk beskrivning till exempel av ett agerande eller ett (symtomatiskt) beteende.

Är människan herre i sitt eget hus?

sDe flesta går väl med på att vi har ett icke-medvetande, så tillvida att vi inte ständigt är medvetna om allt som händer oss. Vi måste också sovra kraftigt bland alla stimuli som når oss för att inte bli överbelastade av information. Den psykodynamiska teorin antar dessutom ett *dynamiskt omedvetet* vilket innebär att vi ibland styrs av obekanta krafter hos oss själva. Detta är bland annat ett resultat av att vi aktivt kan tränga bort obehagliga erfarenheter från vårt medvetande, som senare kan återkallas. Med dynamiskt avses att skador, brister och frustration som genereras i en del av »psyket« kan ta sig uttryck i en annan form och på ett annat »ställe i psyket«, samt att erfarenheter från det förflutna kan påverka hur man upplever nusituationen. Till exempel kan konflikter och stress på arbetet ta sitt uttryck i sömnsvårigheter och ångesttillstånd. Kärleksbrist och sexuell frustration ta sig uttryck av irritabilitet eller depression. Övergrepp, våld och svek i barndomen kan påverka en persons relationsförmåga i nuläget. Enligt Solms och Turnbull initieras 95% av våra handlingar på en omedveten nivå (2002 s.101).

Dualism, vilja, motivation och drivkrafter

Dualismen det vill säga Descartes uppdelning mellan kropp och själ har genomsyrat vårt tänkande i avgörande grad. Kropp har utsträckning och massa, själen saknar detta. Begreppen är ömsesidigt uteslutande per definition. »Genom ett lustigt tankefel har naturvetenskapen under hela nittonhundratalet uteslutit känslolivet från den vetenskapliga agendan«, skriver Lennart Bryngelson och Maria Fitger (2001) Detta är egentligen inte alls lustigt, eftersom det starkt har hämmat den vetenskapliga utvecklingen på det psykologiska området.

Gerd Christensen avslutar sin vetenskapsteoretiska bok med: »Vetenskapsteoretiskt sett är psykologins uppgift att hitta lösningar på de centrala punkterna i Descartes dualism: förhållandet mellan kroppen och tänkandet, eller mellan hjärna och medvetande samt förhållandet mellan individen och medvetandet samt förhållandet mellan individen och omvärlden – och att göra detta på vetenskapliga premisser.« (2004 s. 202).

Neuropsykoanalytikerna Mark Solms & Oliver Turnbull (2002) intar en monistisk och samtidigt en icke-reduktionistisk ståndpunkt – en monism med två aspekter. Uppdelningen i kropp och själ är endast en konstlad uppdelning på grund av vårt sätt att varsebli. Vi är varken psykiska eller fysiska varelser egentligen. Via våra sinnen (den yttre varseblivningsapparaten) ser vi oss (vår kropp) som ett fysiskt objekt. Via vår inre varseblivningsapparat upplever oss själva som något psykiskt. Detta refererar egentligen till samma entitet, men upplevs samtidigt ur två skilda aspekter. Problemet uppstår bara när vi betraktar oss själva.

Reduktionism gäller alltså frågan om det existerar självständiga psykiska entiteter eller om psykiska fenomen i grunden kan reduceras till fysiologi. En del kognitiva färdigheter vars utveckling Piaget har studerat verkar befinna sig psykologisk nivå. Vår tidsuppfattning verkar också vara en sann psykisk förmåga. Det lilla barnet har inte mycket till tidsdimension. Denna etableras via dess utvecklingspsykologiska framsteg. Förmågan kan förloras vid demens, hjärnskador och vid gravare fall av utbrändhet (Brundin 2005). Fysiologin ger de yttre begränsningarna men tidsdimensionen kan för övrigt inte sägas vara på neurologisk nivå.

Impulskontroll verkar till stor del vara på psykologisk nivå, också denna individuellt erövrad i den psykologiska utvecklingen. Att inte behöva åtgärda inre och yttre stimuli omgående tycks bland annat hänga ihop med individens förmåga att uthärda paradoxer och tvetydigheter och inte direkt »gå igång« och agera vid motstridig information. Symbolförmågan – att kunna transformera och använda information symboliskt, verkar central för flera avancerade psykologiska funktioner. Lika så förmågan att skapa och följa symboliska språk- och regelsystem. Enligt Lacan måste individen agera ut eller iscensätta det (reala) det vill säga det som inte kan ta sig ett imaginärt eller symboliskt uttryck. En mängd mera avancerade psykologiska förmågor till exempel skuldkänslor, identifikation och empati, med mera befinner sig sannolikt på samma nivå.

Jurgen Reeder diskuterar en »reduktionism« av ett annat slag. I sin iver att uppfylla omgivningens krav på vedertagen (natur-)vetenskaplighet, där endast det objektivt existerande och det empiriskt påvisbara förtjänar uppmärksamhet, har psykoanalysen felaktigt hävdat att man inte lägger till något i den psykoanalytiska processen. Genom de psykoanalytiska interventionerna (främst tolkning) plockar man bra fram sådant som redan finns i patientens psyke i form av minnen, komplex, inre objekt med mera, heter det. Denna representationism är ett förlegat filosofiskt arv som skapar problem idag, i synnerhet sedan Descartes och Locke komplicerat västerlandets syn på vetande, menar Reeder (1996 s. 22f).

En annan svår fråga gäller vad som utgör människans drivkrafter. Freud antog sexualiteten som en central energi- och motivationskälla. Denna så kallade libidoteori har egentligen varken kunnat tillbakavisas eller vidareutvecklats (Green 2000). Vi har inte heller sett så många alternativa motivationsteorier även om objektrelationsteorin betonar meningssökande och Bowlby med flera anknytningsbehovet. Trots driftsteorins alla brister och fel måste man åtminstone erkänna att sexualiteten är en synnerligen mäktig mänsklig drivkraft.

En vetenskaplig ambition på psykologi- och psykoterapiområdet bör innefatta en ordentlig diskussion om ovanstående problem.

Atomism – Holism

Gestaltpsykologerna ansåg att helheten var något utöver en summa av delarna? Kan man studera olika delar av människans psyke isolerade var för sig eller måste man också beakta deras inbördes relationer? Kan det mänskliga psyket »plockas isär« i komponenter och »sättas ihop« hur som helst? I vilken utsträckning är psyket hierarkiskt det vill säga bygger vissa psykologiska förmågor på existensen av andra psykologiska förmågor? Hur kontextberoende är de olika psykologiska fenomenen? Bär de psykologiska symtomen någon slags mening eller budskap eller är det bara »rena« felaktigheter? Hur mycket kan förklaras intrapsykiskt respektive relationellt?

Detta kan bli avgörande frågor för val av psykoterapeutisk teknik och i förlängningen kanske också för terapeutisk framgång. Om man antar den utvecklingspsykologiska ståndpunkten att människan utvecklas från egocentricitet till »omvärldsorientering« kan det till exempel bli omöjligt eller åtminstone meningslöst att arbeta med empati(«-träning«) innan man först arbetat med en reparation av patientens själv (de narcissistiska problemen) i en terapi. På analogt sätt måste man undvika genetiska tolkningar med en borderlinestrukturerad patient. Man pratar inte om barndomen med en borderlinepatient förrän denne har integrerats så mycket att objektkonstans uppnåtts i här-och-nu-situationen och patienten fått ett någorlunda stabilt överföringsmönster till terapeuten (se till exempel Kernberg m.fl. 1994).

Sammantaget kan liknande överväganden få viktiga implikationer, vilket innebär att man måste medvetandegöra, problematisera, diskutera, välja metoder och tekniker utifrån de vetenskapliga frågeställningar man har och de hypoteser man vill testa.

Objektivitet

Vetenskapen strävar efter objektivitet. Vad innebär detta för psykologin? Ontologisk objektivitet förutsätter att vetenskapen endast skall återspegla verkligheten »som den är«, oberoende av människans uppfattning. Humanvetenskapernas studieobjekt är människan och hennes kunskaper. Psykoterapins vetenskap rör människans kunskap om sig själv. Hon är här själv samtidigt den struktur och det instrument som observerar, och en del av det percept som observeras. Om man ställer absoluta krav på ontologisk objektivitet skulle själva studieobjektet elimineras.

Det finns olika sätt att betrakta objektivitet. Man brukar skilja mellan *nomotetiska* vetenskaper, där man strävar efter att finna allmänna lagbundenheter och *idiografiska* vetenskaper där man är mer intresserad av det enskilda fallet. Inom medicin finns en del tämligen entydiga lagbundenheter. Till exempel är en avvikelse från en normal kroppstemperatur på 37 grader ett allvarligt tecken på att något är fel. Vad gäller psykiska fenomen så existerar det inte lagbundenheter med entydiga jämviktspunkter på samma sätt. Ur psykisk hälsosynpunkt är det oftare bättre att vara »sig själv« än att vara »normal«. Men psykologin och psykoterapin har likväl drag av både nomoetik och idiografi. Freud arbetade kliniskt med att förstå den enskilde patienten men försökte också utifrån dessa erfarenheter att beskriva allmänna lagbundenheter som till exempel lustprincipen, upprepningstvånget, försvarsmekanismer dvs. sådant som är gemensamt för alla människor. Den psykoanalytiska utvecklings- och personlighetspsykologin handlar delvis om nomotetisk kunskap.

En annan aspekt gäller reliabilitet och forskningsstudiers replikerbarhet. Olika forskare bör komma fram till samma mätresultat, med samma instrument på ett givet material. Även här skiljer sig mätningar på det psykoterapeutiska området från till exempel en del naturvetenskapliga mått (längd, vikt med mera). I psykoterapiforskning ingår ofta information där patienten måste vara den »forskningsassistent« som mäter sig själv med sitt eget okalibrerade »mätinstrument«. Dessutom är studien, den unika terapeutiska processen inte replikerbar. Om vi också blandar in terapeuten, som använder sig själv som instrument så blir situationen ännu mer komplicerad.

Det finns en stor klyfta mellan akademisk psykologi och psykodynamisk psykoterapi. Akademisk psykologi brukar traditionellt sett sträva efter att försöka utesluta människans subjektivitet. Detta är en ohållbar vetenskaplig ansats när det gäller psykoterapin och också för stora delar av psykologin, till exempel medvetandepsykologin. Men försök att innefatta subjektiviteten utgör en synnerligen svår vetenskaplig utmaning. Problemet löses sällan på ett tillfredsställande sätt bara genom förenklingar till exempel genom metodologisk reduktionism. Freuds begrepp det omedvetna ställer förstås till ett elände i forskningsmetodiken, men har trots detta börjat få en del stöd inom neurologin, vilket kanske kan tyckas förvånande? (Matthis 2004; Wånge 2004) Mycket av de kognitiva ansatserna inom psykologin och psykoterapin har ofta gått ut på att avfärda eller kringgå detta besvärliga begrepp, ibland med en torftighet eller ytlighet i informationsmaterialet som följd.

Subjektivitet

Psykoterapivetenskapens stora dilemma är att samtidigt kunna acceptera och eliminera (eller kontrollera) subjektiviteten – att bevara subjektiviteten utan att hemfalla åt ren hermeneutik.

Människor styrs av den kognitiva och känslomässiga uppfattning de skaffat sig, ibland oavsett yttre sanningsvärde eller om de är ensamma i sin uppfattning. Om en person i psykoterapi påstår att han är Albert Einstein så är det meningslöst om terapeuten upplyser honom: »Nej, det måste Du ha missuppfattat. I själva verket levde Einstein … osv.« Om en kvinna kommer i terapi och berättar att hennes man misshandlar henne, så ringer inte terapeuten till grannen för att få verifierat om det hon påstår är sant eller inte. En psykodynamisk terapeut intresserar sig i stället för den subjektiva sanningen. Detta innebär inte att terapeuten behöver tro att patienten är Albert Einstein, eller på att kvinnan ifråga nödvändigtvis har misshandlats. Däremot måste terapeuten utgå från och arbeta med det som patienten säger. Terapeuten måste fråga sig själv (och kanske också patienten) vad det betyder att patienten presenterar sig som Einstein, eller hur det kommer sig att kvinnan säger att hon misshandlats och eventuellt också hur det kommer sig att hon lever med en man som misshandlar henne. Terapeuten är naturligtvis i förlängningen intresserad av patientens verklighetsförankring men är tvingad att arbeta *via* dennes subjektivitet.

Förändringsteori

Det räcker inte med att en psykoterapeutisk vetenskap lyckas mäta en positiv förändring, före och efter terapi, man måste också försöka förklara hur detta kan tänkas gå till. Terapeutisk förändring kan till exempel beskrivas med insikt och working through, det vill säga via teorins egna begrepp. Men om man skall kunna göra anspråk på en förändringsteori bör förändringsprocessen också kunna beskrivas med någon slags språkbruk utanför den egna teorin.

Edgar Levenson hävdar vikten av att granska de egna metoderna: »… unless one examines the method by which one arrives at the truth and treats that as having an independent validity, separate from the truth arrived at, then one simply is indoctrinating the patient.« (1991 s. 33).

Levenson beskriver den psykoanalytiska förändringsprocessen med hjälp av systemteorin. En människa betraktad utan någon interaktion med omgivningen skulle teoretiskt sett kunna betraktas som ett slutet system. De tidiga psykoanalytiska teorierna från Freud, Klein till och. med Kernberg har en sådan intrapsykisk betoning. Med Ferenczi, Balint och Winnicott och vidare fram till de nuvarande *intersubjective perspective* (Strolorow, Atwood m.fl.) och *relational psychology* (Mitchell m.fl.) som starkt betonar interaktionen med omgivningen, är det mer adekvat att betrakta »psyket« som ett öppet system.

Ett öppet system interagerar med sin omgivning och tar emot *positiv feedback* med systemteoretisk terminologi. Med detta menas i vissa avseenden nästan raka motsatsen till vad vi vardagligen brukar mena med positiv feedback. Det handlar alltså inte om uppmuntran och beröm utan tvärtom information som utmanar (increases confusion) och tvingar systemet till en jämviktspunkt på en mera avancerad komplexitetesnivå. Det handlar ibland om tvetydig, motstridande, otydlig information (ambiguity): »... the more redundant, the clearer and more repetitive the message becomes, the less development can occur, even though the system's homeostatic balance becomes more powerful.«, skriver Levenson (1991 s. 56).

Det finns två tydliga paradigm i den psykodynamiska teorin: trauma och brist-paradigmen. *Trauma* är en oförutsedd överbelastning av motstridande information där systemet inte lyckas finna en ny jämvikt, utan kan leda till att dubbla system skapas som lever sida vid sida, med begränsad kommunikation utan att kunnat integreras. I allvarliga fall kan detta leda till psykotiskt sammanbrott, där själva »förståendeapparaten« skadas och inte fungerar – attacks on linking, med W.R. Bions (1959) terminologi. *Brist* avser att brister i samspelet med omgivningen har gjort att man inte fått adekvat eller hjälpande information, stöd eller stimulans. Detta har lett till att man inte kunnat ta de nödvändiga utvecklingspsykologiska steg som krävs för att »den psykologiska apparaten« skall struktureras, förfinas och utvecklas varvid framför allt symbolförmågan blivit eftersatt.

I terapin kan såväl trauma som brister utforskas under trygga, icke-traumatiska förhållanden som gör att brister kan repareras och trauman avtraumatiseras. Den psykodynamiska terapin är konstruerad för att gynna utveckling och symbolbildning på ett varaktigt sätt, ett sätt som i vissa avseenden skiljer sig starkt från traditionell pedagogik, inlärning och rådgivning – *not* real, *not* fantasy, med Arnold Modells (1990) ord. »The goal is not better functioning, or even happiness. It is a life of greater comprehension, engagement with the real world, and growth. That is not necessarily pleasant«, som Levenson uttrycker det (1991 s. 58).

I systemteoretisk bemärkelse räcker det alltså inte med en funktionell förbättring för att vi skall kunna tala om en förändring: »There must be further change, a development of possibilities; and, above all, it must be somewhat *unpridictable*. Really emergent change, *becoming* rather than *being*, develops along its own trajectories.«, avslutar Levenson (1991 s. 55). Förändring är inte förutsägbar utan skapar sina egna vägar!

En förändring i systemteoretisk bemärkelse innebär alltså en utveckling mot en ökad komplexitet i systemet, i psykoterapins fall en utveckling av hela patientens »psykiska apparat« och inte bara eliminerandet av ett symtom till exempel panikångest eller en fobi.

Epilog

Psykologins studieobjekt är ofta den enskilda individen. Psykoterapins studieobjekt är (åtminstone) två individer som dessutom interagerar med varandra, vilket gör det ytterligare komplicerat.

Sammanfattningsvis kan vi konstatera att psykologin och i ännu högre grad psykoterapin har en komplicerad kunskaps- och vetenskapsteori. Tyvärr är det också mycket vanligt att en vetenskapsteoretisk diskussion saknas i artiklar där den rätteligen skulle krävas. Min ambition i denna artikel har varit att visa på att kunskap från det psykoterapeutiska området är komplex och i många stycken problematisk. Forskning med traditionell vetenskaplig metodik är inte felaktig, men långt ifrån tillräcklig och kan därför ge missvisande resultat om den okritiskt används till exempel som beslutsunderlag vid värdering av behandlingsmetoder. Psykoterapi uppvisar en egen särart som kräver en specifik epistemologi.

Efterskrift

I början av 2003 skrev jag en debattartikel med titeln »*Naturvetenskapen vår tids religion*« (Wånge 2003) där jag var kritisk till den ensidiga strävan efter ett naturvetenskapligt vetenskapsideal, som jag så ofta upplevt inom vår profession. Jag fick mothugg av Gunnar Windahl (*Psykologtidningen* 2003:4) som ironiskt sett tycktes argumentera mot psykoanalys och psykodynamisk terapi – denne underfundige man som en gång i tiden var den förste som föreläste om psykoanalysens grunder för mig på 1970-talet.

När vi äntrade 2000-talet var det »kognitiva anfallskriget« mot psykoanalys och psykodynamisk terapi i full gång. I juni 2005 hölls en kongress i kognitiv psykologi i Göteborg. I ett försök att höja statusen för konferensen hade man krokat arm med en ärkebiskop (K. G. Hammar) och en tibetansk munk (Dalai Lama) vad de nu kunde tänkas ha med kognitiv psykologi att göra? Man försökte också lansera *mindfulness* och *coaching* som alternativ till psykodynamisk terapi. Jag gav mig in i debatten och skrev ett inlägg om saken i *Psykologtidningen* med rubriken: »Lånta fjädrar.« (Wånge 2005).

2006 skrev jag ovanstående artikel som avhandlar mer generella kunskapsteoretiska problemen och dess eventuella tillämpning för psykoanalys och psykoterapi.

Några år senare skrev jag en ytterligare artikel: »*Mot formulerandet av en vetenskapsteori för psykoterapi.*« (2010). Idag tycker jag att denna senare artikel (som inte finns med i boken) inte var tillräckligt fokuserad. Jag hade bland annat läst en bok (1988) av Paul Kline (1937–1999) som var professor i psykometri och också sysslade med psykoanalys. Kline hävdar, som många andra, att de naturvetenskapliga metoderna är illa anpassade till mänskliga behov och inte kan göra våra humanistiska aspekter rättvisa utan oftast blir reduktionistiska. Kline invänder också mot Karl Poppers välkända krav på falsifierbarhet som ett kriterium på vetenskaplighet och menar att påståendet »att X inte går att falsifiera« endast betyder att man hitintills inte har kommit på något sätt att falsifiera X. Kline har också empiriskt verifierat en del psykoanalytiska begrepp, men även om de kan sägas äga sin riktighet är jag tveksam till dess värde. Empirisk verifiering på gruppnivå utgör bara en marginell del av den psykoanalytiska epistemologin.

Jag diskuterar också tre psykologiska dimensioner: 1. Den *subjektiva*, 2. Den *objektiva* och 3. Den *symboliska*, som egentligen utgör tre olika grader av hur många andra vi delar våra olika gemensamma symboliska världar med. Möjligen skulle det vara fruktbart att kombinera dessa idéer med resonemangen om oformulerade erfarenheter (Donnel Stern) eller med Christopher Bollas »det icke-tänkta vetandet« (the unthought known) och andra liknande begrepp.

En reviderad version av 2006-artikeln presenterade jag som ett paper på IARPP-konferensen i Madrid år 2011 med rubriken: »*Towards a formulation of an epistemological theory for psychotherapy.*«

Jag har ofta återkommit till att psykoterapins kunskapsteori är unik och måste försöka kombinera subjektiva och objektiva perspektiv. Iain McGilchrist är en psykiater, neuroforskare och litteraturvetare som diskuterat relationen mellan förnuft och känsla i boken »*Mästaren & Budbäraren. Om hur hjärnans två halvor format världen*« (2009). Titeln är hämtad från en berättelse av Friedrich Nietzsche om konflikten mellan makt och visdom – en konflikt som också länge pågått *inom oss*, mellan våra hjärnhalvor, fastän de egentligen borde samarbeta, enligt McGilchrist. Relationen mellan högra och vänstra hjärnhalvorna är komplicerad. Lokaliseringen i hjärnan (var) är egentligen inte speciellt intressant. Det är *funktionerna* (hur) som är det viktiga, menar McGilchrist. Båda hjärnhalvorna är generellt sett inblandade i allt vi gör, samtidigt som de är starkt specialiserade med helt olika funktioner och ger oss olika perspektiv som måste integreras. McGilchrist diskuterar flera intressanta kunskapsteoretiska distinktioner. Han skiljer mellan det nya och det bekanta och skriver: »... alla nya upplevelser – om det så är musik, ord, verkliga föremål eller imaginära konstruktioner – aktiverar den högra hjärnhalvan«, medan den vänstra bara kan hantera det redan kända. Han skiljer också mellan *bestämd, fixerad fakta*-kunskap och *levande, föränderlig* kunskap, där den senare beskriver en slags unik erfarenhetskunskap som »svävar i ett *mellanrum*« (2009 s 137ff). »Uppmärksamhet är en moralisk handling« som »får konsekvenser« för distinktionen mellan det vi benämner för subjektiv eller objektiv verklighet, hävdar Mc Gilchrist (2009 s 194ff).

McGilchrist skriver: »Vissa aspekter känns helt enkelt bekanta. Det är så vi närmar oss kunskap om *levande organismer.* Det handlar då om *individer* och öppnar för det *unika.* Det är 'mitt', *personligt,* och inget som jag kan föra vidare utan det förändras längs vägen. Det är vare sig *fastställt* eller *bestämt.* Det går inte riktigt att uttrycka med *ord* och *helheten* går inte att ringa in genom att rada upp *delarna.* /.../ Till viss del har det att göra med den *förkroppsliga* personen (fotografiet). Det undflyr *generella* beskrivningar och måste *erfaras.* Kunskapen svävar i ett *mellanrum* (mötet). Alla dessa saker är aspekter av världen som den framstår 'enligt' den högra hjärnhalvan« (2009 s 138f).

McGilchrist talar om olika kunskapsformer i hjärnan och skiljer mellan att *förstå* och *ackumulera data.* Musik är ett exempel på hur vi fungerar tillsammans snarare än det som kan uttryckas med idéer, koncept och ord. Han skriver att »musik inte *symboliserar* emotionell mening« (som ju förutsätter en tolkning) »utan *metaforiserar* och 'överför' den till vårt undermedvetna.« (2009 s 140). Det verkar som att »kunskap, perception och därför också upplevelser endast uppstår i relation *mellan* saker och ting. Kanske existerar rentav allt i relation till något annat ...« (2009 s 141).

18. Meningsfull psykologi (Essä) (2017)

Psykologtidningen 2017:8 s. 34–35.

Terapi och mycket annan psykologi handlar i grunden om meningsfullhet. Därför måste de psykoterapeutiska teorierna ge utrymme för process och emergens och inte stirra sig blinda på kausalt orsakstänkande, skriver Tomas Wånge.

Ontologi handlar om varandets väsen, tillvarons verkliga beskaffenhet. Epistemologi handlar om på vilket sätt och om vad man kan skaffa sig kunskap.

På 1950-talet försökte Jerome Bruner att etablera meningsskapande som nyckelbegrepp inom psykologin, vilket är något helt annat än att processa data eller att lösa tekniska problem. Men trots det valde man reduktionistiska och mekanistiska metaforer för psykets funktion: datorn och informationsbearbetning.

Vetenskapen uppstod efter 1500-talsfilosofen René Descartes idévärld, som innebar distinkta skillnader mellan sant och falskt, objektivt och subjektivt, med mera. Efter Einsteins relativitetsteori och Heisenbergs osäkerhetsprincip i 1900-talets början har sanningsbegreppet förändrats på många kunskapsområden. Dessvärre har psykoterapin inte följt med i denna utveckling, utan snarare bitit sig fast vid en föråldrad kunskapsteori, med en överdriven tilltro till (natur-)vetenskapen – *scientism*, enligt filosofen Georg Henrik von Wrights benämning.

De flesta psykologiska teorier är byggda på antagandet att det är möjligt att skaffa sig en objektiv uppfattning om ett fenomen, till exempel genom direktobservation eller mätskalor. Idén är hämtad från naturvetenskapen som studerar icke-humana materiella fenomen, utan egen vilja eller reflektionsförmåga.

Ett annat antagande är representativism, vilket innebär att det man observerar ger en objektiv sann avspegling av det man studerar. Även om detta är felaktigt så ger det ofta en tillräckligt approximativ representation för vardagligt praktiskt bruk av materiella fenomen. Men annat förhåller det sig med psykiska fenomen som hänför sig till intentionella subjekt som fattar egna beslut och ständigt är involverade i interpersonella kontext av olika slag.

En ytterligare följd av denna idétradition är myten om att vårt psyke skulle vara en slags avgränsad och isolerad apparat, lokaliserad i hjärnan. Förvisso skulle det inte bli mycket till psyke utan vår hjärna – men det skulle det inte heller kunna bli om vi saknade perceptuella funktioner eller inte befann oss i en kropp och i en omgivande mänsklig relationell kontext.

Den cartesianska föreställningsmallen tvingar fram avgränsningar och distinktioner som egentligen inte låter sig göras när det gäller mera komplexa psykologiska fenomen som till exempel personlighet. Psykiatrin innehåller mängder av pseudoexaktheter, till exempel DSM-manualens pseudokvantifierade diagnoser. Ett annat exempel är den konstlade uppdelningen mellan kognitivt och emotionellt. Trots allt lever denna objektivistiska syn på kunskap kvar inom psykoterapin. Resultatet är att psykiska fenomen ytterst sällan beskrivs i sin fulla komplexitet (om detta är möjligt) och i värsta fall i grovt förenklade termer.

Affektteori är populärt idag och baserar sig till stor del på Silvan Tomkins som insåg affekternas avgörande betydelse för vår motivation och våra erfarenheter. Men även Tomkins teorier är påverkade av cartesianskt tänkande av atomistiskt slag, där affekterna ses som ett slags självständiga distinkta entiteter liknande kemins grundämnen, istället för att betraktas som komplexa emotioner i den intersubjektiva kontext, där de uppstår och regleras.

Det allvarligaste problemet är psykologins svårighet att etablera sig som en självständig psykologisk disciplin, vilket fått till följd att psykologin alltid sökt stöd i andra discipliner, framförallt i de naturvetenskapliga – biologin och neurovetenskapen, ofta med reduktionism som följd. Redan för 30 år sedan uttryckte lundaprofessorn i psykologi Gudmund Smith sin förundran över att det är så vanligt bland psykologer med psykologisk *psykofobi*, det vill säga psykologer som sysslar med att söka påvisa psykologins irrelevans. Detta har medfört att teorier som baserats på medvetande och upplevande betraktat som icke-materiella fenomen inte utvecklats ordentligt. Såväl neuropsykoanalysen som anknytningsteorin skulle kunna bli mera användbar av att renodla och förtydliga de rent psykiska inslagen.

Psykodynamisk teori och psykoanalysen innehåller ovärderlig klinisk visdom, men den klassiska teorin är byggd på en felaktig eller begränsad kunskapsteori, felaktigheter i utvecklingspsykologin och en föråldrad syn på genus. Därutöver består den traditionella psykodynamiska teorin nästan uteslutande av en begreppsapparat som bara handlar individer, betraktade isolerat från sin omgivning.

Terapi är ett möte mellan *två unika subjekt* som tillsammans skapar en unik, icke upprepningsbar terapeutisk process. Likväl utgör en naturvetenskaplig modell, där terapi ses som en slags läkemedel som skall sättas in och doseras, den vanligaste föreställningen när man diskuterar effekter och utvärdering av psykoterapi. Evidenskriteriet baseras framför allt på RCT-studier, som utgör ett mycket begränsat perspektiv när det gäller psykoterapi.

Den postmoderna människan ägnar mycket möda åt sin identitet och indirekt kring frågan om meningen med tillvaron. Terapi och mycket annan psykologi handlar i grunden om meningsfullhet. Därför måste de psykoterapeutiska teorierna ge utrymme för process och emergens och inte stirra sig blind på kausalt orsakstänkande.

De som idag kommit längst i utvecklande av en teori om meningsfullhet och med en kontextuell begreppsapparat är den relationella och den intersubjektiva psykoterapin.

Efterskrift

Vid tiden när jag skrev artikeln hände det mycket i mitt skrivande liv. Jag var på IARPP-konferens i Sydney i maj 2017 och skrev en rapport från denna i *Psykoterapi* (2017:3 s. 22–25). Jag publicerade en artikel om fältteori i *Psykoterapi* (2017:3 s. 26–33). Jag recenserade två böcker: Jessica Benjamins nyutkomna bok i *Psykologtidningen* (2017:7 s. 36) och en antologi av Howell & Itzkowitz, eds. i *Divan* om dissociation (2016:3–4 s. 138–140). Jag skrev också en opublicerad artikel: »*Brandchafts Patologiska Anpassningssystem*« (2018) som finns ovan i kapitel 14, i Del II. i boken.

I 2017 års första nummer av *Psykoterapi* (2017:1 s. 22–25) hade jag en debattartikel: »*Vägen till mästerskap? En kritisk analys av Scott Millers projekt*« som tarvar att kommenteras. Jag hade lyssnat på, gått på kurs i och läst om psykologen Scott Miller, som reste västvärlden runt och föreläste om sitt projekt: »*Vägen till mästerskap*«. Miller var en stor underhållare och mycket populär bland cheferna i den offentliga sektorn, eftersom han hade konstruerat ett snillrikt mätinstrument som påstods kunde mäta lite vad som helst när det gällde sociala- och behandlingsinsatser. Det hela påminde lite om de tryckknappar med glada eller ledsna gubbar på, som man numera passerar på utvägen från elektronikbutiker, apotek, med flera. Och där man skall trycka hur nöjd man är med besöket. »Feedback« är naturligtvis viktigt, men den skall vara ett ständigt närvarande, naturligt inslag i terapin i form av samspelet med patienten. Inte i form av: vad-ger-du-mig-för-betyg-på-en-femgradig-skala? efter sessionen.

Millers produkt var ju förstås betydligt mer sofistikerat förpackad, med powerpointbilder, statistik, tabeller, med mera. Det fanns manualer och skattningsskalor: *ORS* (outcome rating scale) och *SRS* (session rating scale). På Millers hemsida fanns det också en omfattande försäljningsverksamhet av kurser, licenser, material, manualer med mera. Jag blev förstås misstänksam. Förvånade nog visade många av mina kolleger en helt okritisk hållning till det hela. Handlade det möjligen om det så kallade *Grünbaumkomplexet*? (se: Wånge 2019 s. 149–151). Dessutom provocerades jag av att *Psykoterapi* hade publicerat Miller & Hubbles (2016) artikel på engelska (!) i en för övrigt svensk tidskrift. Tyckte man detta var så viktigt?

Det hela utmynnade i att jag skrev en starkt kritisk artikel där jag ifrågasätter Miller & Hubbles människo- och kunskapssyn. De hyllade en högst elitistisk, prestations- och framgångskultur som jag inte ansåg förenlig med psykoterapeutisk verksamhet. Deras mätresultat saknade också klinisk förankring och koppling till något i förändrings- trauma-, dissociations- eller utvecklingspsykologin. Modellen var a-teoretisk, enligt min mening. På kursen där jag deltog kunde de inte heller förklara vad det var som man egentligen mätte, eller vad mätresultaten ansågs avspegla i patienternas liv.

Jag var hjärtligt trött på och kritisk till den ensidiga strävan efter ett naturvetenskapligt vetenskapsideal, som jag så ofta upplevt inom vår profession och formulerade därför hur jag tyckte det borde vara.

19. Skyll inte på Freud! (Debatt) (2020)

Psykologtidningens Sajt 2020.10.25

DEBATT. Problemen inom dagens psykiatri handlar inte om Freud utan framför allt om att den har en felaktig, förenklad och ensidig kunskapsteoretisk syn på det mänskliga psyket, skriver Tomas Wånge.

Vi får ständigt rapporter om ökad psykisk ohälsa så man kan bland annat ifrågasätta hur väl psykiatrin klarar sin samhällsuppgift. »Det råder en skriande brist i psykiatrin på kompetens«, skriver Charlotta Sjöstedt. Enligt henne och nio kognitivt inriktade psykologer/ psykoterapeuter, som nyligen skrivit en debattartikel i DN är felet psykoanalysens och att vissa psykoterapeuter fortfarande läser några av Freuds verk i sina utbildningar.

Socialstyrelsen har i mer än ett decennium givit tämligen ensidiga rekommendationer om kognitiv behandling. JO har nyligen prickat Socialstyrelsen för jäv vad gäller kognitiv behandling. Jävet gällde valet av en av DN-debattörerna, Mats Fredriksson som fanns med i expertrådet. Man har pumpat in mängder med pengar till kognitiva metoder i psykiatrin. Inom arbetsförmedlingen och Försäkringskassan satsades åtskilliga miljoner på kognitiva metoder och coaching, med tveksam eller till och med negativ effekt.

Sedan många år tillbaka har man gjort vad man kunnat för att städa bort allt vad psykoanalytiskt tänkande inom psykoterapin heter. Psykoanalytikerutbildningen i sig ger inte kompetens som legitimerad psykoterapeut. Möjligen kan det finnas finnas någon enstaka patient som enligt något gammalt specialavtal ligger på den Freudianska divanen för skattebetalarnas medel, men detta är i så fall synnerligen ovanligt.

Orsakerna till bristerna inom psykiatrin måste alltså finnas någon annanstans än i psykoanalysen! Sjöstedt med flera tror att boten finns i »i metoder som har vetenskapligt stöd«. Med vetenskap menar man det man kallar evidens och naturvetenskap. Evidensbaserad praktik innebär att den professionelle väger samman sin expertis med bästa tillgängliga kunskap, den enskildes situation, erfarenheter och önskemål vid beslut om insatser. Ordet evidens betydde från början *det som är uppenbart*, men har under det senaste decenniet blivit ett ord som ändrat betydelse till *bevis eller belagd kunskap*, enligt ett naturvetenskapligt sätt att se på saken, måste tilläggas.

Vi måste fråga oss hur väl anpassade naturvetenskapens tankesätt och metoder är för att möta psykisk ohälsa. Naturvetenskaplig forskning gör en strikt åtskillnad mellan subjekt och objekt och försöker minimera all subjektivitet – ett tankesätt med en grund som inte utan vidare kan kopplas till människokunskap. Metoderna kan fungera när det handlar om den mänskliga kroppen och dess mekanik och kemi – ett brutet ben, en infektion, etcetera. När det handlar om människans psyke blir det inte meningsfullt att försöka reducera patientens subjektivitet och inte heller terapeutens. Då måste den traditionella sjukdomsmodellen revideras. Det är inte heller lämpligt att isolera kognitivt från affektivt, eftersom båda dessa dimensioner är inblandade i de flesta icke-triviala psykologiska processer och funktioner.

En psykoterapi måste istället utgå från patientens subjektivitet. Det handlar då om hur denne upplever sin situation och den mening som patienten tillskriver sitt liv. Alla friska människor har ungefär 37 grader i kroppstemperatur. Men psykologiskt sett är vi helt unika varelser, med olika levandshistorier, erfarenheter och sätt att fungera. Detta innebär att psykoterapeutiska metoder inte skall manualiseras. Man kan inte heller göra upprepade randomiserade dubbel-blindstudier av en psykoterapeutisk behandling, vilken är den gyllene naturvetenskapliga forskningsmetoden. Om man får en medicin så får man samma sak som alla andra patienter. Men om man träffar en terapeut så blir det ett unikt möte mellan två unika personer. Människor är inte ting. Ett ytterligare exempel från vår dataålder. Våra datorer kan likna varandra såtillvida att de kan innehålla samma programvaror. Men innehållet och hur vi använder vår dator är unikt.

För att hjälpa en patient med en psykologisk/psykiatrisk problematik måste utgångspunkten vara att lyssna på patientens berättelse. Man måste alltså fokusera på det specifika snarare än det generella. Detta är något som nästan helt försvunnit inom psykiatrin till förmån för diagnostisering, skattningsskalor och standardiserade frågeformulär.

Den psykodynamiska synen på psykiska problem, handlar till stor del om att vårt psyke aldrig fått tillräckligt med tillfällen att utvecklas och/ eller genom trauman tvingats att stänga av vissa funktioner och/eller erfarenheter. Livserfarenheterna har resulterat i ett själv som är deformerat, blockerat, fruset, rigitt, skadat, sårat, etcetera Den terapeutiska situationen har en del unika kvaliteter som ger möjlighet att spåra upp, bearbeta och integrera dissocierade erfarenheter som gör att en hämmad eller avstannad utvecklingsprocess kan sättas igång. Patienten ges tillfälle att ompröva sina uppfattningar om tidigare erfarenheter och får nya tankar och upplevelser.

Anknytningsteorin visar att det inte är det som objektivt hänt som är det viktigaste för vår psykiska hälsa, utan snarare hur tillfredsställande man lyckas konstruera och leva med sin (åtminstone för sig själv trovärdiga) levnadshistoria. Det handlar alltså om en slags subjektiv sanning.

Freud var en av de första läkarna som började att lyssna på patienten och hans teorier innehåller fortfarande användbara verktyg för detta. Han levde i en annan tid och en del av hans så kallade metapsykologi är förlegad. Framförallt består bristerna i den psykoanalytiska teorin i att den uteslutande består av individualpsykologiska begrepp, som måste kompletteras med relationella och kontextuella begrepp – om sambandet mellan individen och omgivningen. Detta är något som den relationella psykologin har utvecklat.

Det finns behov av en bred kompetensutveckling inom psykiatrin för att på bästa sätt hantera den psykiska ohälsan och förbättra funktionen och måendet hos dem som söker hjälp. Problemen inom dagens psykiatri handlar inte om Freud utan framför allt om att den har en felaktig, förenklad och ensidig kunskapsteoretisk syn på det mänskliga psyket.

Efterskrift

Detta debattinlägg skrev jag 2020 efter en märklig debatt som främst pågick i tidningspressen på hösten 2020. Åtminstone sedan två decennier tillbaka hade det psykoanalytiska inflytandet inom psykiatrin reducerats kraftigt och samtidigt ökade den psykiska ohälsan som nu utgjorde den största orsaken till sjukskrivning. Tvärtemot all logik menade debattörerna att problemet var att man på psykoterapeututbildningen (främst i Göteborg) läste några av Freuds artiklar. Det hela startade med en artikel i DN Debatt 2020-10-08 av Pontus Böckman, Anna Dåderman, Mats Fredrikson, Dan Katz, Fredrik Malmaeus, Björn Skoruppa, Li Wolf och Lars-Göran Öst.

Psykoanalytikern Per-Magnus Johansson gick till försvar både i *DN* och i *Göteborgsposten*, och några fler blandade sig i det hela när debatten fortsatte på *Psykologtidningens sajt*. I radioprogrammet Kaliber (*Sveriges Radio P1*) intervjuades Mårten Gerle på Socialstyrelsen och det framgick att den massiva satsningen på kognitiv terapi och coaching på det hela taget var misslyckad. Till exempel visade det sig att sjukskrivningen var större bland de som fått coaching jämfört med de som inte fått någon hjälp alls!

Del IV.

FALLET THOMAS QUICK

20. Fallet Thomas Quick. (2010)

Opublicerat artikelmanus

Del 1. Jakten på sanningen – flera olika berättelser.

Fallet Thomas Quick är komplicerat och det har upptagit en stor mängd högt yrkesutbildade människors arbete och intresse i mer än två decennier. Det har skrivits hyllmeter om det hela från alla möjliga synvinklar. Av de olika professionerna i Quickfallet får jag oftast bilden av seriöst arbetande personer med välmenande ambitioner. De verkar genomgående ha haft ett genuint engagemang och trott på sina egna arbetssätt och metoder. Trots detta har vi sett sorgliga och destruktiva professionella konflikter och fula påhopp. Hur kan tidigare respekterade yrkesutövare kommit att framstå som inkompetenta, förvirrade och korrupta? Varför har man hamnat i kollisionskurs och kunnat komma fram till så vitt skilda åsikter om skuldfrågan?

Det är lätt att vara efterklok och på avstånd döma ut andras insatser. Min analys bygger på offentligt publicerat material i form av böcker och tidningsartiklar. Men jag har inte haft tillgång till Bergwalls digra journal och Margit Norells opublicerade bokmanuskript om Bergwall. Jag har ingen kompetens i juridik och min analys baserar sig inte på studier av själva domarna eller den drygt fyraåriga resningsprocessen och dessa dokument. Däremot har jag som legitimerad psykoterapeut god klinisk erfarenhet av terapi såväl med offer som förövare av sexualbrott. Jag är också väl insatt i den brittiska objektrelationsteori som psykoterapeuterna på Säter har lutat sig emot. Jag är inte ute efter syndabockar men jag är starkt kritisk till Säterterapeuternas syn på teorin och deras terapeutiska agerande, som utgör en orsak till den uppkomna situationen. Jag är övertygad om att Quick-fallet och kanske även skuldfrågan hade kunnat sett annorlunda ut idag om man hade haft tillgång till en tydligare konceptuell medvetenhet och större kunskaper om regression, anknytningsteori, kunskapsteori med mera och om de distinktioner som jag kommer att avhandla i en andra del av denna artikel, mellan: objektiv & subjektiv sanning, offer- & förövare, primär- & sekundärtrauma, etcetera.

Sammantaget visar Quick-fallet på de svårigheter som uppkommer när juridik, terapeutisk behandling, minnesforskning (S-Å Christiansson), polisarbete, journalistik, med flera möts, det vill säga flera olika yrken/discipliner som verkar i olika professionella och juridiska rum, som baserar sig på skilda kunskapsteoretiska antaganden och där samtliga har begränsade kunskaper om varandras discipliner. Det kan finnas en del paralleller till andra komplicerade rättsfall som till exempel Palmemordet. I Quick-fallet har man har ofta uppvisat en stark övertro på det egna perspektivet, varit omnipotenta och haft bristande respekt för varandras professioner. Behandlings- och rättsaspekter sammanblandades redan från början. Efter hand bildades det en »Margitgrupp« av behandlare och en »Quick-grupp« från rättssystemet med delvis motsatta ståndpunkter i skuldfrågan. När så en tredje yrkesgrupp journalister blandade sig i leken och ifrågasatte om de fällande domarna var korrekta ökade spänningen och polariseringen ytterligare. Frustration och prestige gjorde att man inte kunde ifrågasätta eller backa från egna eventuella felaktiga slutsatser.

Det är djupt otillfredsställande att synen på skuldfrågan mellan de olika yrkesgrupperna fortfarande verkar motsatta trots resningsdomarna. Sannolikt skulle bevismaterialet ihopblandas och kontamineras ytterligare vid en ny genomgång, vilket skulle göra ännu en omtolkning mindre trovärdig. Det enda som skulle kunna ändra situationen är om nya fakta på något sätt skulle kunna tillkomma utifrån, vilket blir mindre troligt för varje år som går. Quick-fallet är en mycket tragisk historia, utan vinnare – bara förlorare. Det har skapat ett ofattbart stort lidande för brottsoffer, anhöriga och flera andra berörda. Förtroendet för rättssystemet, psykologer och journalister har ifrågasatts – vilket generellt sett minskar tilliten till våra samhällsinstitutioner. Det hemska är dessutom att de åtta morden inte är uppklarade och att mördaren eller mördarna fortfarande går fria.

Några olika bilder av Quick-fallet

2013 skrev jag en debattartikel i *Psykologtidningen* (#10 2013) om fallet. Då hade Sture Bergwall fått resning och domarna till de åtta mord som han tidigare erkänt och dömts för ogiltigförklarades. Bergwall frigavs från Sätersjukhuset där han förvarats i mer än ett decennium. Journalisterna Hannes Råstam och Dan Josefsson skrev om justitiemord. Vårt nationalorakel i brottsbekämpning Leif GW Persson hade utgjutit sig om undermåligt polisarbete och inkompetens: »Vad är det för jävla idioter som sitter och dömer?« (Lambertz s 7).[1] Min psykologprofession var framställd i ett löjets skimmer och den brittiska objektrelationsteorin, som de flesta psykoterapeuter i min egen generation utbildats i betraktades som en irrlära och galenskap.

Terapeuter sågs medverka på vallningar på brottsplatsen och hade både initierat och suttit med på polisförhör. Det skrevs att det fanns brevväxlingar mellan patient, terapeut och handledare. Det verkade illa ställt med de terapeutiska ramarna. Jag fick intrycket att det läckt ordentligt mellan polisarbete och terapi vilket var främmande för min syn på terapi. I artikeln förslog jag att man skulle tillsätta en kommission för att klargöra psykologernas roll. Dåvarande justitieministern Beatrice Ask tillsatte senare Bergwallkommissionen, bestående av jurister, som fick till uppgift att klargöra det man fastslog var ett rättshaveri. Men det fanns ingen med psykoterapeutisk kompetens i kommissionen.

Hösten 2019 hade spelfilmen *Quick* premiär. Den kallades en »verklighetsbaserad« thriller.[2] Journalisterna framställs som stora hjältar, medan

---

1 I programmet *Veckans Brott Special* i SvT 28.11.2013 säger Leif GW Persson att det han menar är en rättsskandal varit möjlig pga. att »ett antal dårar inom rättsapparaten och vården råkar sammanstråla på ett maximalt olyckligt sätt.« Det handlar inte om något systemfel utan i själva verket om ett personfel.

2 Filmen *Quick* är regisserad av Mikael Håfström (2019), med förnämligt skådespeleri av Jonas Karlsson (som Råstam), David Dencik (som Bergwall) & Alba August (som researchern Jenny Küttim). Filmen baserar sig på begränsade och selektiva fakta, så dess helhetsbeskrivning kan ifrågasättas. Det rör sig snarare om något liknande en konspirationsteori.

rätts- & psykoterapiprofessionerna var inkompetenta fåntrattar. Bergwall framställdes framförallt som ett offer och det skildrades väldigt lite om hans tidigare förövaraganden och destruktivitet. Om filmen hade avhandlat Bergwalls hela livslinje från barndom tills hans frigivning hade besökarna troligen fått en ganska så annorlunda bild.

I *Psykologtidningen* (#7 2019) redovisades ett seminarium där psykologen Cajsa Lindholm framförde sin teori om Thomas Quicks tankevärld som besöktes av flera av juristerna. Dessa hävdar i sina separat skrivna böcker att Råstams och Josefssons böcker innehåller mängder av förvanskade, vilseledande och osanna uppgifter. (Dåvarande Justitiekanslern Göran Lambertz 2015 s. 490; åklagaren Christer van der Kwast, 2015 s. 238ff och polisen Seppo Penttinen, 2018 s. 424).

Kommissionen skrev (s. 598) om morddomarna: »I samtliga fall saknades det såväl teknisk bevisning som vittnesbevisning till stöd för åtalen.« Bergwall fälldes på grund av kvaliteten och detaljrikedomen i sin beskrivning av de unika omständigheter som rått runt morden – en kunskap som *ingen annan* än en gärningsman skulle kunna ha. Stenius och Penttinen är kritiska till att man endast höll ett förhör med Bergwall inför resningsansökan den 30/6 2010 där man på två timmar avhandlade samtliga åtta morddomar. Det gjordes ingen ny prövning av själva skuldfrågan menar man (Stenius & Penttinen 2018 s. 446). Men resningsprocessen hade dessförinnan pågått i nästan fem år. Riksåklagaren hade också givit ett antal *oberoende* åklagare i uppgift att granska varje enskilt fall. Samtliga åklagare författade därefter inledande resningsansökningar innan Bergwalls advokater gjorde detsamma. Kanske borde det inte heller vara möjligt att döma ut åtta morddomar på tingsrättsnivå utan vidare granskning i hovrätten – även om den åtalade som i detta fall erkänner sig skyldig? I stort sett samtliga domar (mindre allvarligare än mord) till de klienter jag själv en gång arbetade med som kriminalvårdspsykolog hade åtminstone granskats i hovrätten som lägsta juridiska nivå.

Flera olika berättelser om Bergwalls liv

Det finns flera berättelser om Bergwalls liv, varav två är självbiografier. Några personer har spenderat ansenlig tid med att tala med honom om hans liv: terapeuten Birgitta Ståhle, polisen Seppo Penttinen, journalisterna Janne Mattson och Hannes Råstam. Sedan finns det berättelser av personer som periodvis haft nära kontakt med Bergwall: brodern Sten-Ove, vittnespsykologen Sven Å Christianson, Säterpersonalen med flera. Några av dessa kan ha haft mer eller mindre starka partsintressen vad gäller skuldfrågan. Brodern ville inte betrakta den gemensamma uppväxten som så eländig som den beskrivits av Bergwall och psykologerna. Christianson har haft en blandning av olika roller i sitt intresse för seriemördare som gör honom mycket tveksam ur neutralitetssynpunkt: forskare, intervjuare, konsult & vittnespsykolog. Han lanserade en kognitiv teori för minnesaktivering och byggde modeller för att hjälpa Bergwall att erkänna, med mera.[3] Därutöver finns det flera berättelser av personer som aldrig talat med Bergwall om hans liv och som kan ha haft avsevärda egna intressen i skuldfrågan.

Omständigheterna varierar. Ståhle, Penttinen och Mattson träffade Quick under de femton år då han *erkände* morden. Ironiskt nog slutade han samarbeta med utredarna 2001 efter att inte längre orkat med att bli ifrågasatt om sina erkännande (Mattsson s. 10). Quick skrev då på *DN Debatt:* »Jag känner mig sviken, men det största sveket drabbar alla namnlösa tragedier som mina erkännande handlar om.« (Lambertz s. 487). Råstam började träffa Bergwall i juni 2008 efter flera års undandragande. Snart därefter började han *återta* sina erkännanden. 2009 gav Bergwall ut boken *Thomas Quick är död*, tillsammans med brodern Sten-Ove. Här tar han helt avstånd från terapin som han menar skapade myten om seriemördaren, tillsammans med den närmast sett groteska medicineringen. »Jag förbannar den dag jag började i terapi. Om mina fantasier stannat i terapirummet, setts

---

3 Christianson skriver »Seriemördare nekar oftast till de brott de är anklagade för, oavsett bevisning. /.../ Enligt dem själva har de dömts på felaktiga grunder och oftast får de med sig någon journalist, jurist, forskare eller psykiater som tror på deras argumentation.« (2010 s. 359)

för var de var, om lögnen stannat vid ljug så hade Thomas Quick inte fötts och Sture förblivit vid sig själv. /.../ Min terapi handlade inte om tolkning. Den var begär efter droger och ett oerhört starkt behov av teoribekräftelse. Jag var det ena, terapeuten det andra.« (Bergwall & Bergwall 2009 s. 49).

De råder enighet om Bergwall som tillmötesgående med en stark vilja att vara till lags, samtidigt som han ofta ljög, var manipulativ, mystisk och motsägelsefull. Han var ambivalent och ville både berätta och dölja sina livserfarenheter. Bergwalls ångestnivå var periodvis ohanterligt hög och hans inre sammanblandat och kaotiskt, vilket sannolikt skapade ett starkt behov av en enhetlig sammanhållande berättelse som motvikt, såväl för honom själv som för omgivningen. Han kände stark ensamhet och en livslång längtan efter tillhörighet. Bergwall har avsevärt anpassat sin berättelse efter vad han trott att lyssnaren velat höra och ibland fått beröm. Han har naturligtvis fått hjälp av terapeuterna i sin konstruktion men denna bild är bara en bland flera olika livsberättelser om Bergwall.

Vad har det då funnits för yttre intressen som skulle kunna ha påverkat hur dessa olika berättelser kommit att se ut? Bergwalls biografier är inte utan litterära kvaliteter. I den första som utgavs 1998 (under namnet Thomas Quick) är han oftast starkt identifierad med *förövarrollen* samtidigt som hans roll som offer också finns inbakad. Men rollerna är dåligt differentierade. Här tar han på sig skulden av att ha mördat och orsakat lidande. I den andra biografin från 2016, identifierar Bergwall sig tvärtom med *offerrollen* och beskriver sitt öde som ett resultat av andras ageranden. Han är oskyldig till morden och nedtonar starkt sin tidigare destruktivitet som förövare. Detta är naturligtvis en mycket enklare berättelse för honom att bära. Roller och identiteter är starkt förknippade med våra självtillstånd och man kan fråga sig om han skulle kunnat (över)leva med den första berättelsen utan att ta livet av sig. I sina anteckningar skriver han: »Nu, när jag blir allt mer medveten så träffas jag samtidigt av så mycken död. Och skuld! Sann, verklig, ihållande och tärande skuld. Jag har ansvarat för så mångas förgänglighet, dödat unga liv som var på väg att i sin tur skapa nya liv. Så när jag dödade var det inte bara enskilda individer, utan jag dödade generationer, livscyklar, evighetscyklar.« (Mattsson s. 210). Bergwall talade ibland om att ta livet av sig och gjorde också suicidförsök. I brödernas gemensamma bok skriver Sten-Ove: »Visst är det mindre obehagligt att tro på dig nu [när du tagit tillbaka dina morderkännande], och det är lätt att välja det mindre obehaget framför det större. Jag vet inte om det är jag som väljer den enkla vägen ut.« (2009 s. 32)

Terapeuten Ståhle spenderade många timmar med Bergwall. Kontakten påbörjades 1994 före den första biografin. Ståhle har inte publicerat något om honom men hon har skrivit om sitt arbete med »störda lagöverträdare« (s. 287ff). Här framgår hennes stora intresse för primärtraumat och menar att måste man börja det terapeutiska arbetet här: »Att se offrets situation förutsätter att man *först* kan ha djup kontakt med den tidiga egna situationen.« (s. 302, min kursivering). (Bergwalls tidiga uppväxt utgör hans *primära* trauma.) Patienten »befinner sig i ett tillstånd där flera verkligheter finns samtidigt och parallellt« (s. 295). Det är patientens »sanna själv« (s. 299) som söker terapi. Vad sanning innebär här är synnerligen problematiskt, särskilt med tanke på det Ståhle beskriver som att patienten befinner sig i »flera verkligheter«. Ståhle har ett visst fokus på patientens egna våldsgärningar och »all den skada han själv tillfogat andra« (s. 302) som alltså också utgör ett trauma i sig (*sekundär*-traumat). Målet med terapin är att stoppa destruktivitet och »ta ett ansvar för sina handlingar« (s. 289) och »att se sin egen skuld och sitt eget moraliska ansvar.« (Mattsson s. 209). Detta är ett helt legitimt *juridiskt* mål, men inget självklart *terapeutiskt* mål, där processen måste bedrivas via patientens subjektivitet. Vad ansvar skulle innebära i praktiken går inte heller att utläsa. Säterpsykologerna har haft ett starkt intresse av att lansera sin version av objektrelationsteorin med deras starka betonande av sambandet mellan barndomstrauman och förövarbeteenden.

Journalisten Mattssons bok *Gåtan Thomas Quick* baserar sig på ett tjugotal intervjuer med Bergwall och på en grundlig research. Mattsson vet inte riktigt vad han skall tro om Quicks berättelse. Han verkar alltmer ha blivit övertygad om att Quick begått, om inte mord, så i alla fall bestialiska handlingar och därför inte skall kallas för mytoman. Mattsson tes är att Quick 1993, inför en försöksutskrivning från Säter, under stor vånda tog ett livsavgörande beslut att berätta om sina mord för att bli frihetsberövad och på så sätt få stopp på sin destruktivitet (2002 s. 8ff). Mattssons intresse verkar främst har varit att skriva en djupgående analys av Quick tämligen frikopplat från skuldfrågan.

Massmedia är generellt sett och grävande journalister i synnerhet mer intresserade av att leta efter felaktigheter än när saker går rätt till. Råstam skriver: »att det inte vore mycket till journalistisk bedrift att avslöja att avkunnande domar är korrekta.« (s. 56). Innan sitt första möte med Bergwall hade Råstam diskuterat saken med Leif G.W. Persson. Här sades det att »Quick bara är en patetisk pedofil /.../ Genom att lyckas döma fanskapet har poliser, åklagare och terapeuter hjälpt till att skydda de riktiga mördarna. /.../ Faktiskt den största rättsskandal vi har haft i det här landet.« (s. 56f).[4] Redan i första mötet med Råstam presenterade Bergwall sig som en snäll gammal farbror, fjärran från den identitet som förövare som han en gång i tiden också haft. Råstam kom tidigt in i rollen som en befriare, efter att Bergwall sagt: »... om det är så att jag inte har begått något av de här morden ...«. »I så fall har du ditt livs chans nu«, svarade Råstam (s. 92). Sedan gick allt mycket snabbt. Råstam hade bråttom och arbetade dag och natt. Fokus var att finna felaktigheter. Råstam kan ha haft ett avsevärt eget intresse av att visa att Bergwall var oskyldigt dömd – och om så kan man fråga sig på vilket sätt detta påverkat hur han tog till sig allt material i ärendet. Magnus Kihlbom (2014) har starkt ifrågasatt Råstams (och Josefssons) objektivitet och menar att mycket talar för att de blivit förförda av Bergwall. Deras känslomässiga distanslöshet förvandlade dem till en del »av en 'symbiotisk befrielsearmé', som befriat [Bergwall] från den juridiska skulden och den massmediala projektionen att vara en sällsynt grym mördare.«, skriver Kihlbom (s. 34).

Utredningspolisen Penttinen träffade Bergwall i åtta år i samband med c:a 100 förhör och polisvallningar. Han har naturligtvis haft ett starkt intresse

---

4 Leif G.W. Persson har i flera sammanhang förringat Bergwalls tidigare grova vålds- & sexualbrott t.ex. benämnt dem »ganska patetiska, trista brott« och »ett antal olika och högst patetiska småbrott, svårslagna i sin enfald.« (Christianson 2010 s. 419.) Det handlar om överfallsvåldtäkter, knivhuggning, strypningar, m.m.

av att lösa morden och verkar ha bemödat sig om att vara så faktainriktad som möjligt. Penttinen har endast haft fokus på förrövarrollen och varit tämligen så ointresserad av Bergwalls bakgrund och primärtrauma som offer.[5]

Anknytningsteori och livsberättelse

Bergwallskommissionens ordförande Daniel Tarschys menar att vårdens uppgift inte är att granska sanningshalt (objektivism), utan att hjälpa patienten att må bättre. Detta är helt i linje med anknytningsteorin som Lindholm (1999) nämner. Det är inte det som faktiskt hänt som är avgörande för vår psykiska fungerande, utan *på vilket sätt* man förstår och berättar sin livshistoria. Den objektiva sanningen är alltså av underordnad betydelse i denna teori. Vår livsberättelse är dessutom *inte* en statisk en-gång-för-alla-sanning med uppradade fakta, utan en levande dynamisk beskrivning som förändras något varje gång den berättas.

Bergwall hade inte haft många stabila och långvariga relationer, men de få han haft och där man också talat om hans livshistoria har förstås varit så mycket viktigare för hans identitet. Han framställer också sig själv som synnerligen kärlekstörstande efter att ha varit livslångt depriverad vad gäller närhet, trygghet och bekräftelse. Anknytningsteorin visar att vår benägenhet att knyta an är en överväldigande drivkraft.

Vilken av berättelserna är då mest överensstämmande med den faktiska verkligheten? Detta är något som inte går att utläsa av berättelserna själva. Ur ett anknytningsteoretiskt perspektiv kan endast sägas att den senaste Bergwallbiografin är den berättelse som han tills vidare själv känner sig mest trygg i.

---

5 Att Penttinen höll sig till sin roll, att utreda sekundärtraumat får stöd av Bergwalls bror Sten-Ove som dessutom beklagar sig över detta: »Om förundersökningsledaren hade brytt sig om att ta reda på hur mitt [Sten-Ove] liv såg ut samtidigt som du [Sture] skulle ha blivit utsatt för övergrepp hade bilden rubbats, förstörts och alla förklaringsmodeller omintetgjorts.« (Bergwall & Bergwall 2009 s. 73)

När Bergwall slutade samarbeta med utredarna 2001 skrev han: »Att år efter år mötas av helt ogrundade påstående från en trojka [Jan Guillou, Leif G.W. Persson, Astrid Holgersson] av falska sanningssägare att jag är en mytoman, och att denna lilla grupp får ett sådant okritiskt bemötande i massmedia, är och blir för jobbigt«. »Jag tror helt på att Quick är en mytoman, vilket han själv bekräftat.« skriver journalisten Dan Larsson 2012 (s. 5). Frågan är väl hur skall man tolka ett uttalande av en lögnare som påstår sig vara mytoman?

Mats Parner (2013) har skrivit en bok om Bergwall med samma budskap som Råstam och Josefsson med en ambition att »göra en insats för att återupprätta Sture Bergwall som människa utan att /.../ skönmåla ... » (s. 131). Parner bad Bergwall skriva ett efterord till boken och fick till sin förvåning följande svar: »... Jag har sedan Råstams bok kom ut många gånger fått frågan om vad jag tycker om den, och mitt svar har varit: **Ingenting.** En bok, eller för den delen ett manuskript, som handlar om mig och om fallet TQ, berättas ju ur författaren perspektiv och återger vad denne tagit in etcetera. Jag kan sakna både det ena och det andra i Hannes bok och jag <u>känner</u> en massa, men jag vill helst inte kommentera det som <u>han</u> tagit fasta på och det som <u>han</u> upplevt som relevant. /.../ På samma sätt förhåller det sig med din text. Jag tycker din ton är bra, men just mer än så är jag inte beredd att tycka.« (s. 132). Visst är det väl anmärkningsvärt att Bergwall inte har mer positivt att säga om Parner och delvis distanserar sig från den hårt arbetande Råstam – den man som äntligen tycker sig ha förstått honom och dessutom hjälpt honom ut i frihet efter många år på Sätersjukhuset!

Oavsett vilket material man tar del av i det digra Quickmaterialet blir skuldfrågan problematisk. Men oavsett hur fatala konsekvenserna än blir för de inblandade så är och förblir skuldfrågan rättssystemets och inte psykoterapeuternas uppgift att hantera. Bergwalls (2016) senaste självbiografi har talande nog titeln: *Bara jag vet vem jag är* och så lär det väl också förbli.

Quick-kanonen i urval:

Andersson, B. m.fl (1999) *Ett rum att leva i. Om djupgående psykoterapeutiska processer och objektrelationsteori.* Stockholm: Carlssons

Belin, S. (2018) Recension av C. Lindholm: »I denna kusliga tomhet«. Stockholm: Dualis, 2018. *Psykoterapi* 2018:4 s. 44–46.

Bergwall, S. (2016) *Bara jag vet vem jag är.* Sthlm: Forum

Bergwall, S-O. (1995) *Min bror Thomas Quick.* Sthlm: Rabén Prisma

Bergwall, S. & Bergwall S-O. (2009) *Thomas Quick är död.* Sthlm: Blue Publishing

Christianson, S. Å. (2010) *I huvudet på en seriemördare.* Sthlm: Norstedts

Josefsson, D. (2013) *Mannen som slutade ljuga.* Sthlm: Lind & Co

Kaatari, H. (2014) Om sanningsanspråk och förtingligande med utgångspunkt i fallet Thomas Quick. *Psykoterapi,* 2014:2 s 26–34.

Kihlbom, M. (2014) En seriemördare, en psykoanalytiker och två grävande journalister, ett udda sällskap. *Psykoterapi,* 2014:4 s 29–35

Lambertz, G. (2015) *Quickologi.* Fri Tanke förlag.

Lindholm, C. (1999) Vad kan man lära av fallet R.N.? I Andersson, m.fl. (1999) *Ett rum att leva i.* Sthlm: Carlssons

Lindholm, C. (2014) Att läsa en berättelse. Tankar om terapi och teori med utgångspunkt i fallet Thomas Quick. *Psykoterapi,* 2014:4 s 27–35.

Lindholm, C. (2018) *I denna kusliga tomhet.* Stockholm: Dualis.

Larsson, D. (2012) *Mytomanen Thomas Quick.* Recito Förlag.

Mattson, J. (2002) *Gåtan Thomas Quick.* Stockholm: Leopard förlag.

Parner, M. (2013) *Fallet Quick/Bergwall. Analys av en vård- och rättsskandal.* Kristinehamn: Norlén & Slottner.

Quick, T. (1998) *Kvarblivelse.* Kaos Press.

Quick, T. (2001) Debattartikel. *Dagens Nyheter.* 15 november 2001.

Råstam, H. (2012) *Fallet Thomas Quick.* Sthlm: Ordfront.

Stenius, Y. & Penttinen, S. (2018) *Rättsskandalen!?* (okänt förlag)

Ståhle, B. (1999) Traumatiska erfarenheter och våldsbrott. I Andersson, m.fl. *Ett rum att leva i* (1999) Sthlm: Carlssons

Turstedt, K. (1999) Nålsöga och kunskapskälla. I Andersson, m.fl. *Ett rum att leva i.* (1999) Sthlm: Carlssons

Van der Kwast, C. (2015) *Bortom rimligt tvivel.* Bladh by Bladh.

Wånge, T. (2013) Psykologförbundet bör tillsätta en haverikommission
(Debatt om fallet Thomas Quick) *Psykologtidningen* 2013:10 s.32–35

Del 2. En kritisk granskning av Säterterapeuternas arbete.

Objektiv och subjektiv sanning

Psykoterapi, rättspsykologi, polisiärt utredningsarbete och journalistik vilar
på olika kunskapsteoretiska grundvalar och har olika mål. I polisarbete och
rättspsykologi söker man en *objektiv* sanning – fakta. I psykoterapi däremot
arbetar man systematiskt via patientens *subjektiva* sanning. Detta är den
avgörande skillnaden mellan *objektiv* kontra *konstruktivistisk* kunskapste-
ori. Idag när det talas om fake news och alternativa fakta är det synnerligen
viktigt att försvara en konstruktivistisk ståndpunkt, menar man inom den
relationella psykologin (Stern 2019). Journalistiken skall informera allmän-
heten, ibland genom att beskriva tämligen så förutsättningslöst och mång-
sidigt, men ibland också att granska utifrån ett speciellt (mål-) kriterium – i
Råstams och Josefssons fall huruvida Bergwall var oskyldigt dömd.

Målet med terapi är att hjälpa patienten att förstå och handskas med sina (i
Bergwalls fall mycket svåra) livserfarenheter – med ett relationellt språk-
bruk att hjälpa patienten till att formulera och omformulera sina erfaren-
heter (konstruktivism). I psykoterapi finns inget sanningsanspråk utöver
att man skall vara *verklighetsförankrad* – att någorlunda känna sig själv och
hur man uppfattas och fungerar i samspelet med andra människor. Det blir
besvärligt om man till exempel uppfattar sig vara Jesus, eller för att vara
mindre drastisk om man tror sig vara uppmärksam och generös medan
andra uppfattar en som egoistisk och självupptagen.

Min nedanstående analys bygger på officiellt publicerade källor och det tål
att upprepas att jag *inte* har haft tillgång till Bergwalls digra journal och
inte heller till Margit Norells opublicerade bokmanuskript om Bergwall.

Regression

»Termen regression betecknar vanligen en psykologisk process, som består i att individen återvänder till ett tidigare utvecklingsstadium eller funktionssätt. Ofta utgör processen ett försvar mot ångest.« (Fhanér 1989 s. 182). »Brister och trauman behöver upplevas i regressiva rörelser av återupplevande tillsammans med terapeuten«, skriver Cajsa Lindholm i sin Quick-bok: *I denna kusliga tomhet* (2018 s. 279). Att återuppleva traumatiska händelser i terapi medför med nödvändighet en viss återtraumatisering (Bromberg 2011). Här ställs terapeutens lyhördhet och affektregleringsförmåga på prov. Men i denna process finns inga yttre krav på faktisk sanning. Om återtraumatisering dominerar nås ingen terapeutisk utveckling utan tvärtom leder detta bara till en okontrollerad regression.

Michael Balint (1968) skiljer mellan benign och malign regression. Den förra tänkes leda till en *new beginning* medan den senare riskerar att skapa »ett beroende av [terapeuten] som kan vara ytterst svårt att upplösa.« (Fhanér s. 183). Frågan är inte om patienten skall regrediera och bli beroende, utan hur mycket, skriver Lindholm: »Vissa svar från [terapeuten] öppnar dörren på vid gavel för regression, andra gläntar på dörren medan vissa förhindrar regression.« (1999 s. 57)

Inom den relationella psykoterapin är man kritisk till det brittiska regressionsbegreppet. Stephen Mitchell (1988) menar att man i många terapier lägger alldeles för ensidig vikt vid patientens tidiga levnadshistoria och inte tillräckligt tar hänsyn till hela patientens livslinje. Han benämner detta *den utvecklingspsykologiska slagsidan*. Bergwall verkar ha fastnat i en ändlös *malign regression* kraftfullt uppbackad av behandlarna och som en följd av vallningar och förhör.[6] Terapeuterna fokuserade starkt på Bergwalls barndom och offerroll, medan polisen endast intresserar sig för förövarrollen.

---

6   Detta överensstämmer med Quicks egen uppfattning: »Det som händer är en följd av terapin och polisutredningarna. Jag ger mig iväg fysiskt när jag kommer för nära en händelse rent psykiskt. /.../ I det här fallet kostade det en ung människa livet.« (Mattsson s. 197) Quick syftar på en 19-årig pojke Örjan Sellin, som han påstår sig ha mördat 22 oktober 1993. Mordet är outrett.

Offer- & förrövaridentitet och primärt och sekundärt trauma

När Bergwall erkände var han identifierad med sin roll som *förövare* där han skadat andra. När han senare sa sig vara oskyldig var han identifierad med sin roll som *offer*. Det handlar både om medvetet och omedvetet material. Man har menat att Bergwall lekt en katt-och-råtta-lek som jag tror är missvisande. Han kan inte *alltid* ställas till ansvar för att ha ljugit – även om han *ofta* har ljugit och manipulerat. Dissociativa processer och flashbacks utgör omedvetna och automatiska psykiska processer utanför vår kontroll. Sett ur ett intrapsykiskt perspektiv rör det sig alltså om två, ibland sammanblandade – ibland mera differentierade sanningar.

Det finns ett starkt samband mellan att ha varit ett offer och senare blivit en förövare. Robert Stoller (1979) menar att göra sig till förövare utgör ett sätt att ta makten över sitt primära trauma.[7] Bergwall var från barndomen starkt traumatiserad, även om detta inte nödvändigtvis måste ha skapats av sexuella övergrepp eller mordförsök, som han själv hävdade. Utöver denna *primära* traumatisering tillkommer en *sekundär* som en oundviklig följd av de många sadistiska och sexuella våldshandlingar som Bergwall gjort och erkänt mot andra mestadels pojkar, före hans morderkännande. Den visar sig i Bergwalls skrivande, dels i att han stundtals brottats med svåra skuldkänslor och tankar på självmord och dels i hans starkt förtätade plötsliga *rollväxlingar* mellan ett passivt offer och en aktiv förövare.[8]

---

7 Detta bekräftas av Quick på flera ställen till exempel i formuleringen: »Nu bestämmer jag!« i sin beskrivning av mordet på Trine (Mattsson s. 145).

8 Det finns rikligt med exempel på sammanblandning av offer- och förövarrollen i Quicks bok *Kvarblivelse* (1998). Han skriver:
»*Som Sture Bergwall var jag* [offer] *det försvarslösa barnet* [offer], *den ogärningsman* [förövare] *som dödade. Jag* [offer och förövare?] *heter Thomas Quick och som bärare av det namnet är jag* [förövare?] *den Sture Bergwall* [offer och förövare?] *som idag tar ansvaret för mina ogärningar och som vågar minnas min* [offer] *utsatthet som liten.*« (s. 16, mina kommentarer inom hakar)
Det är inte så lätt att i helheten skilja ut vilket jagtillstånd Quick/Bergwall är i när han skriver. Detta är inte heller så enkelt som att Bergwall systematiskt är offret och Quick förövaren. Quick/Bergwall beskriver själv att hans tankevärld är sammanblandad:

Relationell multipel-självteori antar att vårt själv består av växlande jag-tillstånd – mer eller mindre integrerade (se: Wånge 2019). För att skapa oss en sammanhängande identitet integrerar vi olika fragment av våra erfarenheter. Samtidigt utelämnas andra via selektiv perception, bortträngning, klyvning, dissociation, eller fantasier. Vissa perceptioner och minnen offras, eftersom målet om en för oss själva godtagbar livshistoria är överordnat för vår psykiska överlevnad. Om vår berättelse distanserar sig avsevärt från hur omgivningen upplevt oss brukar vi kalla fenomenet för illusion eller en persons livslögn.

Psykiska processer fungerar simultant på flera nivåer, där fantasier och selektiv perception finns närmare vårt medvetande och vår viljestyrning, medan klyvning och dissociation är utanför vår kontroll och vårt medvetande. Psykologiskt sett är detta komplicerat, men inte konstigt. Från ett yttre perspektiv framstår det hela kanske som obegripligt och en logisk konklusion blir att någon måste fara med osanning. Detta visar vikten av att förstå vårt psykes funktion utöver ren kunskapsteoretisk objektivism.

»... den inre sammansmältningen har ingen möjlighet att sära på eller se den yttre. Det sökta tvillingskapet utanför mig själv är en spegel av mitt 'tvillingskap', 'tvillingskapet mellan förövare och offer.« /.../ »Förövaridentifikation. Offeridentifikation. Tillsammans, i samma skeende, i en och samma händelse.« (s. 8)

»Det är som jag finns i en 'övergång'... I 'övergången' är jag nära honom [pojken Tony – ett offer], han som jag vill vara och hade han varit i samma rum som jag, hade 'övergången' skett, dvs. jag hade gått in i honom, tagit honom in i mig. Att se honom som jag nu kallar för Tony, innebar det att jag också ville döda honom? (s. 7)

Lindholm skriver att Bergwall söker någon »att gå in i« eller »ta in i sig själv«. Samtidigt är pojken Tony »sammanblandad med – den förövare han identifierat sig med.« (s. 210). Vi är nog alla överens om att det här finns ett samband och sammanblandning och att det hela sannolikt har skrivits av någon som har starka identifikationer både med offer och med förövare. Javisst! Men till vad? Och måste anteckningarna ha skrivits av en mördare? Detta är frågor som inte kan besvaras av face value, det vill säga från berättelsen i sig. Man skall snarare betrakta hans anteckningar som en blandning av reella upplevelser och fantasier – kanske som en slags poesi? Poesi bygger ofta på sammansmältningar och nyskapande uttryck. Terapin kan möjligen hjälpt Bergwall att minnas mera, men inte skapat någon bättre förmåga att skilja mellan offer- och förrövarollen.

I Mattssons intervjubok med Quick bekräftas min tes att det funnits en konkurrens mellan primärtrauma-minnen och andra minnen. Där berättas att »Quick har så starka minnen av sina negativa barndomsupplevelser /.../ att de slår ut andra minnen, en reflexion som har stöd i minnesforskningen.« (s. 55).

Det är alltså sant att Bergwall både är ett offer och en gärningsman och att han både agerat medvetet och samtidigt varit påverkad av omedvetna defensiva psykiska försvarsprocesser – problemet är att allt blir till en salig röra. Vad gäller skuldfrågan gäller det att kunna behålla båda dessa tankar samtidigt, utan att hamna i ett polariserat antingen- eller tänkande.

Tolkning och av objektrelationsteorin

Det är inget fel på den brittiska objektrelationsteorin som de flesta dynamiska terapeuter har studerat. Teorin har både förtjänster och brister. Tillämpningen är det avgörande. En av företrädarna Harry Guntrip har uttryckt det som: *teorierna skall vara våra betjänter – inte våra herrar.* Teorin skapades av Klein, Fairbairn, Winnicott, Guntrip, med flera Då rådde en renodlad objektivistisk kunskapteori. Detta var före kunskapsteoretisk perspektivism, modernism, socialkonstruktivism och the linguistic turn. Winnicott skilde mellan ett sant själv, äkta och privat och ett falskt själv anpassat till omgivningens krav och sociala konventioner. Denna dikotomi har kritiserats från relationellt håll som menar att det finns en mängd olika föränderliga självtillstånd mer eller mindre sanna eller falska (om man nu överhuvud skall tala i termer av sant och falskt).[9]

Säterterapeuternas tillämpning av teorin är kontroversiell. De gör en objektivistisk tolkning det vill säga en korrespondenslära där våra minnen mer eller mindre korrekt avspeglar faktiska tidigare händelser i vårt liv

---

9 Det finns en teoretisk skillnad mellan klassisk psykoanalytisk teori och modern relationell psykoanalytisk teori i synen på sambandet mellan vårt inre och vårt yttre. Klassisk teori består uteslutande av intrapsykiska begrepp och gör en tämligen strikt uppdelning mellan det inte och det yttre – i förlängningen mellan fantasi och verklighet. Relationell teori menar att det är omöjligt att helt differentiera mellan det inre och det yttre, mellan fantasi och verklighet. Stephen Mitchell (1988) har illustrerat detta med det så kallade *Möbius-bandet,* där perspektivet avgör i vilken grad det är möjligt att skilja mellan in- och utsida. Säterpsykologernas tolkning av objektrelationsteorin ligger närmare den klassiska teorin än den relationella psykoterapin som försöker betona såväl objekt som subjekt.

(Andersson, m.fl. 1999). Detta innebär en tro på att det är möjligt att kunna skilja ut verkliga händelser från hur vi minns dem, istället för att betrakta dessa som metaforiska upplevelser av ensamhet, vanmakt, utsatthet, etcetera. »Initialt behöver en patient möta sin egen livshistoria och se dess betydelse för det liv han lever idag« skriver Ståhle (1999 s. 298) och: »En riktig process underlättas genom att visa på försvaren *utan att pressa*, så att ett möte sker med *verkligheten*.« (s. 299 min kursivering). Med »verkligheten« måste åsyftas något som faktiskt har hänt. Terapeuterna verkar ha hemfallit åt att ägna sig åt skuldfrågan. »Utan att pressa« blir mycket svårt att få ihop med att terapeuterna vallade en synnerligen ångestladdad Bergwall på offerplatser, samt initierade och satt med på polisförhör.

Säterpsykologerna kritiserade psykoanalysen för att man inte tillät regression och att inte tog tillräcklig hänsyn till de verkliga personerna och livshändelserna (utan bara de symboliska och imaginära). Kritiken har en lång historia från det att Freud övergav förförelseteorin 1897. Därefter förnekade Freud inte att det förekommer övergrepp, men han koncentrerade sitt teoribygge på den inre världen. Problemet har blossat upp till och från, kanske starkast på 1980-talet då Jeffrey Masson skrev boken *Sveket mot sanningen* (1984). Kritiken avvisades men det kvarstod en generell kritik mot psykoanalysen för att vara alltför intrapsykisk – en kritik som senare kom att ligga till grund för framväxandet av den relationella psykoterapin (Wånge 2019; se också min tidigare artikel om *Sexuella Trauman* i Del II).

Bergwalls ordinarier psykoterapeuter (läkaren Kjell Persson och psykologen Birgitta Ståhle) saknade psykoterapeutlegitimation och gick bland annat därför i handledning varje vecka hos psykoanalytikern Margit Norell som förväntades bidra med den psykoterapeutiska sakkunskapen, enligt Socialstyrelsens regler. »Margitgruppens« syn på handledning var den något kontroversiella ungerska skolan vilket var något som bidrog till den uppkomna förtätningen och sammanblandningen. Enligt denna skolbildning skulle (åtminstone) utbildningskandidatens första fall handledas av dennes egen analytiker, medan det normalt sett finns en tydligare distans och gränsdragning mellan psykoterapi och handledning (Weinerskolan) (Lindholm 1999 s. 86ff). Norells sätt skapade ett tätare och mera känslomässigt beroendeband mellan handledare-terapeut-patient. Risken är distanslöshet – att handledaren blir för mycket terapeut och terapeuten blir för mycket patient, vilket förstärker regressionen. I den redan så förtätade situationen runt Bergwall var troligen detta bara till nackdel. Sven-Åke Christiansson som intog flera olika roller runt Bergwall hade dessutom gått i handledning hos Norell.

Återgestaltningsidén har en avgörande plats såväl i polisens som terapeuternas arbete med Bergwall.[10] Psykologerna har haft ett stort intresse av att med hjälp av objektrelationsteorin koppla ihop barndomstrauma med senare förrövarbeteende (Andersson, m.fl. 1999). Deras tolkning fokuserar på förträngda minnen från primärtrauman (offerrollen & barndom), det vill säga ett *offers* minne av övergrepp. Lambertz skriver: »I fallet med Thomas Quick skulle de bortträngda minnena istället finnas hos *gärningsmannen*.« (s.352). Han påpe-

---

10 I terapeutiska sammanhang brukar återgestaltningsidén vanligen förknippas med *bortträngning* (av symboliserat kodade minnen). På senare tid har man istället alltmer kommit att tala om *dissociation*. Dissociation handlar om de erfarenheter som vi bär med oss men som inte är tillgängliga för vårt vanliga episodiska minne: *erfarenheter som vi inte kan komma ihåg, men inte heller glömma*. Det rör sig inte om de fenomen som den traditionella psykoanalysen har beskrivits som bortträngda utan om sådant som på något sätt »tagit sig in« i vårt psyke utanför vårt medvetande och utan att ha blivit symboliserat. Fenomenet dissociation har kommit att bli ett ökande problemområde under de senaste decennierna och olika teoretiker har närmat sig detta med egna benämningar och begrepp: *the unthought known* (Christopher Bollas), *implicit relational knowing* BCPSG (Boston Change Process Study Group), *prereflective unconscious* (David Wallin), *unfelt known* (Robert Stolorow, m.fl.), *transconscious experience* (Benjamin Wolstein) etc. Bortträngning och dissociation handlar om likartade fenomen, men det finns en del skillnader. Vid bortträngning tänker man sig att det bortträngda är symboliserat, medan man vid dissociation talar om osymboliserade, eller omformulerade erfarenheter (Stern 2013). Vid bortträngning sker återskapandet genom att göra det omedvetna medvetet – i psykodynamisk terapi genom systematiska *tolkningar*. Vid dissocierade erfarenheter menar man att återskapandet är ett emergent fenomen som uppstår spontant vid så kallade *enactments* i terapin. Tolkningar har en mer intellektuell verbal prägel medan enactments handlar om icke verbala och affektiva processer. Det kognitivt inriktade minnesskapande som Sven Å Christianson förordade vi vallningarna står närmare bortträngning än enactments. Jag avhandlar enactment- & dissociationsbegreppen i min bok: Wånge 2019 s.129–135.

kar att *förrövarrollen* (sekundärtraumat) inte varit i fokus när man diskuterat svårigheterna att skilja mellan äkta och falska minnen. Norells och rättssystemets teorier handlar i så fall delvis om olika saker, eftersom de inblandade inte gjorde en ordentlig distinktion mellan primär- och sekundärtrauman. I Bergwalls fall handlade det om en stor mängd mycket allvarliga såväl primär-som sekundärtrauman vilket naturligtvis medfört en avsevärd risk för sammanblandning, inte minst om han också befunnit sig i varierande regressiva och dissocierade tillstånd. (Se: *Dissociation eller bortträngning* i Del II.)

Tillämpning av objektrelationsteorin

Lindholm/Norell menade att den psykoanalytiska teorin var ett slutet system med för lite betoning av de verkliga tidiga relationerna och vid reella trauman, speciellt sexuella övergrepp. Historiskt sett finns det en kärna i kritiken, men Lindholm/Norell har onyanserat dragit detta till sin motsats och själva hamnat i en överkompenserad antites i sin praktik. De har varit enögt intresserade av att dyka allt djupare in i patientens inre tankevärld. Man använder sig starkt av motöverföring för att identifiera sig med patientens inre. Samtidigt lyser patientens överföring med sin frånvaro. Normalt sett har man genomgående fokus på överföringen och brukar göra kopplingar mellan det som utspelar sig visavi terapeuten och till övriga personer i patientens yttre liv. I relationell terapi har man dessutom tillgång till relationella begrepp som enactment, selfdisclosure, etcetera, som tydligt kopplar patientens invanda mönster till de aktuella relationerna i nutid. Frågorna är många. I vilka situationer menar man att Bergwall iscensatt sitt inre till det yttre: till vem, var, när och hur?

Säterpsykologerna är helt förvissade om att de förstår och tolkar honom rätt men detta är naturligtvis mycket problematiskt att verifiera. En annan svårighet handlar om hur sammanblandade Bergwalls och den enskilde terapeutens upplevelsevärldar har varit. I boken *Ett rum att leva i* skriver Kerstin Turstedt: »Jag fick kontakt med mina egna mycket starka känslor /.../ [som] har sitt ursprung i mina erfarenheter som barn /.../ De känslor som väcks i mig ger mig kunskap hur det kan ha känts för [patienten] när han var barn.« (1999 s. 180). Vid tolkning använder sig terapeuten av sina egna erfarenheter, men Turstedt verkar överbetona detta på ett sätt som riskerar allvarlig sammanblandning. Säterpsykologernas kliniska exempel visar på överidentifiering. Bergwall skriver: »I terapin tolkades halvkvävt mummel som glasklart tal, tårar i ögonen som skräck för mamma, minnen av pojkspring som flykt från övergrepp.« (Bergwall & Bergwall 2009 s. 224). Berättelserna skall betraktas som (re-)konstruktioner av Bergwalls erfarenheter och upplevelser från en oändlig mängd av olika möjligheter. Om man försöker göra sanningsanspråk kopplat till yttre konkreta händelser blir det synnerligen problematiskt.[11]

---

11 Jag är själv allergisk mot all abstrakt flum-psykologi, det vill säga psykologiska konstruktioner av den inre världen som inte går att koppla till utsidan. Lindholm refererar till exempel till Barbro Sandin »om den viktiga frågan för all djupgående terapi« enligt följande:
»Hur ska patienten och omgivningen kunna samverka för befrielse från den sönderbrytande skräcken till en stegvis förändring i en växandets nyorientering med ett ökande mod att bli en person som inte förgäves ropar efter sitt *Jag* i en ekande tomhet?«
Får vi något svar på frågan? Nej! Ingenstans har jag hittat något konkretare svar hos Säterpsykologerna. Det stora problemet med deras terapier är att de aldrig når utanför den intrapsykiska sfären, varken patientens eller terapeutens. Man anger inga konkreta implikationer av sina kliniska beskrivningar.
Lindholm citerar rikligt från Bergwall och menar att hans texter »både är insiktsfulla och mogna« (s. 270): »Det finns inga elaka barn, men det finns barn som har det svårt ... jag tror att det otrygga barnet ... aldrig blir sig själv ... och [aldrig kan] befinna sig moget i förhållandet till andra ... Allt från Bergwall verkar dock långt ifrån lika integrerat och moget, även om det är en betydligt lägre grad av sammanblandningar och förtätningar i Bergwalls senaste biografi jämfört med hans första. Lindholm menar att Bergwall har insikt om sitt »meningslösa dödande« och hon skriver:«Hans minne kan '*tänkas, finnas*' och orden leder vidare, ut ur '*återgestaltningens tvång*', men längtan lever starkt i honom och är sammanblandad med barndomens förvridna erfarenheter: '*Jag gömde min skräck, med smärta /.../ Jag fångade Kristus orgasm i mig och gick gråtande in i huset. /.../ Min gråtande säd fläckade betonggolvet gossen smakade inte ens värme /.../ Mitt bröst kunde vara så fuktigt, så rädd. Hakan i blötet och skedbärerskan*' etcetera (2018 s. 145ff).
»Behöver strofen kommenteras? Talar den inte sitt tydliga språk ...« frågar oss Lindholm. Ja och Nej! Ja, den behöver kommenteras. Och nej, detta talar inte ett tydligt språk. I bästa fall kan vi se det hela som en levande beskrivning av ett slags regressivt självtillstånd, eller möjligen som en slags poesi. Men det är samtidigt helt omöjligt att relatera på ett entydigt sätt till det yttre. Vi får inte veta hur detta tagit sig till konkreta uttryck: till vem, var, när och hur i Bergwalls handlingar och relationer.

Terapeutiska möten är unika. Med olika terapeuter skapas olika berättelser. Lindholm och Norells syn på motöverföring verkar paradoxalt bara medfört att terapeut och patient tillsammans har skapat ett eget slutet symbiotiskt system, avskilt i förhållande till en komplicerad yttervärld. Lindholm skriver om »ömsesidig förförelse« och »symbiotisk förförelse« och syftar på relationen mellan Bergwall och Råstam (2018 s. 293). Det mesta talar för att så varit fallet minst lika mycket mellan Bergwall och Säterterapeuterna. Bra terapi måste ha en god balans mellan dåtid, nutid och framtid. Säterpsykologernas terapi handlar nästan uteslutande om retrospektiva kopplingar till barndomen, något som bara leder till ändlösa regressiva terapier utan någon framåtrörelse.

Är vallningar ett terapeutiskt verktyg?

Det som förenar terapeuterna med polisens och rättspsykologens arbete var att man gjorde vallningar. Objektrelationens pionjärer Klein, Fairbairn, Winnicott, Guntrips, med fleras arbete skedde i ett terapirum. Att polisen gör vallningar på brottsplatser är inget märkvärdigt. Men i detta fall gjordes separata vallningar också av terapeuter och av läkare.[12] Det finns mig veterligen ingen psykodynamisk utbildning där man lär sig att valla patienten? Tvärtom anses kontakt utanför terapirummet som mer eller mindre kontraindicerad. Den terapeutiska situationen är en konstruktion som har en mycket viktig *illusorisk* »*as-if*« *kvalitet* som kan beskrivas som *inte fantasi, inte verklighet.* Den illusoriska kvaliteten upprätthålls av kontinuitet, en bestämd plats och fast tidsram, med mera och förstörs så fort man bryter ramarna, till exempel träffas utanför terapirummet. Jag har skrivit lite om detta i min bok (Wånge 2019 s.139ff). Jag ställer mig kritisk till »terapeutiska« vallningar.

Terapi med patienten på institution (i Bergwalls fall på rättspsykiatrisk avdelning med olika professioner) är annorlunda, jämfört med när patien-

---

12 Överläkaren Kjell Långberg tog med Bergwall på vallningar till Sundsvall och Bosvedjan 1992 och till Ryggen 1993. (Larsson 2012 s 184).

ten besöker en privatpraktiker eller går på en öppenvårdsmottagning och bara träffar terapeuten. Det är viktigt att noga tänka igenom ramarna runt terapin och gränserna mellan de olika professionerna. En institutionsvistelse skapar i sig regression, jämfört med när patienten klarar sitt leverne själv. Det finns också andra, bättre sätt än vallningar om man vill förstärka patientens regression (utan att bryta ramarna) även om detta troligen var kontraindicerat i Bergwalls fall. Det klassiska sättet är täta kontinuerliga sessioner kanske 5–6 gånger i veckan eller möjligen extrasessioner. Med få undantag bör terapeuter hålla sig i terapirummet och vara försiktiga med övrigt deltagande i institutionslivet.[13]

Lindholm skriver att »den terapeutiska relationen är en förutsättning för att patienten ska kunna återuppleva och integrera traumatiska erfarenheter. /.../ att terapeuten är ärlig och pålitlig – och inte lämnar patienten ensam. Vilket i praktiken innebär att terapeuten behöver vara beredd att ge extratider, finnas på telefon och inte ta för långa semestrar i svåra skeden.« (1999 s. 92f). Pålitlighet är nödvändigt men jag är mycket tveksam till att terapeuten skall vara tillgänglig i tid och otid. Alltför ofta har jag upplevt hur terapeuter indirekt uppmuntrar patienter till onödigt regressivt beteende, härstammande från terapeutens eget behov av bekräftelse eller av att vara den viktigaste personen för patienten. På en institution finns andra personer som kan hantera patientens ångestkriser. Terapeuten skall hålla sig till att fokusera på den psykoterapeutiska processen och berättelsen.

---

13 En institution som Säter, med olika professioner och personal kan möjligen betraktas som miljöterapeutisk. Då är det viktigare än någonsin att man som terapeut försöka behålla det terapeutiska rummet intakt och låta annan personal sköta handhavandet av patienten och det övriga miljöterapeutiska arbetet. Christopher Bollas har i boken *Catch Them Before They Fall* (2013) beskrivit hur han ibland skapat ett tillfälligt terapirum genom att »låsa in sig« med patienten över ett veckoslut på något hotell med schemalagda heldagssessioner, under strikt kontrollerade former, där alla övriga interventioner (medicinering, transport, etcetera) utförs av andra än terapeuten. Här får patienten »oändligt« med tid för att regrediera. Det viktiga är alltså att det terapeutiska materialet *utgår från* patientens »inre« och att terapeuten inte låter sig kontamineras. Jag är övertygad om att det skulle vara mycket främmande för Bollas att interagera med patienten ute i »verkligheten«. Påpekas skall att de patienter som Bollas beskriver inte befann sig på någon institution.

Detta arbete är inte akut, och i synnerhet inte när patienten finns på institution. »Det outhärdliga tar tid att blottlägga«, skriver Lindholm/Norell (2018 s. 273) och Ståhle: »Detta arbete måste få ta lång tid ...« (1999 s. 298). Det är svårt att förstå varför terapeuterna gjort vallningar istället för att låta sanningen sakta »få komma krypande« i Bergwalls egen takt. Ivern att tvinga fram nytt terapimaterial återtraumatiserade Bergwall starkt och har paradoxalt medfört att differentieringsprocessen mellan offer- och förövarperspektiven istället har försvårats eller förhindrats – en differentiering som hade varit till gagn för att utreda de faktiska omständigheterna.[14]

Bergwall hade en föreställning om att han i fyraårsåldern, tillsammans med sin far hade varit med om att gräva ner sin nyfödde lillebror Simon, som dessförinnan hade dödats och skändats av föräldrarna. Under stor vånda och ångest, gjorde Bergwall »en resa tillsammans med sin terapeut och personal till Främby, platsen för Simons 'gömsle' «. Syftet var »att den konkreta upplevelsen av platsen [skulle] befria honom från bindningen till föreställningen om en 'levande' Simon.«, skriver Lindholm (2018 s. 242). Hur denna »magiska« befrielse skulle gå till avhandlas inte av Lindholm/Norell. Bergwall säger sig flera gånger själv ha återbesökt gömslet – denna plats där han befunnit sig i en passiv offerroll (s. 241). Platsen skall ligga 75 m geografiskt sett från den plats där han påstår sig ha gömt kroppsdelar från olika pojkoffer och där han vallades av polisen för sin roll som förövare – en vallning som han vägrade fullfölja (Mattsson s. 40).

När Bergwall började erkänna var han i en identifieringsprocess som *förövare*. Konsekvensen av erkännanden blev polisvallningar. Att i detta läge påbörja terapivallningar som alltså handlar om en helt annan rollidentifikation som *offer* måste snarare ha kontaminerat resultatet av polisvallningarna, som annars skulle kunnat lett till en tydligare differentiering av Bergwall som förövare. Istället uppstod det en tidsmässig sammanblandning av primärt

---

14 Mattsson verkar vara inne på samma tanke när han skriver följande om polisens arbete: » ... ganska snart lärde sig [poliserna] att vänta ut Quick, tills han följt sina associationer till vägs ände och då kommit fram till en sanning med verklig substans.« (s 194).

och sekundärt traumamaterial.[15] Den samtidiga aktiveringen av två olika fokus skapade ökad klyvning av och överbelastning på Bergwalls psyke som sannolikt ökat hans förvirring – som i sin tur försvårat klargörandet av de faktiska förhållandena. Retrospektivt sett skulle terapeuterna uteslutande ha inriktat sig på att reducera hans ångest och stabilisera honom i här och nu-situationen. Men återgestaltningstanken dominerade terapin som därmed verkat för fortsatt regression. Så länge sammanblandningarna var så omfattande skulle man undvikt att spä på en regression.

Norells praktik innebar ett enögt fokus på trauman och övergrepp (Lindholm 2014). Detta var »en förenklad tanke om att något likt 'sesam öppna dig' skulle lösa patientens problem« (2018 s. 280) och att det skapar en tendens »till en överdriven förståelse inför patientens oförmåga att skilja ut sig och lämna gamla mönster.« (s. 281). Med för mycket förståelse från terapeuten i kombination med en obenägenhet till konfrontation håller man patienten kvar i regressiva tillstånd istället för att utvecklas, skriver Lindholm.

Sett ur ett socialkonstruktivistiskt perspektiv behöver förmågan att minnas inte alltid vara positiv. Det är inte bra att hålla borta fakta från ens historia om detta begränsar vårt psykiska fungerande och genom ett upprepnings-tvång »pockar på« att bli upplevt. Men om minnena bara är ohanterliga och gör saken värre för patienten kan det vara bättre att blicka framåt och »låta gamla hundar ligga begravda«. Säterpsykologerna menar tvärtom att återkallandet av minnen har ett starkt egenvärde. Men sanningsfrågan är inte terapeuternas utan rättssystemets business. Återgestaltning var likväl den övergripande behandlingsidén på Säter. Fokuseringen på de tidiga barndomsminnena översvämmade Bergwalls psyke – ett psyke som redan varit tämligen så grumligt och förvirrat. Han blev inte blivit hjälpt med att sortera och skapa ordning och mening, mellan då och nu och mellan fantasi och verklighet. Terapin genererade en ökande mängd av regressivt

---

15 Det finns stöd för mitt resonemang i Quicks egna tankar. I intervjuboken berättar han till exempel om hur »falskt och äkta [är] sammanblandat«. Och vad gäller skuld att det är »viktigt /.../ att man i terapin skiljer på den tidigt *inplanterade skulden* och den *sanna skulden*.« (Mattssons s. 177, kursiv i original). Quicks distinktion påminner om den som jag gör mellan primär- och sekundär traumatisering.

material och reducerade inte Bergwalls ångestnivå. Om detta stämmer är det inte så konstigt att han till slut hoppade av och behövde vara ifred.

Lindholm beskriver personalen på Säter som »en mycket kvalificerad, engagerad och självständigt arbetande personal« som i hög grad bidrog »till behandlingen och utvecklingen hos de patienter som jag kom i kontakt med« (2018 s. 289). Hon menar att bilden bekräftas i Bergwalls (då Quicks) bok *Kvarblivelse*. I Norells kölvatten framhåller Lindholm att boken utgör en beskrivning av den terapeutiska processen som hyllas som en terapeutisk framgång. Boken är utgiven 1998 på förlaget *Kaos Press*. Förlagsnamnet visar ironiskt nog vad det huvudsakligen handlar om – en lång sekvens av kaotiskt regressivt sammelsurium – högt och lågt. Lindholm säger sig ha insett begränsningen med »återgestaltningsidén«. Likväl utgör hennes bok (2018) till största delen en fortsättning på samma sak – en lång ensidig upprepning av regressivt intrapsykiskt material. Vi får bara reda på vad vi redan visste – *att* det finns ett starkt samband mellan offer och förövare, men ingenting om *hur* detta samband ser ut.

Kontaminering och motstridiga professionella strävanden

Rollskillnaderna skapar ett avgörande dilemma genom att rättssystemet *uteslutande* intresserar för sekundärtraumat, medan terapeuterna huvudsakligen inriktade sig på primärtraumat. Terapeuterna fokuserade på tidig barndom: omsorgsbrist och vanmakt. Som tidigare påpekats utförs våldtäkter och mord för att vända vanmakt till makt, underläge till överläge, etcetera. »Att tala om /.../ vanmakt är /.../ ingen framkomlig väg till ett medgivande och berättande.« Terapeuterna skapade alltså »vanmakt och avstängdhet snarare än att öppna upp för ett berättande« (Christianson 2010 s. 382) av *sekundärtraumat* skall tilläggas. Terapeuter och poliser arbetade i helt motsatta riktningar – något som man inte verkar ha varit uppmärksam på.

Vallningarna skapade en kraftig återtraumatisering av Bergwall, så känslomässigt starka att de »höll på att utlösa ett psykotiskt genombrott«

(Mattsson s. 40). Quick var tungt medicinerad. Men som både polisen Penttinen och kommissionen skriver, var det ändå inget »drogfyllo« som man släpade omkring på. Penttinen verkar ha haft koll på vad man faktiskt utsatte Bergwall för emotionellt (det vill säga affektregleringen). Från vallningarna genererades en icke sinande ström av oöverskådligt och osorterat regressivt material som snarare förvirrat än klargjort situationen. Bergwall bekräftar i en intervju hur splittrat han upplevt det: »då har jag att anpassa mig till terapeuten, till dig [Christianson], till polisen och kanske till någon annan kringmänniska. Och då kan ju mitt eget rollspel bli väldigt komplicerat, att få ihop alla dessa anpassningar åt alla dessa håll. I ett och samma skede.« (Christianson 2010 s. 447). Vallningarna gav ett splittrat resultat som bara komplicerat bilden.

Christianson hade föga insikt i hur han själv bidrog till att blanda ihop de professionella rollerna och primär- och sekundärtraumana. Det framgår till exempel av hans riktlinjer för vallning av Quick den 11 juni 1988. Han anser att terapeuten och Quick »bör påminna varandra om den process som redan finns« och efteråt »Här behövs ett omhändertagande med fysisk beröring, medicinering osv. Birgitta [terapeuten] är förstås mycket viktig här. Mediciner Xanor enligt dos TQ får bestämma, även Heminevrin.« (Bergwall & Bergwall 2009 s. 20f). Christianson uttalar sig bestämt och ogenerat om hur övriga professioner skall agera! Riktlinjedokumentet är en märklig produkt med egendomliga interventioner. Interpersonella processer är emergenta, men Christianson har en högst anmärkningsvärd förutbestämd uppfattning om vad som skall komma att hända! Dessutom är det uppenbart att han förutsätter att han har med en seriemördare att göra.[16] Som vittnespsykolog har Christianson ägnat sig åt sanningsfrågan (*sekundär*traumat) vilket kolliderat med terapeuternas fokus på *primär-*

---

16 Dokumentet finns i Bergwall & Bergwalls bok (2009) tillsammans med flera andra dokument: journalanteckningar, Ståhles och Norells anteckningar, utdrag från brev från behandlare, med mera. Med tanke på att Bergwall ibland ljugit och manipulerat kan det kanske finnas anledning att granska äktheten i dessa handlingar? I boken framställer sig Sture Bergwall som ett viljelöst offer för andras konspiratoriska handlingar. Brodern Sten-Ove är ambivalent och verkar ibland inte riktigt veta vad han skall tro om vad som egentligen har hänt.

traumat. Man undrar hur gränserna och dialogen mellan terapeuterna och vittnespsykologen har sett ut? Har man utbytt information? Hur? Om vad?

Sammanfattning

Av ovanstående framgår att Säterpsykologerna i flera avseende har agerat mot bättre vetande, såväl eget som andras, som lett till att Bergwalls terapi fastnat i en ofruktsam regression. Med en annan tolkning av teorin och bättre kunskaper skulle psykoterapeuterna sannolikt kunnat bidragit till en avsevärt mindre professionell polarisering som därmed bättre möjliggjort för rättssystemet att sortera ut fakta.

Referenser (utöver den digra svenska Quick-kanonen):

Balint, M. (1968) *The Basic Fault*. London: Karnac 1979

Bollas, C. (2013) *Catch them before they fall: the psychoanalysis of breakdown*. N.Y.: Routledge

Bromberg, P. (2011) *Awakening the dreamer: clinical journeys*. N.Y.: Routledge Fhanér, S. (1989) *Psykoanalytiskt lexikon*. Shlm: Norstedts.

Masson, J. (1984) *Sveket mot sanningen. Hur Freud kom att överge sin förförelseteori*. (Sv.ö) Sthlm: W&W, 1984

Mitchell, S. (1988) *Relational concepts in psychoanalysis*. N.Y.: Routledge

Stern, D. B. (2013) *Partners in Thought: working with unformulated experience, dissociation, and enactment*. N.Y.: Routledge.

Stern, D. B. (2019) Constructivism in the age of Trump: truth, lies, and knowing the difference. *Psychoanalytic Dialogues*, vol. 29, no 2, 2019, 189-196

Stoller, R (1979) *Sexual excitement: dynamics of erotic life*. London: Maresfield.

Wånge, T. (2019) *Relationell Psykoterapi – introduktion & idéhistoria*. Sthlm: BoD, Books on Demand.

Efterskrift

Texterna skrevs till och från att det att Bergwall börjat återta sina morderkännande och slutligen frigavs 2010, efter många år på Säterssjukhuset, och till en tid efter att spelfilmen Thomas Quick hade premiär 2019. År 2013 skrev jag en debattartikel i *Psykologtidningen* (Wånge 2013) där jag argumenterade för att Psykologförbundet skulle tillsätta en haverikommission för att granska de psykologiska insatserna. Så gjordes, den så kallade Bergwallkommissionen som bestod av jurister. Man utredde det som benämndes som ett rättshaveri och man riktade stark kritik mot många av de inblandade.

Det har nu gått en lång tid sedan Bergwall frigavs. Det finns väl egentligen bara förlorare på hela Quick-affären och det bästa vore kanske att försöka lägga det hela till handlingarna. Men det hemska är att morden faktiskt inte uppklarade. Det kvarstår alltså många frågetecken. Jag tror fortfarande att om man gjort de distinktioner jag gör i min analys så skulle detta kanske kunnat ha haft betydelse både för terapi- och rättsprocesserna.

Dessutom kom vår kära brittiska objektrelationsteori i vanrykte och behöver kanske fortfarande upprättelse?

Jag har alltså känt en viss ambivalens inför att inkludera denna text, men till slut ändå bestämt mig för att det är bättre att fria än att fälla.

Del V.

REFERENSER

Referenser över biografier och personologi

Jag nämnde i början av boken att teorier hänger ihop med sina upphovspersoner och deras rådande tidsanda. Atwood och Stolorow (1979) menar att teoretikernas personliga livserfarenheter avspeglas i deras teorier och att detta dessutom har en tendens att generaliseras till naturlagar för hela mänskligheten. Teorier måste därför (psyko-)analyseras i detta avseende av utomstående. De kallar denna disciplin för *personologi*. Nedan följer en lista över den biografiska och personologiska litteratur som jag själv har ägnat mig åt:

Biografier:

Wilfred Bion:
Bion, W. (1982/1991) *The Long Week-End. 1897-1919.: A part of a life.* London: Karnac.
Bion, W. (1985/1991) *All My Sins Remembered. Another part of a life.* London: Karnac.

Cristopher Bollas:
Bollas, C. (2017) *When The Sun Bursts. The Enigma of Schizophrenia.* Yale Univ. Press. (Del 1: s. 1-83)

Sigmund Freud:
Braad Thomsen, C. (1985) *Sigi erövraren. En Sigmund Freud biografi.* Stockholm. Alfabeta.
Breger, L. (2000) *Freud. Darkness in the Midst of Vision.* N.Y.: Wiley.
Ferris, P. (1998) *Dr Freud. A Life.* London: Pimlico.
Freud, S. (1925) Självbiografi. *S.Skr.III* s. 504–564.
Gay, P. (1988) Freud. Stockholm: Bonnier, 1990.
Jones, E. (1953) *The Life and Work of Sigmund Freud.* N.Y.: Penguin, 1961
Mannoni, O. (1968) *Freud.* Glänta Produktion, 2001.
Phillips, A. (2014) *Becoming Freud. The making of a psychoanalyst.* London: Yale.

Roudinesco, E. (2014) *Freud: In His Time and Ours.* (Eng. övers.) London: Harvard, 2016.

Roazen, P. (1971) *Freud And His Followers.* N.Y.: Da Capo Press 1992.

Schur, M. (1972) *Freud. Living and Dying.* London, The Hogarth Press.

Sjögren, L. (1989) *Sigmund Freud. Mannen och verket.* Stockholm: NoK.

Sulloway, F. (1979) *Freud, Biologist of the Mind.* U.K.: Fontana Paperbacks, 1980.

Wollheim, R. (1973) *Freud.* London: Fontana Press, 1985.

Ernest Jones:

Jones, E. (1959/1990) *Free Associations. Memories of a Psychoanalyst.* N.Y.: Transaction.

Carl-Gustav Jung:

Jung, C-G (1963) *Memories, Dreams, Reflections: An Autobiography,* London: William Collins, 2019.

Masud Khan:

Cooper, J. (1993) *Speak of me as I am. The life and work of Masud Khan.* London: Karnac.

Hopkins, L. (2006) *False Self. The life of Masud Khan.* N.Y.: Other Press.

Willoughby, R. (2005) *Masud Khan. The myth and the reality.* London: Free Assoc.

Melanie Klein:

Grosskurth, P. (1986/1989) *Melanie Klein.* London: Maresfield Libarary.

Jaques Lacan:

Roudinesco, E. (1990) *Jacques Lacan & Co. A History of Psychoanalysis in France, 1925-1985.* Chicago: The University of Chicago Press.

Roudinesco, E. (1993) *Jacques Lacan. En levnadsteckning, ett tankesystems historia.* Sv.ö. Stockholm: Brutus Östlings Bokförlag Symposium AB, 1994.

Wilhelm Reich:

Sharaf, M. (1983) *Fury on Earth. A biography of Wilhelm Reich.* N.Y.: St. Martin's Press

Harry Stack Sullivan:

Chapman, A.H. (1976) *Harry Stack Sullivan. His Life & His Work.* N.Y.: Putnams Sons.

Evans III, F.B. (1996) *Harry Stack Sullivan. Interpersonal theory and psychotherapy.* N.Y.: Routledge.

Donald Woods Winnicott:

Clancier, A. & Kalmanovich, J. (1987) *Winnicott and Paradox.* London: Tavistock.

Kahr, B. (1996) *D.W. Winnicott. A biographical portrait.* London: Karnac.

Kahr, B. (2016) *Tea with Winnicott.* London: Karnac.

Kahr, B. (2024) *Hidden Histories of British Psychoanalysis.* London: Karnac.

Phillips, A. (1988) *Winnicott.* Stockholm: W&W.

Rodman, R. (2003) *Winnicott. Life and work.* Cambridge: Perseus Publishing.

Ludwig Wittgenstein:

Andersson, S. (2012) *Filosofen som inte ville tala. Ett personligt porträtt av Ludwig Wittgenstein.* Stockholm: Norstedts.

Monk, R. (1990) *Ludwig Wittgenstein: Geniets plikt.* Sv.ö. Göteborg: Daidalos, 1992.

Personologi:

Atwood, G. (2004) The Pursuit of Being and the Life and Thought of Jean-Paul Sartre. I Stolorow, R., Atwood, G. & Brandchaft, B. (ed) (2004) *The Intersubjective Perspective.* N.Y.: Jason Aronson.

Atwood, G. & Stolorow, R. (1979) *Faces in a Cloud.* (2:a uppl.) N.Y.: Aronson 1993.

Orange, D., Atwood, G. & Stolorow, R. (1997) *Working Intersubjectively.* Hillsdale: The Analytic Press.

Credo – jag tror, jag tänker:

Credos är en författares analys av och tankar om sitt sätt att arbeta: antagande, teorier, influenser, med mera. Emmanuel Ghent var den som tog initiativet och inviterade ett antal erfarna psykoanalytiker till att författa sitt credo, som sedan publicerades i *Psychoanalytic Dialogues*. Dessförinnan skrev han själv en artikel om själva credo-projektet i tidskriften. Den finns också med i hans samlade uppsatser.

Ghent, Emmanuel (1989) Credo. The Dialectics of One-person and Two-person Psychologies. *Psychoanalytic Dialogues* vol. 25, 2015 p. 169-211.
Ghent, E. (2018) *The Collected Papers of Emmanuel Ghent. Heart Melts Forward*. N.Y.: Routledge.

Här följer en lista på de credos som publicerats i tidskriften *Psychoanalytic Dialogues:*

Atwood, George	i *Psychoanalytic Dialogues*	vol. 25, 2015 issue 2
Bass, Anthony		vol. 22, 2012 issue 1
Bacal, Howard		vol. 27, 2017 issue 1
Bergmann, Martin		vol. 23, 2013 issue 3
Benjamin, Jessica		vol. 15, 2005 issue 2
Bromberg, Philip		vol. 22, 2012 issue 3
Kernberg, Otto		vol. 23, 2013 issue 2
Korbett, Ken		vol. 31, 2021 issue 3
Lachmann, Frank		vol. 26, 2016 issue 5
Levenson, Edgar		vol. 22, 2012 issue 1
Lichtenberg, Joseph		vol. 24, 2014 issue 2
Wallerstein, Robert		vol. 25, 2015 issue 5

Jill Salberg (2022) har sammanställt en bok med credos från tjugosju psykoanalytiker bland andra av: Christoper Bollas, Thomas Ogden, Stephen Mitchell, Nancy McWilliams, Lewis Aron. Jag recenserade boken i tidskriften *Psykoterapi*.

Salberg, J. ed. (2022) *Psychoanalytic Credos. Personal and Professional Journeys of Psychoanalysts.* N.Y.: Routledge.

Wånge, T. (2022) Recension av J. Salberg, ed.: »Psychoanalytic Credos. Personal and Professional Journeys of Psychoanalysts.« N.Y.: Routledge 2022. *Psykoterapi* 2022:3 s. 52-53

Steven Kuchuch (2013) har sammanställt en liknande bok där arton relationella psykoanalytiker berättar om hur personliga livserfarenheter har påverkat deras arbete, bland andra: Galit Atlas, Joyce Slochover, Irwin Hirsch, Chana Ullman, Michael Eigen, Philip Ringstrom, Bonnie Zindel, Martin Bergmann.

Kuchuck, S. ed. (2013) *Clinical Implications of the Psychoanalyst´s Life Experience: When the Personal Becomes Professional.* N.Y.: Routledge.

Litteratur

Abram, J. (1996) *The Language of Winnicott. A Dictionary of Winnicott´s Use of Words.* London: Karnac.

Abram, J. (ed.) (2013) *Donald Winnicott Today.* London: Routledge.

Andersson, B., Bratt-Göthberg, T., Liljeström, G., Lindholm, C., Ståhle, B. & Turstedt, K. (1999). *Ett rum att leva i. Om djupgående psykoterapeutiska processer och objektrelationsteori.* Stockholm: Carlssons.

Arbman, H. (2022). Freuds livliga fantasi gav upphov till hans teorier om sexualitet. I *Dagens Nyheter,* 17 augusti 2022.

Aron, L. (2002) Launching the IARPP e-Newsletter. I *IARPP eNEWS,* vol.1, nr.1, Summer 2002 p. 1-3.

Aron, L. (1996) *A Meeting of Minds. Mutuality in Psychoanalysis.* N.Y.: Routledge

Aron, L. (2006) Analytic impasse and the third: Clinical implications of intersubjectivity theory. *Int J Psychoanal,* 87: 349-368.

Aron, L., Grand, S. & Slochower, J. (eds.)(2018a) *De-Idealizing Relational Theory: A Critique From Within.* NY: Routledge.

Aron, L., Grand, S. & Slochower, J. (eds.)(2018b) *Decentering Relational Theory: A Comparative Critique.* NY: Routledge.

Aron, L. & Harris A., eds. (1993). *The Legacy of Sandor Ferenczi.* Hillsdale, NJ.: The Analytic Press.

Aron, L. & Starr, K. (2013) *A Psychotherapy for the People: Toward a Progressive Psychoanalysis.* N.Y.: Routledge.

Atlas, G. (2016) *The Enigma of Desire. Sex, Longing, and Belonging in Psychoanalysis.* N.Y.: Routledge.

Atlas, G. (2016) *The enigma of desire.* London: Routledge.

Atlas, G. (2022). *Emotional Inheritance.* N.Y.: Little Brow Spark.

Atlas, G. ed. (2021) *When Minds Meet: The Work of Lewis Aron.* N.Y.: Routledge.

Atlas, G. & Aron, L. (2018). *Dramatic Dialogue: Contemporary clinical practice.* N.Y.: Routledge.

Atwood, G. (2004) The Pursuit of Being and the Life and Thought of Jean-Paul Sartre. I Stolorow, R., Atwood, G. & Brandchaft, B. (ed)(2004) *The Intersubjective Perspective.* N.Y.: Jason Aronson.

Atwood, G. (2012) *The Abyss of Madness*. N.Y.: Routledge.

Atwood, G. (2015) Credo and reflections. *Psychoanal. Dialogues.* 2015:25 nr.2 s.138–152.

Atwood, G. & Stolorow, R. (1979) *Faces in a Cloud.* (2:a uppl.) N.Y.: Aronson 1993.

Atwood, G., & Stolorow, R. (1984) *Structures of Subjectivity.* (2:a uppl.) N.Y.: Routledge 2014.

Balint, M. (1949) Changing Terapeutic Aims & Technique in Psycho-Analysis. I: *Primary Love & Psychoanalytic Technique.* London: Maresfield, 1985.

Balint, M. (1968) *The Basic Fault,* London: Tavistock, 1986.

Barsness, Roy E.(ed.)(2018) *Core Competencies of Relational Psychoanalysis: A Guide to Practice, Study, and Research.* N.Y.: Routledge.

Barsness, R. (2018) Core Competencies in Relational Psychoanalysis. I Barsness, R. (ed.) (2018) *Core Competencies in Relational Psychoanalysis: A Guide to Practice, Study and Research.* N.Y.: Routledge.

Bass, A. (2003) »E« enactments in psychoanalysis: Another medium, another message. *Psychoanalytic Dialogues, 13*: 657–675.

Bass, A. (2011) Improvisation in 21st Century Psychoanalysis. Seminar, 2 July at the 9th IARPP Conference in Madrid 2011.

Beebe, B, & Lachmann, F. (2002) *Infant research and Adult Treatment: Co-constructing Interactions.* Hillsdale, NJ.: The Analytic Press.

Beebe, B, & Lachmann, F. (2013) *The Origins of Attachment: Infant research and Adult Treatment.* NY: Routledge.

Bernstein, R. (1983) *Bortom objektivism och relativism.* (Sv.ö). Göteborg, Röda Bokförlaget, 1987.

Benelbaz, K. (2015) Recension av Elisabeth Roudinesco: »Sigmund Freud: En son temps el dans le nôtre«. Seuil 2014. *Psykoterapi* 2015:1, 44–46.

Benjamin, J. (1988) *The Bonds of Love.* N.Y. Pantheon.

Benjamin, J. (1995) Likhet och skillnad. Sv.ö. i *Divan* 2002 nr 1–2, s. 82–99.

Benjamin, J. (2002) Why We Need the IARPP? I *IARPP eNEWS,* vol.1, nr.1, Summer 2002 p. 4–5

Benjamin, J. (2004) Beyond doer and done to: An intersubjective view of thirdness. *Psychoanal. Quart.* 73: 5–46.

Benjamin, J. (2008) Dekonstruktion av kvinnligheten: att förstå »passiviteten« och dotterns position. *Divan.* 3–4/2008: 5–15.

Benjamin, J. (2017) Bortom den-som-gör och den-som-blir-gjord-med. Ett intersubjektivt perspektiv på trehet. I *Divan* 3–4/2017 s. 59–85.

Benjamin, J. (2018) *Beyond Doer and Done To. Recognition Theory, Intersubjectivity and the Third*. N.Y.: Routledge.

Bergmann, M.(ed.) (2004) *Understanding dissidence and controversy in the history of psychoanalysis*. N.Y.: Other Press.

Bernstein, R. (1983) *Bortom objektivism och relativism*. Sv.ö. Göteborg, Röda Bokförlaget, 1987.

Bettelheim, B. (1982) *Freud and Man´s Soul*, N.Y.: Penguin

Bion, W.R. (1959) »Angrepp på sammanlänkningen« Sv.ö. i *Vid närmare eftertanke*. Stockholm: NoK 1993.

Bion, W.R. (1962) *Learning from experience*. London: Maresfield Reprints.

Bion, W.R. (1965). *Transformations*. London: Karnac.

Björklind, C. (2023) Att förväxla sig med sitt ideal. *Divan*. 3-4/2023 s.123–133

Black Mitchell, M. (2021) Vitalizing engagement. The generative transformation of the project of psychoanalysis. I Schwartz Cooney, A. & Sopher, R. (2021) *Vitalization in Psychoanalysis Perspectives on Being and Becoming*. N.Y.: Routledge.

Bollas, C. (2008) *The Infinite Question*. London: Routledge.

Bollas, C. (2013) *Catch them before they fall: the psychoanalysis of breakdown*. N.Y.: Routledge.

Boston Change Process Study Group (2010) *Change in Psychotherapy: A Unifying Paradigm*. N.Y.: Brunner /Routledge.

Braad-Thomsen, C. (1985) *Sigi-erövraren*. Alfa Beta förlag: Stockholm.

Brandchaft, B. (2007) Systems of pathological accommodation and change in analysis. *Psychoanalytic Psychology*. 24, 667–687.

Brandchaft, B., Doctors, S. & Sorter, D. (2010) *Toward an Emancipatory Psychoanalysis*. N.Y.: Routledge.

Breger, L. (2000) *Freud. Darkness in the Midst of Vision*. N.Y.: Wiley.

Bromberg, P. (1998) *Standing in The Spaces*, Hillsdale, N.J.: Analytic Press.

Bromberg, P. (2006) *Awakening the Dreamer: Clinical Journeys*. Mahwah, NJ: Analytic.

Bromberg, P. (2011) *The Shadow of the Tsunami*. N.Y.: Routledge.

Bromberg, P. (2011) The Gill/Bromberg Correspondence. I *Psychoanalytic Dial*. 2011.vol.21, Nr. 3 s. 243–267.

Bromberg, P. m.fl. (2011) The Gill/Bromberg Correspondence. *Psychoanal Dial.* 21:240–267.

Brundin, K. (2005) »Utbrändhet ur ett psykoanalytiskt perspektiv« i *Insikten* 2005:1 s. 26–31.

Bryngelson, L. & Fitger, M. (2001) »I själ och hjärna« i *Divan* 1–2/2001 s. 86–91.

Casement, P. (1990) *Further Learning From The Patient.* London: Routledge.

Capra, F. (1975) *Fysikens Tao.* Göteborg: Korpen 1981.

Chalmers, D.J. (2023) *Virituella världar: filosofiska problem.* Sv.ö. Stockholm: fri tanke.

Choder-Goldman, J. (2014) An Interview with Adam Phillips. *Psychoanalytic Perspectives.* 11: 334–347.

Christensen, G. (2004) *Psykologins vetenskapsteori.* Lund: Studentlitteratur.

Clancier, A. & Kalmanovich, J. (1987) *Winnicott & Paradox.* London: Tavistock.

Cohen, B. (2005) The Intimate Self-Disclosure. *The San Francisco Jung Library Institute Journal.* 2005 vol. 24 nr 2, 31-46.

Cooper, J. (1993) *Speak of Me as I am. The Life and Work of Masud Khan.* London: Karnac.

Corbett, K. (2009). *Boyhoods – rethinking masculinities.* New Haven: Yale Univ. Press.

Crafoord, C. (red)(1989) *Psykoanalytiker Utan Soffa.* Stockholm NoK.

Cushman, P. (1995) *Constructing the Self, Constructing America. A Cultural History of Psychotherapy.* N.Y.: Da Capo Press.

Davies, J.M. & Frawley, M. (1994). *Treating the adult survivor of childhood sexual abuse: A psychoanalytic perspective.* N.Y.: Basic Book.

Davies, M. & Wallbridge, D. (1983) *Boundary & Space* Harmondsworth: Penguin.

Doctors, S. (2016) Brandchafts Pathological Accomodation – What is it and what it isn´t. Paper presenterat på IARPP-konferensen i Rom den 9 juni 2016.

Dupont, J. (1932). Introduction. I Ferenczi, S. (1932).

Eigen, M. (1981) Guntrip's Analysis with Winnicott *Contemp Psycho-Anal.* 1981:17 103–17.

Eigen, M. (2004). *The Sensitive Self.* Middletown: Wesleyan University Press.

Ellenberger, H. (1970). *The Discovery of the Unconscious. The History and Evolution of Dynamic Psychiatry*. N.Y.: Basic Books.

Eriksson, J. (2016) Psyke – vad kan hjälpa oss att förstå? Föreläsning 2016.03.31. Göteborgs Psykoterapi Institut.

Eriksson, J. (2020) *Psykoanalysens filosofi. En essä om psyke, vetenskap & klinisk praktik*. Simrishamn: Tankekraft förlag.

Eriksson, J. (2023) Att bli sig själv – om kunskap och insikt i Freuds psykoanalys. *Divan*. 3-4/2023 s.135-143.

Eysenck, H. J. (1985) *Decline and Fall of the Freudian Empire*. London: Penguin.

Fairbairn, W.R.D. (1952) *Psychoanalytic Studies of the Personality*. London: Routledge 1984.

Ferenczi, S. (1932). *The clinical diary of Sandor Ferenczi*. Cambridge, MA: Harvard Univ. Press, 1988.

Ferenczi, S. (1933). Språkförbistring mellan de vuxna och barnet. Ömhetens och passionens språk. Sv.ö. I *Divan*. 2021:1–2 s.11–17.

Ferris, P. (1998) *Dr Freud. A Life*. London: Pimlico.

Ferro, A. (1999) *Psychoanalysis as Therapy and Storytelling*. London: Routledge

Flordh, C. (2008) Genus och psykoterapi. *Insikten* 2008 nr 3, s. 23–31.

Freud, A. (1936) *Jaget och dess försvarsmekanismer*. Sv.ö. Stockholm: NoK. 1969.

Freud, S. (1893) Om den psykiska mekanismen bakom hysteriska fenomen. *S.Skr.III*. s. 52–66.

Freud, S. (1894) Försvarsneuropsykoserna. *S.Skr.III*. s. 33–46.

Freud, S. (1896) Ytterligare iakttagelser rörande försvarsneuroserna. *S.Skr. III*. s. 332–354.

Freud, S. (1896). Heredity and the aetiology of the neuroses. I Ivan Smith: *Freud – Complete Works*, s. 887, (366).

Freud, S. (1900) Drömtydning. *S.Skr.II*.

Freud, S. (1905). Tre avhandlingar om sexualteori. *S.Skr.V*. s 63–156.

Freud, S. (1912) Några anmärkningar om begreppet det omedvetna i psykoanalysen. *S.Skr.IX* s. 65–71.

Freud, S. (1912) Recommendations to physicians practicing psychoanalysis. *Standard Edition* 21, s. 117.

Freud, S. (1912) Råd till läkaren vid den psykoanalytiska behandlingen. *S.Skr.sVIII* s.139–153.

Freud, S. (1913) Om inledningen av behandlingen. (Ytterligare råd om den psykoanalytiska tekniken: 1) *S.Skr.VIII.* s. 154–173.

Freud, S. (1914) Bidrag till den psykoanalytiska rörelsens historia. *S.Skr. III* s. 445–503.

Freud, S. (1915) Det omedvetna. *S.Skr.IX* s. 147-184.

Freud, S. (1918). Ur historien om en barndomsneuros (Vargmannen) *S.Skr. VI.* s. 485–591.

Freud, S. (1919) Den psykoanalytiska terapins tillvägagångssätt. *S.Skr.VIII* s. 213-221.

Freud, S. (1923) Jaget och detet. *S.Skr.IX* s. 307-350.

Freud, S. (1925) Självbiografi. *S. Skr. III,* s. 504–564.

Freud, S. (1926) Hämning, symptom och ångest. i *S.Skr.VI.*

Freud, S. (1926) Frågan om lekmannaanalys. *S.Skr.VIII.* s. 237–314.

Freud, S. (1930) Goethepriset. Tal i Goethehuset, Frankfurt am Main. *S.Skr.IX.* s. 407–414.

Freud, S. (1930) Civilization & Its Discontents. t. ex i *Vol 12. Civilization, Society & Religion.* Harmondsworth: Penguin 1985.

Freud, S. (1932) Nya föreläsningar publicerade 1932. XXXIII. Kvinnligheten. *S.Skr.I* s. 525–546.

Freud, S. (1937) Den ändliga och den oändliga analysen. *S.Skr.VIII.* s. 315–353.

Freud, S. (1937) Konstruktioner i analysen. *S.Skr.VIII.* s. 355–368.

Freud, S. (1940a) Psykoanalysens huvudlinjer. *S.Skr.IX.* s. 397–455.

Freud, S. (1940b) Jagklyvning i försvarsprocessen. *S.Skr.IX.* s. 457–462.

Freud, S. (1950 [1895]) Utkast till en psykologi. Sv.ö. *S.Skr.III.* s. 355–441.

Freud, S. (1954). *Letters. The Origins of Psycho-Analysis. Letters to Wilhelm Fliess, Drafts and Notes 1887-1902,* Letter 69 21.9.97. Sv.ö. I Masson, J. (1984) s. 124.

Freud, S. & Breuer, J. (1895) Studier i hysteri. *S.Skr.III.* s. 47–331.

Fromm, G. & Smith, B.L. (eds)(1989) *The Facilitating Environment* Conneticut: Int. Univ.

Gay, P. (1990) *Freud.* Stockholm: Bonnier, 1990.

Ghent, E. (1992). Paradox and process. *Psychoanalytic Dialogues,* 2(2), 135–159.

Ghent, E. (2002) Relations: Introduction to the First IARPP Conference. I *IARPP eNEWS,* vol.1, nr.1, Summer 2002 p. 7-9.

Ghent, E. (2018) *The Collected Papers of Emmanuel Ghent. Heart Melts Forward*. N.Y.: Routledge.

Ginot, E. (2015) *The Neuropsychology of The Unconscious. Integrating Brain and Mind in Psychotherapy*. N.Y.: Norton.

Glatzer, H.T. & Evans, W.N. (1977) On Guntrip's analysis with Fairbairn & Winnicott. *Int.J. Psychoanal. Psychotherapy*. 1977:6 s. 81-98.

Green, A. (2000) *Chains of Eros* London: Rebus Press.

Greenberg, J. (1991) *Oedipus and Beyond. A Clinical Theory*. London: Harvard Univ. Press.

Greenberg, J. & Mitchell, S. (1983) *Object Relations in Psychoanalytic Theory*. Cambridge MA: Harvard Univ. Press.

Greenson, R.R. (1967) *The Technique & Practice of Psychoanalysis*. N.Y.: Int Univ Press,

Grolnick, S. (1990) *The Work & Play of Winnicott*. N.Y.: Jason Aronson.

Grolnick, S. & Barkin, L. (eds)(1978) Between Reality & Fantasy. Aronson, New York 1978.

Grosskurth, P. (1986) *Melanie Klein. Her World & Her Work*. London: Maresfield 1989.

Grosskurth, P. (1991) *The Secret Ring. Freuds´s inner circle and the politics of psychoanalysis*. London: Jonathan Cape.

Guntrip, H. (1975?) Videoinspelade föreläsningar.

Guntrip, H. (1975) My experience of Analysis with Fairbairn & Winnicott. *Int.Rew. Psycho-Anal*. 1975:2 145–156.

Guntrip, H. (1975) Analysis with Fairbairn and Winnicott: (How complete a result does psycho-analytic therapy achive?). i Hazell, Jeremy (1994) *Personal Relations Therapy. The Collected Papers of H.J.S. Guntrip*. New Jersey: Jason Aronson.

Gustafson, T. (1987) Recension: »Psychoanalysis in a New Key« av Arnold H. Modell *Psykologtidningen* 1987:23 s. 10–13. Göteborgsposten 5/1 1992

Harris, A. (2018) The Relational Tradition. Landscape and Canon. I Barsness, R. (2018) *Core Competencies of Relational Psychoanalysis. A Guide to Practice, Study, and Research*. N.Y.: Routledge.

Haugsgjerd, S. (1986) *Den nya psykiatrin*. Stockholm: Prisma.

Haynal, M. (1988) *The Technique at Issue*. London: Karnac.

Hazell, Jeremy (1996) *H. J. S. Guntrip. A Psychoanalytic Biography*. London: Free Ass. Books

Hill, D. (2021) Vitality, attunement and the lack thererof. I Schwartz Cooney, A. & Sopher, R. (2021) *Vitalization in Psychoanalysis Perspectives on Being and Becoming*. N.Y.: Routledge.

Hinshelwood, R.D. (1989) *A Dictionary of Kleinian Thought*. London: Free Ass. Books.

Hoffman, I.Z. (1998). *Ritual and Spontaneity in Psychoanalysis*. Hillsdale, NJ: Analytic Press.

Holmqvist, R. (2010). *Relationell Psykoterapi: så här gör man*. Stockholm: Liber.

Holmqvist, R. (2022) *Principles and Practice of Relational Psychotherapy*. N.Y.: Routledge.

Hopkins, L. (2006) *False Self. The Life of Masud Khan*. N.Y.: Other Press.

Hopkins, L. & Kuchuck, S. eds. (2022) *Diary of a Fallen Psychoanalyst: The Work Books of Masud Khan 1967-1972*. London: Karnac.

Howell, E. & Itzkowitz, S. (eds) (2016): *The Dissociative Mind in Psychoanalysis. Understanding and Working with Trauma*. N.Y.: Routledge.

Hughes, J. (1989) *Reshaping the Psychoanalytic Domain: The Work of Melanie Klein, W.R.D. Fairbairn, and D.W Winnicott*. Berkeley: Univ. Calif. Press.

Hultqvist, K & Hydén, L-Ch. (1982) Har människan börjat gå på huvudet? En kritik av Carl Lesches »Psykoanalysens vetenskapsteori.« *Häften för Kritiska Studier* 1982:1 s. 35–56.

Igra, L. & Sjögren, L. (1988) Förord till *Kärlek, Skuld och Gottgörelse* av Melanie Klein. NoK, Stockholm 1988.

Ingvar, D.H. (1991) *TidsPilen. Cerebrala essäer*. Stockholm: Alba.

Issroff, J. (2005) *Donald Winnicott and John Bowlby*. London: Karnac.

Jacobs, T. (1986) On countertransference enactments. *J.Am. Psychoanal. Ass.* 34, 289–307.

Johansson, P-M (2009) *Freuds Psykoanalys. Band IV. Inblickar i psykiatrins och den psykodynamiska terapins historia i Göteborg 1945–2009* Göteborg: Daidalos.

Jones, E. (1953) *The Life and Work of Sigmund Freud*. N.Y.: Penguin, 1961.

Josefsson, D. (2013) *Mannen som slutade ljuga*. Stockholm: Lind & Co.

Jung, C.G. (1993). *Memories, Dreams, Reflections*. London: Fontana.

Karlsson, G. (2019) *Det maskulina projektet*. Sthlm: Symposion.

Kernberg, O (1980) *Inre Värld & Yttre Verklighet*. Stockholm: NoK 1986.

Kernberg, O. (2003) Conference Proceedings. I Bergmann, M.(ed.)(2004) *Understanding dissidence and controversy in the history of psychoanalysis*. N.Y.: Other Press.

Kahr, B. (1996) *D.W. Winnicott. A Biographical Portrait*. London: Karnac.

Kahr, B. (2016) *Tea with Winnicott*. London: Karnac.

Kahr, B. (2024) *Hidden Stories of British Psychoanalysis. From Freuds´s Death Bed to Laing´s Missing Tooth*.London: Karnac.

Karlsson, G. (2004) *Psykoanalysen i ny belysning*. Göteborg: Symposium.

Kernberg, O. (1980) *Inre Värld & Yttre Verklighet*. Stockholm: NoK 1986.

Kernberg, O. m.fl. (1994) *Psykodynamisk terapi vid behandling av borderline patienter*. Stockholm: svenska föreningen för psykisk hälsa.

Khan, M. (1963). Tystnad som kommunikation. Sv.ö. I *Divan* 2021: 3–4 s. 34–43.

Khan, M. (1988) *When Spring Comes*. Chatto & Windus, London 1988.

Kinet, M. (2024) *The Spirit of The Drive in Neuropsychoanalysis*. N.Y.: Routledge.

King, P. & Steiner, R. eds. (1990) *The Freud/Klein Controversies*. Routledge.

Klein, M. (1988) *Kärlek, Skuld och Gottgörelse*. NoK, Stockholm 1988.

Kline, P. (1988) *Psychology Exposed or The Emperor´s New Clothes*. London: Routledge.

Kohon, G. (ed)(1986) *The Brittish School of Psychoanalysis. The Independent Tradition*. Free. Assoc. Books, London.

Kohut, H. (1977) *Att bygga upp självet*. Sthlm: N&K, 1986.

Kohut, H. (1984) *Hur botar analysen?* Sthlm: N&K, 1988.

Kottler, J. & Blau, D. (1989) *The Imperfect Therapist*. London: Jossey-Bass Publishers.

Kuchuck, S (2018) Postscript to Chapter 17. I Barsness, R. ed. (2018) *Core Competencies of Relational Psychoanalysis*. N.Y.: Routledge.

Kuchuck, S. (2021) *The Relational Revolution in Psychoanalysis and Psychotherapy*. London Confer.

Kuhn, T. (1962) *De vetenskapliga revolutionernas struktur*. Lund: Doxa 1979.

Lane, R. & Meisels, M. ed. (1994) *A History of the Division of Psychoanalysis of the American Psychological Association.* N.Y.: Routledge.

Larsson, B. (2004) »Psykoterapiskolor och psykoterapiforskning« i Psykisk Hälsa 2004:4 s. 310–334.

Larsson, B. (2022) *Arton myter om Freud och vägen framåt.* Lava Förlag.

Levenson, E. A. (1993) *The Purloined Self.* N.Y.: Contemporary Psychoanalysis Book.

Laing, R.D. (1959) *Det kluvna jaget.* (Sv.ö), Stockholm: Aldus/Bonniers 1972.

Laplanche, J. & Pontalis, J.B. (1973) *The Language of Psychoanalysis.* London: Karnac, (1988).

Lear, J. (2005) *Freud.* N.Y.: Routledge, 2015 second edition.

Lesche, K. (1971) Om psykoanalysens vetenskapsteori. *Häften för Kritiska Studier.* Nr. 5 årg. 4. 1971 s. 7-25.

Levenson, E. (1991). *The Purloined Self. Interpersonal Perspectives in Psychoanalysis.* N.Y.: Contemporary Psychoanalysis Books.

Liedman, S-E (1998) *Mellan det triviala och det outsägliga.* Göteborg: Daidalos.

Liedman, S-E (2001) *Ett oändligt äventyr. Om människans kunskaper.* Falun: Bonnier.

Limentani, A. (1989) *Between Freud and Klein.* London: Free Assoc Books.

Little, M. (1986) *Transference Neurosis & Transference Psychosis.* London: Free.Assoc. Books.

Lomas, P. (1987) *The Limits of Interpretation.* Harmondsworth: Penguin Books.

Luttenberger, F. (1989) *Freud I Sverige. Psykoanalysens mottagande i svensk medicin och Idédebatt 1900–1924.* Stockholm: Carlssons Bokförlag.

Madison, P. (1961) *Freud´s Concept of Repression and Defence, It´s Theoretical and Observational Language.* Minneapolis: University of Minnesota Press.

Makari, G. (2008) *Revolution in Mind. The Creation of Psychoanalysis.* London: Duckworth Overlook.

Malcolm, J. (1983) *Striden om Freuds arkiv.* Sv.ö. Stockholm: Prisma.

Masson, J. (1984) *Sveket mot sanningen. Hur Freud kom att överge sin förförelseteori.* Sv.ö. Sthlm: W&W.

Matthis I. (2004) »Är det möjligt att förena en humanistisk människosyn med naturvetenskap?« Föredrag vid Vetenskapsfestivalen i Göteborg 2004.

McClelland, D.C. (1985) *Human Motivation*. N.Y.: Scott, Foresman & Co.

McGilchrist, I. (2009) *Mästare & budbäraren. Om hur hjärnans två halvor format världen.* (Sv.ö), Stockholm: Fri Tanke 2023.

Melander, U. (2019). Recension av Tomas Wånges »Relationell Psykoterapi – introduktion & idéhistoria. Med en presentation av den intersubjektiva systemteorin (IST).« *Psykoterapi*, 2019:4, s. 51.

Miller, George A. (1994) The magical number seven, plus or minus two: Some limits on our capacity for processing information. *Psychological Review* 101 (2): sid. 343–352.

Miller, S. & Hubble, M. (2016) The Road to Mastery. *Psykoterapi*, 2016:4, s. 28–39.

Mitchell, S. (1988). *Relational Concepts in Psychoanalysis*. Cambridge, M.: Harvard Univ. Press.

Mitchell, S. (1991) Contemporary Perspectives on Self: Toward an Integration. *Psychoanalytic Dialogues*. 1(2): 121–147, 1991.

Mitchell, S. (1993) *Hope and Dread in Psychoanalysis*. NY.: Basic Books.

Mitchell, S. (1997) *Influence and Autonomy in Psychoanalysis*. N.Y.: Hillsdale: The Analytic Press.

Mitchell, S. (2000) *Relationality*. Hillsdale, N.J: The Analytic Press.

Mitchell, S. (2002) *Can love last? The fate of romance over time*. N.Y.: Norton.

Mitchell, S. & Aron, L. (eds.) (1999). *Relational Psychoanalysis. The Emergence of a Tradition*. N.Y.: Routledge.

Mitchell, S. & Black, M. (1995) *Freud and Beyond*, N.Y. Basic Books.

Mitchell, S.A. & Harris, A. (2004) What´s American about American Psychoanalysis? *Psychoanalytic. Dialogues*. 2004, vol.14, s. 165–191.

Miller, A. (1979) *Det Självutplånande Barnet*. Stockholm: W&W 1981.

Modell, A.H. (1984) *Psychoanalysis in a New Key*. New York: Int. Univ. Press.

Modell, A.H. (1990) *Other Times, Other Realities*. N.Y: Harvard Univ. Press.

Modell, A.H. (1993) *The Private Self*. N.Y: Harvard Univ. Press.

Modell, A. (2003) *Imagination and the Meaningful Brain.* Cambridge: The MIT Press.

Nathanson, D. (1992) *Shame and Pride. Affect, Sex, and The Birth of The Self.* W.W.Norton.

Nettleton, S. (2017) *The Metapsychology of Christopher Bollas.* N.Y.: Routledge.

Newman, A. (1995). *Non-compliance in Winnicott´s Words.* London: Free Assoc. Books.

Nilsson, C. (2002) Feminismen och den intersubjektiva vändningen. Om Jessica Benjamins kritisk-teoretiska projekt. *Divan* 2002 nr. 1–2, s. 77–82.

Nyman, A. & Wånge, T. (2022) Rapport från Psykoterapicentrums höstkonferens 2021. Psyko-dynamiska korttidsterapier. *Psykoterapi*, 2022:1 s. 42–47.

Ogden, T. (1986) *The Matrix of the Mind.* N.Y.: Aronson.

Ogden, T. (1982) *Projektiv identifikation och psykoterapeutisk teknik.* Sv.ö. Stockholm: NoK 1987.

Ogden, T. (2005) *This Art of Psychoanalysis.* N.Y.: Routledge.

Ogden, T. (2012) *Creative Readings.Essays on Seminal Analytic Works.* N.Y.: Routledge

Ogden, T. (1994) The analytic third: Working with intersubjective clinical facts. *Int J Psychoanal*, 75: 3-19.

Ogden, T. (2022) *Coming to Life in the Consulting Room. Toward a New Analytic Sensibility.* N.Y: Routledge.

Orange, D. (1995) *Emotional Understanding.* N.Y.: Guilford.

Orange, D. (2018) Multiplicity and integrity. Does an anti-development tilt still exist in Relational psychoanalysis? I Aron, L., Grand, S. & Slochower, J. (eds.) (2018b) *Decentering Relational Theory: A Comparative Critique.* NY: Routledge.

Orange, D., Atwood, G. & Stolorow, R. (1997) *Working Intersubjectively.* Hillsdale: The Analytic Press.

Palvarino, P. (2010) Is the Concept of Corrective Emotional Experience Still Topical? *American Journal of Psychotherapy*, Vol.64, No 2, 2010, p. 171–194.

Phillips, A. (1988) *Winnicott.* Stockholm: W&W 1991.

Phillips, A. (2014) *Becoming Freud. The Making of a Psychoanalyst.* London: Yale.

Pizer, S. (1996) *Building Bridges. The Negotiation of Paradox in Psychoanalysis.* N.Y.: Routledge.

Porges, S. (2022) Polyvagal Theory: A Science of Safety. *Frontiers in Integrative Neuroscience.* 16:871227. doi: 10.3389/fnint.2022.871227

Rayner, E. (1991) *The Independent Mind in British Psychoanalysis.* London: Free Assoc Books.

Reeder, J. (1996) *Tolkandets gränser.* Stockholm: NoK.

Reeder, J. (1997) Inledning. *Tidiga skrifter och historik.* S.Skr.III. s. 9–29.

Reeder, J. (2001) *Hat och kärlek i psykoanalytiska institutioner. En professions dilemma.* Stockholm: Symposium.

Reich, W. (1967) *Reich speaks of Freud.* NY: Farrar Straus and Giruox.

Reiland, H. & Ylander, F. (red.) (1991) Psykoanalys och Kultur. Stockholm: Natur & Kultur.

Ringstrom, P. (2001). Cultivating the improvisational in psychoanalytic treatment. *Psychoanalytic Dialogues,* 11: 727-754.

Roazen, P. (1971/1992). *Freud and His Followers.* N.Y.: Da Capo Press.

Rodman. R. ed. (1987) *The Spontaneus Gesture. Selected Letters of D.W.Winnicott.* Harvard.

Rodman. R. (2003) *Winnicott. Life and Work.* Cambridge: Perseus Publishing.

Roudinesco, E. (1990) *Jacques Lacan & Co. A History of Psychoanalysis in France, 1925–1985.* Chicago: The University of Chicago Press.

Roudinesco, E. (2014) *Freud: In His Time and Ours.* Eng. övers. London: Harvard, 2016.

Rudnytsky, P. (1991) *The Legacy of Freud.* New Haven: Yale Univ Press.

Rudnytsky, P. (2002) *Reading Psycho-Analysis. Freud, Rank, Ferenczi, Groddeck.* N.Y.: Cornell University Press.

Safran, J. & Muran, C. (2003). *Negotiating The Therapeutic Alliance.* N.Y.: Guilford Publications.

Samuels, A. (2017) The »Activist Client«: Social Responsibility, the Political Self, and Clinical Practice in Psychotherapy and Psychoanalysis. *Psychoanalytic Dialogues,* 27:678-693 2017.

Sandler, J. & Fonagy, P. (Ed.)(1997). *Recovered Memories of Abuse: True or False?* London: Karnac.

Sayers, J. (1991). *Psykoanalysens mödrar.* Stockholm: Alfabeta.

Schore, A. (1993) *Affect Regulation and the origin of the self.* Hillsdale, NJ: Erlbaum Ass.

Schur, M. (1972) *Freud. Living and Dying.* London, The Hogarth Press.

Schwartz, J. (1999) *Cassandras Daughter. A History of Psychoanalysis.* London: Karnac

Schwartz Cooney, A. & Sopher, R. ed. (2021) *Vitalization in Psychoanalysis. Perspectives on Being and Becoming.* N.Y.: Routledge.

Seligman, S. (2018). *Relations in Development: Infancy, Intersubjectivity, and Attachment.* N.Y.: Routledge.

Sjögren, L. (1989) *Sigmund Freud. Mannen och verket.* Stockholm: NoK.

Sjögren, L. (1998) »En kritik av Freuds kritiker« Recension av Robinson, P. (1993) »*Freud och hans kritiker*« Göteborg: Daidalos i *Divan* 3–4/1998 s. 71–77.

Slavin, M. & Kriegman, D. (1998). Why the Analyst Needs to Change. *Psychoanalytic Dialogues,* 8 (2), 247-284.

Slochower, J. (1996) *Holding and Psychoanalysis: A Relational Perspective.* (andra uppl.) N.Y.: Routledge. 2014.

Slochower, J. (2006) *Psychoanalytic Collisions.* (andra uppl.) N.Y.: Routledge, 2014.

Slochower, J. (2018) Going too far. Relational heroines and relational exess. I Aron, L., Grand, S. & Slochower, J. (eds.)(2018a) *De-Idealizing Relational Theory: A Critique From Within.* NY: Routledge.

Smith, G. (1993) Psykofobi hos psykologer. *Psykologtidningen* 1993:20 s. 18f.

Solms, M. (2015) *Consciousness and the Unconscious.* The New York Psychoanalytic Society and Institute. Föredrag oktober 2015.

Solms, M. (2018). The scientific standing of psychoanalysis. *BJPsych International,* 15, 1, 5–8.

Solms, M. (2021) *The Hidden Spring. A Journey to the Source of Consciousness.* London: Profile Books, 2022.

Solms, M. & Turnbull, O. (2002) *Hjärnan och den inre världen.* Sthlm: N&K 2005.

Spence, D. (1982) *Narrative and Historical Truth. Interpretation in Psychoanalysis.* London: Norton.

Starr, K. & Aron, L. (2011) Women on the Couch: Genital Stimulation and the Birth of Psychoanalysis. *Psychoanal Dial* 21:373–392

Steiner, J. (ed.)(1989) *The Oedipus Complex Today.* London: Karnac 1997.

Steiner, R. (2000) »*It Is A New Kind of Diaspora*«. *Explorations in the Sociopolitical and Cultural Context of Psychoanalysis.* London: Karnac.

Stern, D.B. (1997) *Unformulated Experience: From Dissociation to Imagination.* Hillside, NJ: The Analytic Press.

Stern, D.B. (2010). *Partners in Thought. Working with Unformulated Experience, Dissociation, and Enactment.* N.Y.: Routledge.

Stern, D.B. (2015). *Relational Freedom. Emergent properties of the interpersonal field.* N.Y.: Routledge.

Stern, D.B. (2019) *The Infinity of the Unsaid. Unformulated Experience, Language, and the Nonverbal.* N.Y.: Routledge.

Stern, D.N. (2010) *Forms of Vitality.* N.Y.: Oxford University Press.

Stolorow, R., Atwood, G. & Brandchaft, B. eds. (1994) *The Intersubjective Perspective.* N.Y.: Aronson.

Stolorow, R., Atwood, G. & Orange, D. (2002) *Worlds of Experience.* N.Y.: Basic Books. Routledge.

Strachey, J. (1934). The Nature of the Therapeutic Interaction of Psychoanalysis. *Int. J. Psycho-Anal.*, 15, 150.

Sutherland, J. (1989) *Fairbairn's Journey Into the Interior.* London: Free Assoc Books.

Sundgren, A.C. (2009) Hur vi skapar varandra – genus ur ett relationellt och traumaperspektiv. *Insikten* 2009 nr 3, s. 21–27.

Sulloway, F. (1979) *Freud, Biologist of the Mind.* U.K.: Fontana Paperbacks, 1980.

Symington, N. (1986). *The Analytic Experience. Lectures from the Tavistock.* London: Free Association Book.

Szecsödy, I. (1992) »Försvaga Inte Kompetensnivån Inom 'Allmänpsykiatrisk' Offentlig Vård« *Läkartidningen* 1992:89 s. 281.

Söderberg, H. (1905) *Doktor Glas* (roman). Stockholm: Liber 1978.

Thompson, N. (2013) Winnicott and American analysts. I Abram, J. (ed.) (2013) *Donald Winnicott Today.* London: Routledge.

Tudor-Sandahl, P. (1983) *Om Barnet Inom Oss.* Stockholm: Almqvist & Wiksell.

Tudor Sandahl, P. (1992) *Den Fängslande Verkligheten.* Stockholm: W&W.

Videgård, T. (2000) Kung Freudipus i *Ordfront Magasin* 2000:7–8 s. 56

van den Eng, M. (2024) »I'm a fish!« Deepening receptivity to neuro-diversity: a neuroscientifically informed integration of psychoanalytic psychotherapy, reciprocal prediction, and mindfulness, *Neuropsycho-analysis*, DOI: 10.1080/15294145.2024.2335655 To link to this article: https://doi.org/10.1080/15294145.2024.2335655

Von Wright, G. H. (2000) *Myten om framsteget*. Stockhom: Bonnier.

Wachtel, P. (2008) *Relational Theory and the Practice of Psychotherapy*. Guilford Press.

Wachtel, P. (2014) *Cyclical Psychodynamics and The Contextual Self*. N.Y.: Routedge.

Wallerstein, R. (1998) *Lay Analysis. Life Inside the Controversy*. N.Y.: Routledge, 2012.

Wallerstein, R. (2015) Psychoanalysis as I Have Known It: 1949-2013. *Psychoanalytic Dialogues*, 25: 536-556, 2015

Wallerstein, R. (ed.)(1992) *The Common Ground of Psychoanalysis*. Nortvale NJ: Aronson.

Wallin, D. (2007). *Attachment in Psychotherapy*. N.Y.: The Guilford Press.

Willoughby, R. (2005) *Masud Khan. The Myth and the Reality*. London: Free Ass. Books.

Winnicott, D.W. (1947) Hate in the Countertransference. I Winnicott, D.W.W. (1958) *Through Paediatrics to Psycho-analysis*. London: The Hogarth Press.

Winnicott, D.W. (1952). Psychoses and Child Care. I *Through Paediatrics to Psycho-Analysis*. London: The Hogarth Press, 1975.

Winnicott, D.W. (1960). The theory of the parent-infant relationship. I Winnicott, D.W.W. *The Maturational Processes and The Facilitating Environment*. [37-55] London: The Hogarth Press, 1985.

Winnicott, D.W. (1963) Communication and not communication leading to a study of certain opposites. I (1965) *The Maturational Processes and The Facilitating Environment*. London: Karnac.

Winnicott, D.W. (1965). *The Maturational Processes and The Facilitating Environment*. London: Karnac.

Winnicott, D.W. (1971) Utnyttjande av objektet och relaterande genom identifikation. I *Lek och verklighet* (Sv ö). Stockholm: Natur och Kultur: 1981.

Winnicott, D.W. (1971) *Lek och Verklighet.* Stockholm: Natur & Kultur, 1981.

Winnicott, D.W. (1974) Fruktan för sammanbrott (sv.ö) *Divan* 3–4/2016 s. 21–26.

Winnicott, D.W. (1977). *Pyret. En redogörelse för den psykoanalytiska behandlingen av en liten flicka.* Lund: Studentlitteratur.

Winnicott, D.W. (1986) *Det är hemifrån man startar.* Ludvika: Dualis 1991.

Winnicott, D.W. (1987) *Spädbarn och Deras Mödrar.* Stockholm: Stockholm: W&W, 1991.

Winnicott, D.W. (1988) *Människans Natur.* Ludvika: Dualis 1991.

Winnicott, D.W. (1989) *Psychoanalytic Explorations.* London: Karnac.

Winnicott, D.W. (1989). On »The Use of an Object«. I *Psychoanalytic Explorations.* London: Karnac.

Wånge-Gustafson, T. (1990) Donald Winnicott i våra hjärtan. *Psykologtidningen* 1990:8 s. 12–15.

Wånge-Gustafson, T. (1992) Den Gåtfulle Donald Winnicott. *Psykologtidningen* 1992:4 s. 4–7.

Wånge, T. (1993) All You Need Is Love – om auktoritetsproblemet hos Freuds arvtagare & framväxten av objektrelationsteorin. *Psykologtidningen* 1993:11, s. 4–9.

Wånge, T. (1995) Psykoanalys – vetenskap eller vad? *Psykologtidningen* 1995:14 s. 4–9

Wånge, T. (2003) Naturvetenskapen vår tids religion. *Psykologtidningen* 2003:1 s.12–13

Wånge, T. (2004) Från intra-psykologi till komplex flerdimensionell relationspsykologi. Några nya perspektiv på den psykoanalytiska teorin med hjälp av bl.a. Arnold H. Modell. *Insikten* 2004:5 s. 30–33.

Wånge, T. (2005) »Sexualiteten idag – symbolisk, imaginär eller real?« i *Insikten* 2005:1 s. 36–42.

Wånge, T. (2005) Lånta fjädrar. (Debatt) *Psykologtidningen* 2005:14 s. 24–25.

Wånge, T. (2006) Till psykoterapins vetenskapsteori. *Psykisk Hälsa* 2006:1 s. 29–3.

Wånge, T. (2007) Teorier om pedofili och sexuella övergrepp – en översikt. *Insikten* 2007:1 s. 22–27.

Wånge, T. (2008) Destruktivitet och Ondska, del 1. Ludvig Igras författarskap i en idéhistorisk analys. *Insikten* 2008:4 s.19–25.

Wånge, T. (2008) Destruktivitet och Ondska, del 2. Ludvig Igras författarskap i en idéhistorisk analys. *Insikten* 2008:5 s. 7–20.

Wånge, T. (2008) Sluta avhumanisera psykologin. *Psykologtidningen* 2008:5 s. 23–24

Wånge, T. (2010) Mot formulerandet av en vetenskapsteori för psykoterapi. *Psykisk Hälsa* 2010:1 s. 16–26.

Wånge, T. (2010) Anknytningsteorin stödjer den psykodynamiska psykoterapin *Psykologtidningen* 2010:6 s. 39–40.

Wånge, T. (2011) Towards a Formulation of An Epistemological Theory for Psychotherapy. Paper presenterat vid *IARPP Madrid 2011 Annual Conference*, July 1.

Wånge, T. (2011) Det relationella perspektivet. *Insikten* 2011:3 s.17–23.

Wånge, T. (2012) Can Love Last? Some relational perspectives in family counseling work. Paper presenterat vid *IARPP 10th Anniversary Conference, New York 2012*, July 3.

Wånge, T. (2013) Psykologförbundet bör tillsätta en haverikommission (Debatt om fallet Thomas Quick) *Psykologtidningen* 2013:10 s. 32–35.

Wånge, T. (2013) Stephen Mitchell och det Relationella Perspektivet (del 1). *Psykoterapi* 2013:2 s. 14–21.

Wånge, T. (2013) Stephen Mitchell och det Relationella Perspektivet (del 2). *Psykoterapi* 2013:3 s. 30–37.

Wånge, T. (2015) Recension av »Affect Regulation Theory« av Daniel Hill. W.W. Norton 2015 *Psykologtidningen* 2015 9–10 s. 37.

Wånge, T. (2015) Psykisk ohälsa och psykoterapi – en idéhistorisk analys och framtidsvision. *Psykoterapi* 2015:1 s. 30–37

Wånge, T. (2015) Harry Stack Sullivan. Del 1. *Psykoterapi* 2015:4 s. 32–37.

Wånge, T. (2016) Harry Stack Sullivan. Del 2. *Psykoterapi* 2016:1 s. 15–24.

Wånge, T. (2016) Affektregleringsteori – en integration av psykoterapi och neurologi. *Psykoterapi* 2016:2 s. 6–11.

Wånge, T. (2016) Fältteori – Psykodynamisk teori under utveckling. *Psykoterapi* 2016:2 s. 6–11.

Wånge, T. (2016). Psykoanalysen har många ansikten. *Psykoterapi,* 2016:3, s. 6–13.

Wånge, T. (2016) Recension av Elisabeth Howell & Sheldon Itzkowitz (eds): »The Dissociative Mind in Psychoanalysis: Understanding and

Working with Trauma«. N.Y.: Routledge 2016. *Divan* 2016:3-4 s.138-140.

Wånge, T. (2017) Vägen till mästerskap? En kritisk analys av Scott Millers projekt. (Debatt) *Psykoterapi* 2017:1 s. 22–25.

Wånge, T. (2017) Fältteori – Psykodynamisk teori under utveckling. *Psykoterapi* 2017:3 s. 26-33

Wånge, T. (2017) Recension av Jessica Benjamin: »Beyond Doer and Done To: Recognition Theory, Intersubjectivity and the Third«. N.Y.: Routledge 2018. *Psykologtidningen* 2017:7 s. 36.

Wånge, T. (2017) Det Tredje – en ömsesidig bekräftelse- och igenkänningsteori (del 1) *Psykoterapi* 2017:4 s.19–24.

Wånge, T. (2018) Det Tredje – en ömsesidig bekräftelse- och igenkänningsteori (del 2) *Psykoterapi* 2018:1 s. 25–31.

Wånge, T. (2018). Vad står den psykoanalytiska/psykodynamiska teorin idag? Del 1. Freuds blinda fläckar. *Psykoterapi*, 3, 24–35.

Wånge, T. (2018) Mot en ny psykodynamisk teori. Del 2. Teori och praktik i förändring. *Psykoterapi* 2018:4 s.16–25.

Wånge, T. (2019). *Relationell Psykoterapi. Introduktion & Idéhistoria.* Stockholm: BoD Books on Demand.

Wånge, T. (2019) Recension av G. Karlsson: »Det maskulina projektet« Sthlm. Symposium, 2019. *Psykoterapi* 2019:2 s. 49–52.

Wånge, T. (2020) Karlssons bokreplik och fortsatt diskussion. *Psykoterapi* 2020:1 s. 50–51.

Wånge, T. (2020) »Det beror på« är svaret på frågan om den relationella psykoterapitekniken. *Psykoterapi* 2020:3 s. 30–32.

Wånge, T. (2020) Skyll inte på Freud! (Debatt om den psykiska ohälsan) *Psykologtidningens Sajt.* 2020.10.25.

Wånge, T. (2021) Lewis Aron (1952–2019) – en av grunderna av den relationella psykoterapin. *Psykoterapi* 2021:2 s.19–26.

Wånge, T. (2022) Det omedvetna – i relationell belysning. *Psykoterapi*, 2022:1 s. 24–31.

Wånge, T. (2022) Sexuella trauman – ett underteoretiserat område i psykodynamisk teori. *Psykoterapi* 2022:2 s. 16–21.

Wånge, T. (2022) Freud och psykoanalysen igår och idag. *Psykoterapi* 2022:4 s. 36–41.

Wånge, T. (2022) Recension av B. Larsson: »Arton myter om Freud och vägen framåt.«Lava Förlag 2022. *Psykoterapi* 2022:4 s. 50–52.

Wånge, T. (2024) Själv-, Jag- och identitetsbegreppen i den relationella psykoterapin. *Psykoterapi* 2024:1–2 s.15–20.

Young-Bruehl, E. (2004) The »Taboo on Tenderness« in the History of Psychoanalysis. I Bergmann, M.(ed.) (2004) *Understanding dissidence and controversy in the history of psychoanalysis.* N.Y.: Other Press.